Auf den Theaterbühnen unserer Zeit sind die Mythen der griechischen Tragödie, die Geschichten einer Antigone, eines Oidipus oder einer Elektra, von ungebrochener Präsenz. Die Suche nach den Ursprüngen dieser vertrauten Gegenwartskultur führt zurück in das 5. Jahrhundert vor Christus, als sich die athenische Polis im Spiegel der inszenierten Tragödie ihrer religiösen und politischen Identität versicherte.

Doch auch diese Blütezeit der Dramengattung, als die drei großen Tragiker Aischylos, Sophokles und Euripides die Feste der attischen Demokratie beherrschten, gründete ihrerseits auf weitaus älteren Formen ritueller Darbietung – auf dem Kult des Fruchtbarkeitsgottes Dionysos mit seinen blutigen Opferbräuchen.

In einem kühnen kulturgeschichtlichen Bogen zeichnet Bernhard Zimmermann die Wege der griechischen Tragödie aus dem Dunkel der Vorgeschichte bis ins 20. Jahrhundert nach. Vor allem aber ermöglicht er dem Leser ein vertieftes Verständnis dieser für Europa so bedeutenden Dramenform. Er erläutert die politisch-institutionellen Hintergründe und erklärt die Funktion des Mythos, der inhaltlichen Grundlage der Tragödiendichtung.

Zimmermann bearbeitet seinen Stoff an konkreten Beispielen: mit groß angelegten Porträts von Aischylos, Sophokles und Euripides, mit Fallstudien zu zentralen Stücken der griechischen Tragödie und ihrer Rezeption und mit Überlegungen zu Fragen antiker Aufführungspraxis.

Unsere Adresse im Internet: www.fischer-tb.de

Bernhard Zimmermann, geboren 1955, Studium an den Universitäten Konstanz und London, Promotion 1983, Habilitation 1988, Ordinarius für Klassische Philologie an der Albert-Ludwigs-Universität Freiburg i. Br.
Veröffentlichungen u. a.: ›Studien zur Form und dramatischen Technik der aristophanischen Komödien‹, 3 Bde., Frankfurt am Main 1985–1987; ›Die griechische Tragödie‹. Eine Einführung, München/Zürich ²1992; ›Dithyrambos. Geschichte einer Gattung‹, Göttingen 1992; ›Die griechische Komödie‹, Düsseldorf 1998.

Europäische Geschichte

Herausgegeben von Wolfgang Benz

Konzeption: Wolfgang Benz,
Rebekka Habermas und Walter H. Pehle

Europäische Geschichte

Bernhard Zimmermann

Europa und die griechische Tragödie

Vom kultischen Spiel zum Theater der Gegenwart

 Fischer
Taschenbuch
Verlag

Originalausgabe
Veröffentlicht im Fischer Taschenbuch Verlag GmbH,
Frankfurt am Main, September 2000

© 2000 Fischer Taschenbuch Verlag GmbH, Frankfurt am Main
Alle Rechte vorbehalten
Redaktion: Hubert Leber
Gesamtherstellung: Clausen & Bosse, Leck
Printed in Germany
ISBN 3-596-60163-0

Gedruckt auf Munken Print Extra der Papierfabrik Munkedal AB, Schweden

Inhalt

Einleitung

Als im Jahre 406 v. Chr. kurz hintereinander die großen Tragiker Athens, Euripides und Sophokles, gestorben waren, reagierte der Komödiendichter Aristophanes in seiner im Februar/März 405 aufgeführten Komödie *Die Frösche* auf den großen Verlust, den die tragische Bühne Athens durch den Tod der beiden Dichter erlitten hatte. Da »die guten Dichter tot, die noch lebenden aber erbärmlich schlecht sind« (72), begibt sich der Gott des Theaters, Dionysos, in die Unterwelt hinab, um einen »rechten«, »zeugungskräftigen« Tragiker nach Athen hinaufzuholen (71, 96). Im Reich der Toten angelangt, wird er Zeuge einer heftigen Auseinandersetzung zwischen Euripides und dem bereits 50 Jahre zuvor verstorbenen Aischylos. Der Neuankömmling macht dem Altmeister den Ehrenthron der tragischen Kunst streitig, den Aischylos bisher unangefochten innegehabt hatte, während Sophokles sich vornehm aus dem Streit heraushält. Als Dionysos, der von Pluton, dem Gott der Unterwelt, zum Schiedsrichter des Streits bestellt wird, keine Entscheidung aufgrund ästhetischer Kriterien treffen kann, gibt eine Überprüfung des politischen Sachverstands der beiden Tragiker den Ausschlag: Entgegen seiner ursprünglichen Absicht gibt Dionysos der attischen Bühne nicht Euripides, sondern Aischylos zurück, der in einem feierlichen Zug hinauf in die Welt der Lebenden geleitet wird, um Athen fortan mit seinem politischen Rat zu nützen.

Die Aussage, die hinter dem Handlungsgerüst der Komödie steht, ist nicht zu überhören. Sie ist einerseits radikal pessimistisch, andererseits jedoch optimistisch und in geradezu prophetischer Weise zutreffend: Die Zeit der großen Tragödiendichtung Athens ist im Jahre 405 vorbei, und jedem einsichtigen Theaterbesucher war bewußt, daß das Ende von Athens Größe und Vormachtstellung in Griechenland ebenfalls kurz bevorstand: 404 unterlag Athen in dem beinahe 30 Jahre währenden Peloponnesischen Krieg

(431–404) Sparta und seinen Verbündeten, nachdem seit 416/415 innere Spannungen den Niedergang beschleunigt hatten. Daß Dionysos Aischylos zurück in die Welt der Lebenden holt, nimmt das vorweg, was knapp 20 Jahre später Wirklichkeit werden sollte: die Etablierung eines Theaterbetriebs im »modernen« Sinne, in dem es möglich ist, Stücke auch verstorbener Dichter zu sehen – und dies mehr als nur ein einziges Mal. Denn bis ins Jahr 386, als die Wiederaufführung »alter« Stücke gestattet wurde, durften Dramen – Komödien wie Tragödien – nur ein einziges Mal in Athen aufgeführt werden. Als dem Gott Dionysos geweihte geistige Opfergaben der versammelten Bürgerschaft konnten sie nur einmal dargebracht werden. Indem in der Komödie des Aristophanes der Gott mit dem Dichter nach Athen zurückkehrt und ihn der Bühne zurückgibt, nimmt er seine eigene »Entmachtung«, die Säkularisation des Theaters, vorweg und läßt damit die attische Bühne zum Grundstock des europäischen Theaters werden.

Ähnlich janusköpfig, vor- und rückwärtsgewandt, sind die vielleicht im selben Jahr wie die *Frösche* postum aufgeführten *Bakchen* des Euripides. Die Tragödie hat die siegreiche Rückkehr des Gottes Dionysos aus Asien in seine ursprüngliche Heimat Theben zum Inhalt. Der Gott will die Ehre seiner Mutter Semele wiederherstellen und den Thebanern seine göttliche Macht offenbaren. Hera, die eifersüchtige Gattin des Zeus, des höchsten der Götter, hatte die Thebanerin Semele, eine der zahlreichen menschlichen Geliebten ihres Mannes, zu dem Wunsch verleitet, Zeus möge sich ihr als Beweis seiner Liebe in seiner ganzen göttlichen Macht zeigen. Zeus erfüllte die Bitte, Semele verbrannte im Angesicht des Gottes zu Asche, der jedoch ihr ungeborenes Kind, Dionysos, rettete und es in seinen Schenkel einnähte, um es die volle Zeit auszutragen. Um dem skeptischen, »aufgeklärten« König Pentheus seine göttliche Abstammung und Macht zu zeigen, versetzt der heimkehrende Gott Dionysos die Thebanerinnen in Ekstase und läßt sie ins Gebirge ausschwärmen. Pentheus, der in den dionysischen Riten eine Gefahr für die Stadt sieht und sie deshalb bekämpft, muß für seine Mißachtung der Gottheit bitter bezahlen. Von den Frauen Thebens, die, beseelt von dem Gott, zu Bacchantinnen, zu Mänaden werden, wird er, als er sie heimlich beobachtet, in Stücke zerrissen. Jubelnd, bevor sie aus dem Taumel erwacht und die furchtbare Wahrheit erkennen muß, zeigt seine Mutter Agaue den Kopf des Sohnes in der Meinung, sie habe ein wildes Tier erlegt.

Der Triumph des Theatergottes Dionysos in den *Bakchen* markiert wie sein Unterweltsgang in den *Fröschen* das Ende der klassischen Tragödie Athens. Die Offenbarung seiner göttlichen Macht und die Rückkehr in die angestammte Heimat sind jedoch auch symbolischer Ausdruck der Vitalität dessen, wofür Dionysos verantwortlich ist: des Theaters. Gleichzeitig lenkt Euripides in seiner Tragödie den Blick auf die Ursprünge des griechischen Theaters, auf den Dionysoskult und die mit ihm verbundenen Riten, und schlägt am Ende des 5. Jahrhunderts die Brücke zurück zu den Opferriten und kultischen Begehungen, aus denen sich die Kunstform der Tragödie entwickelte. Die Rückkehr und Heimkehr des Dionysos, die im Zentrum der beiden das Ende des klassischen attischen Dramas bildenden Stücken stehen, sollten symptomatisch für das europäische Theater werden. Immer wieder, nach Jahren oder Jahrhunderten der Mißachtung kehrte Dionysos, kehrten die griechischen dramatischen Gattungen in die Theater zurück, so daß das Drama, insbesondere die Tragödie, neben der griechischen Philosophie und Rhetorik eine der wenigen von der Antike bis in die Gegenwart reichenden, die verschiedenen europäischen Kulturkreise verbindenden kulturellen Errungenschaften darstellt.

Daneben – und dies sollte vor allem für die deutsche Geistes- und Literaturgeschichte höchste Bedeutung erlangen – geben die aristophanische Komödie und die Tragödie des Euripides zwei konträre Anschauungsformen vor, wie man sich mit der griechischen Tragödie und den mit ihr verbundenen Vorstellungen auseinandersetzen sollte. Die *Frösche* des Aristophanes weisen den Weg zu einer ästhetische und moralische Gesichtspunkte vereinigenden Annäherung an die griechische Tragödie, das Theater wird zur »moralischen Anstalt«, zur Bildungsstätte. Aus den *Bakchen* des Euripides dagegen läßt sich die Idee des Dionysischen, der irrationalen, dunklen Seite der griechischen Kultur entwickeln, die durch kultische Grausamkeit und die Darstellung von Gräßlichem erschüttert, das Furchtbare jedoch durch eine strenge Form meistert. »Griechisch ist: aus Gräßlichem Schönheit holen« – so Hermann Bahr (1905) in der Besprechung von Hugo von Hofmannsthals *Elektra* (*Glossen*, S. 216).

Wilde Ursprünge

Als ein Paradox der europäischen Literatur- und Geistesgeschichte kann wohl gelten, daß die Gattung, die für jeden Theaterbesucher mit Erhabenheit in Sprache und Inhalt, mit außergewöhnlichen, oft auch sozial hochstehenden Personen und deren Sturz aus den Höhen der Macht und des Ansehens, mit philosophischer Reflexion über das menschliche Leben und Wesen, über die Stellung des Menschen in der Welt und sein Verhältnis zum Überirdischen, zu den Göttern verbunden ist, in ihren Namen auf zeitlich weit zurückliegende, blutige Opferbräuche verweist: Tragödie, griechisch *tragodía*, bedeutet nichts anderes als »Gesang anläßlich eines Bockopfers«, wie Komödie, griechisch *komodía*, mit »Gesang anläßlich eines Festumzugs« zu übersetzen ist – eines Komos, wie er sich an ein Trinkgelage *(sympósion)* anschließen konnte.

Weit mehr als der Name »Komödie« führt der Begriff »Tragödie« zu den Ursprüngen der griechischen Kultur aus Opferhandlungen und damit verbundenen Riten zurück. Im Opfer vereint sich eine ganze Gesellschaft oder auch nur ein Teil von ihr in Handlungen, die durch bestimmte Vorschriften, durch Riten, festgelegt sind. Im Zentrum des blutigen Opfers steht die Vernichtung eines Tieres oder gar Menschen zum Wohl der opfernden Gemeinde. Paradigmatisch werden im Verlauf der Opferhandlung Todeserfahrung und Todesfurcht der Menschen »durchgespielt« und in dem anschließenden Opfermahl festlich-freudig überwunden. Die der menschlichen Natur eingeborene Tötungshemmung, die im Opfer überwunden wird, spiegeln viele Einzelheiten griechischer Opferrituale wider: Das Tier wird dazu gebracht, sich zu schütteln und dadurch seine Zustimmung zum Opfer auszudrücken; das Opfer kann als vegetarisches Mahl getarnt, das Opfermesser unter Gerstenkörnern versteckt sein, oder das Opfertier kann ganz zu Recht getötet werden, da es den Altar der Gottheit besudelte und damit Schuld auf sich lud. Der Schauder angesichts des blutigen Opfers mag noch größer gewesen sein, wenn man sich vorstellt, daß das Tier der Gottheit als Ersatz für einen Menschen dargebracht wurde. Die tiefe Beunruhigung, der Schrecken angesichts des fließenden Blutes des Opfertieres und die Reue, die die Gemeinde wegen der Tötung befällt, drückt sich in vielen Details aus, die bis in historische Zeiten erhalten geblieben sind: im rituellen Aufschrei beim Opfervorgang, in der Klage um das Opfer, in der Tatsache, daß die opfernde Gemeinde ihre Identität hinter Masken versteckt, und nicht einzelne, sondern die Gruppe das Opfer vollbringt und damit Schuld und Verantwortung auf sich lädt. Die Maske, die die Schauspieler im klassischen Bühnenspiel tragen, der Chor als Kollektiv, der ein wesentlicher Bestandteil jedes Dramas des 5. Jahrhunderts ist, der Umstand, daß der Inhalt vieler Tragödien sich um den Tod, häufig den gewaltsamen Tod, ja sogar Opfertod dreht, der Klagegesang *(kommós, thrénos)*, der ein wichtiger Bestandteil der erhaltenen Tragödien ist: Dies sind nur einige wenige Elemente der Tragödien des 5. Jahrhunderts, die sich von den prähistorischen Ursprüngen der Gattung erhalten haben.

Der Bock *(trágos)*, der geopfert wird, verweist auf den Gott, dem dieses Tier heilig ist: auf Dionysos, den Gott der Vegetation und des Weines. Opfer zu Ehren dieser Gottheit haben ihren natürlichen Platz im Frühling, um die Wiederkehr der Vegetation herbeizurufen oder sie zu feiern. Dies geschieht in rituellen Handlungen *(drómena)* und in Gesängen zu Ehren des Gottes *(legómena)*, die alljährlich wiederholt oder auch neu, in Improvisation, anläßlich des Festes geschaffen werden können. Derartige dramatische Vorformen lassen sich in primitiven Stammeskulturen nachweisen. In Krisensituationen der Gesellschaft oder bei einschneidenden, den Stamm betreffenden Ereignissen wie Tod und Geburt, Initiation und Hochzeit wird die Gefahr symbolisch, dramatisch umgesetzt und in der mimetischen Wiedergabe verarbeitet. Im Ritus, in der dramatischen Darstellung wird der Konflikt – häufig unter Tanz und Gesang – entschärft. Abgeschlossen wird die Feier oft durch ein gemeinsames Mahl als Ausdruck der Versöhnung und Wiederherstellung der Ordnung oder der Rettung der Gemeinschaft.

Von dieser rudimentären Form des »sozialen Dramas« unterscheidet sich das »kultische Drama«, das erst mit einer größeren

Ausdifferenzierung der Gesellschaft und dem Auftreten von Priestern, die bestimmte Rollen und Funktionen im Kult ausüben, aufkommen kann. Im Gegensatz zum primitiven sozialen besteht beim kultischen Drama eine Distanz zwischen den Agierenden und der Gemeinde, die geradezu zu Zuschauern, zum Publikum werden kann. Nicht mehr in Krisensituationen angesichts drohender Gefahren finden die rituellen Handlungen statt, sondern regelmäßig, zu bestimmten Zeitpunkten im Jahresablauf, häufig in Verbindung mit den das Leben der Menschen bestimmenden Ereignissen des Jahreskreislaufes wie Aussaat und Ernte. Das kultische Drama ist im Gegensatz zum sozialen an einen heiligen Raum *(témenos)* gebunden und bedarf einer offiziellen, feierlichen Eröffnung. Nicht nur räumlich – durch den abgetrennten, heiligen Bezirk –, sondern auch institutionell – durch den feierlichen Rahmen, durch rituelle Handlungen und Gesänge – wird das Fest aus dem Alltag herausgehoben. Der eigentliche Hauptteil des Festes weist selbst in unterschiedlichen Kulturkreisen erstaunliche Übereinstimmungen auf. Die Akteure legen durch Verkleidung, Bemalung oder Maskierung ihre Identität als Mitglieder der Gemeinde ab; in der Musik und im rhythmischen Tanz kann der Anlaß der Feier symbolisch-mimetisch wiedergegeben und schließlich in Worte – in die Form eines Gebets oder eines Hymnos oder einer Erzählung, eines Mythos – gefaßt werden.

Weshalb sich das Drama aus dem Dionysoskult und nicht aus Opferriten zu Ehren einer anderen Gottheit entwickelte, ist letztlich nicht zu klären. Man sollte auf alle Fälle davon absehen, einsträngige, monokausale Entwicklungslinien anzunehmen. Entscheidend ist sicherlich, daß Dionysos neben Demeter, der Göttin des Getreides, der wichtigste in Mysterien verehrte griechische Gott ist. Die verschiedenen Mysterienkulte der griechischen Antike zeichnen sich durch drei gemeinsame Hauptbestandteile aus, durch die Abfolge Reinigung *(kátharsis)*, belehrende Rede *(lógos)* und Einweihung der Initianden *(teleté)*, und insbesondere dadurch, daß sie sich – im Gegensatz zu den eine Gruppe oder gar die ganze Stadt (Polis) betreffenden Kulten – an ein Individuum wenden. Die dionysischen Mysterien, über die wir durch die in Thessalien, Süditalien (Magna Graecia) und auf Kreta gefundenen kleinen, aus Gold gefertigten Blättchen mit religiösen Texten informiert sind, versprachen ein seliges Los im Jenseits, eröffneten die Möglichkeit der Wiedergeburt und gar der Gottwerdung der Mysten. Ansatzpunkte für die Ausbildung einer derartigen Mysterienreligion boten sowohl das Wesen des Dionysos als Fruchtbarkeits- und Vegetationsgott, der alljährlich wieder kommt und wieder vergeht, als auch der mit seiner Geburt verbundene Mythos. Aufgrund seiner doppelten Geburt ist Dionysos, der gewaltsam aus dem Mutterleib geschleudert und von seinem göttlichen Vater Zeus ausgetragen wurde, im wahrsten Sinne des Wortes ein Gottessohn, dessen Göttlichkeit im Gegensatz zu der anderer Kinder von Göttern und menschlichen Frauen, anderer Heroen, nie in Frage gestellt wird. Untrennbar ist mit Dionysos seit seiner ersten literarischen Erwähnung in Homers *Ilias* (6, 132) die rituelle Raserei *(manía)* verbunden. Der Gott versetzt seine Verehrerinnen und Verehrer in Ekstase, er ergreift Besitz *(enthousiasmós)* von ihnen und gibt ihnen dadurch Anteil an seiner Göttlichkeit. Ein wesentliches Merkmal von Mysterienkulten ist die enge Verbindung von *legómena* und *drómena*, von Verkündigung der Heilslehre, wohl auch der Erzählung von mit der Gottheit verbundenen Mythen, und Kulthandlungen, die teilweise mimetisch-dramatisch die Lehre oder die Mythen wiedergaben.

Daß »Drama« als Oberbegriff für die Gattungen Tragödie, Komödie und Satyrspiel und der rituelle Begriff *drómena* auf dasselbe Verb *dran,* »handeln«, zurückzuführen sind, belegt schon auf der lexikalischen Ebene den engen Zusammenhang von Kulthandlung und Bühnenspiel. Untrennbar mit der Mysterienreligion wie mit dem Drama sind Masken verbunden. Wir finden sie nicht nur im Dionysos-, sondern auch im Demeter- und Artemis-Kult. Hinter einer Maske verbirgt der Mensch seine Individualität, die Maske läßt ihn zu einem anderen werden, sie läßt den Menschen »aus sich heraustreten«, wie dies bei der rituellen Ekstase der Fall ist. Die »Grenzüberschreitungen« und »Grenzverletzungen«, das Durchbrechen der sozialen und gesellschaftlichen Normen, die die Ekstase und die Masken erlauben, können eine enorme gesellschaftsstabilisierende Funktion ausüben. Da die rituellen Handlungen *(órgia)* auf einen festgelegten Zeitraum beschränkt waren, hatten

die kultischen Grenzüberschreitungen im Rahmen eines Diony-
sosfestes eine sozialhygienische, Affekte abführende, reinigende
(kathartische) Wirkung und gewährleisteten, daß das Gefüge der
Gesellschaft, das Zusammenleben der Menschen nicht durch den
unkontrollierten Ausbruch der im Dionysoskult kanalisierten und
gebändigten Affekte gefährdet wurde. Dies konnten sie allerdings
nur dann uneingeschränkt leisten, wenn die kultischen Handlungen ihren Platz im offiziellen Festkalender der Stadt, der Polis, in-
nehatten. Die politischen Möglichkeiten der Dionysosverehrung,
dessen Mysterien im privaten Bereich, außerhalb des Einfluß- und
Verfügungsbereichs der Polis begangen wurden, scheinen im
6. Jahrhundert die Tyrannen, Periandros von Korinth, Kleisthenes
von Sikyon und Peisistratos von Athen, erkannt zu haben. Nach-
weislich bewußt zu politischen Zwecken eingesetzt wurden Dionysosfeste nach den Kleisthenischen Reformen im Jahre 508, die
Athen zur Demokratie werden ließen. Ja, man kann sogar, ohne zu
übertreiben, die Etablierung der Dionysosfeste als tragenden Pfei-
ler im politischen Denken des Kleisthenes ansehen (s. u. S. 27ff.).

Wie sich im einzelnen die Entwicklung der Tragödie aus den im
Dionysoskult verankerten rituellen Formen zum einzigartigen literarischen Kunstwerk des 5. Jahrhunderts vollzogen hat, läßt sich
natürlich nicht nachvollziehen und ist dementsprechend in der
Wissenschaft heftig umstritten. Ein beinahe in jedem einzelnen
Wort kontrovers ausgelegter Rekonstruktionsversuch findet sich in
der *Poetik* des Aristoteles (1449 a9–31). Der Philosoph aus Stageira führt im vierten Kapitel seiner Schrift den Ursprung der
Dichtkunst im allgemeinen auf zwei menschliche Grundeigen-
schaften zurück: einerseits auf die Nachahmung *(mímesis)*, die sich
in der Entwicklung des Menschen schon früh in der Kindheit zeige
und die letztendlich den Menschen von den anderen Lebewesen
unterscheide, da der Mensch in besonderem Maße zur Nachahmung befähigt sei und seine Kenntnisse in der Nachahmung
erwerbe, andererseits auf die Freude, die der Mensch an Nach-
ahmungen habe. Den Beweis hierfür sieht Aristoteles darin, daß
man Dinge, die man in der Wirklichkeit nicht gerne erblicke, mit
Freude betrachte, wenn man sie auf einem Bild dargestellt oder als
Skulptur betrachte. Die Ursache für diese zwei Eigenschaften ist

nach Aristoteles eine anthropologische Konstante: der Lerntrieb des Menschen, der sich auch darin äußere, daß man beispielsweise beim Betrachten von Bildern Rückschlüsse auf die abgebildete Realität anzustellen versuche.

In der Dichtung nimmt Aristoteles generell eine Entwicklung von ursprünglich improvisierten, schlichten Darstellungen zu künstlerisch ausgefeilteren Formen an. Dies gelte auch für Tragödie und Komödie. Den Ursprung der Tragödie sieht er in der chorlyrischen, dem Dionysos zugehörigen Gattung des Dithyrambos, den der Komödie in kultischen, zu Ehren des Dionysos abgehaltenen Phallosprozessionen. Erst allmählich habe die Tragödie – und in gleicher Weise auch die Komödie – an Umfang gewonnen und viele Veränderungen durchlaufen, bis sie die ihr angemessene Natur, das Ziel ihrer Entwicklung *(télos)* erreicht habe. Denn ursprünglich habe die Tragödie nur kleine Mythen, kleine Geschichten behandelt und diese in einer »lächerlichen« Redeweise vermittelt, in einer Rede- und Darstellungsform also, die den Zuschauer zum Lachen bringen wollte. Erst spät habe sie den zu ihr passenden Ernst angenommen.

Die aristotelische Rekonstruktion der Gattungsgenese läßt sich durchaus, so erstaunlich dies zunächst klingen mag, mit der Entwicklung der Tragödie aus Opferritualen in Übereinstimmung bringen. Mimesis, symbolische Nachahmung, gehört untrennbar zu Kult und Opfer, ebenso der Kultgesang, der entweder improvisiert sein oder eine festgelegte, sich alljährlich wiederholende Form und einen dementsprechenden traditionellen Inhalt aufweisen kann. Eine leider nur fragmentarisch überlieferte und in ihrem literaturgeschichtlichen Wert umstrittene Inschrift von der Insel Paros (die sogenannte Mnesiepes-Inschrift) scheint auf diese frühe Phase Bezug zu nehmen, in der Improvisation und Tradition, die Ausbildung eines dichterischen Selbstbewußtseins und die an feststehende Hymnentexte gewöhnte Erwartung der Festgemeinde, aufeinanderprallten. Der Dichter Archilochos (ca. 680–630) habe bei einem Fest zu Ehren des Dionysos ein Lied zusammen mit einigen Mitbürgern improvisiert und damit den Zorn der übrigen Bewohner der Insel auf sich gezogen. Man muß diese inschriftliche Notiz wohl dahingehend verstehen, daß in der Mitte des 7. Jahrhunderts

Dichterpersönlichkeiten auftraten, die sich mit dem Bestehenden nicht zufrieden gaben, sondern neue Ausdrucksmöglichkeiten erprobten, und daß in dieser Zeit auch die allmähliche Ausbildung der dionysischen Gattungen zu künstlerischen Formen anzusetzen ist. Der Gesang, der bei Götterfesten vorgetragen wurde, muß sich in irgendeiner Weise mit dem Gott, dem das Opfer dargebracht wurde, befaßt haben, selbst wenn dies nur in Form einer Aufzählung typischer Attribute oder der Aufgaben- und Wirkungsbereiche der Gottheit, also in Form der sogenannten Aretalogie, geschah. Darauf könnte die Aussage des Aristoteles verweisen, daß die Tragödie ihren Anfang in der Wiedergabe »kleiner« Mythen gehabt habe. Auf alle Fälle ist darin, wenn auch in rudimentärer Form, das für die Tragödie wichtige inhaltliche Substrat, der Mythos, die Götter- und Heldengeschichte, zum ersten Mal greifbar.

Die Schnittstelle zwischen kultischen Gesängen und der Entwicklung der dramatischen Gattung Tragödie sieht Aristoteles im Dithyrambos, wobei er den Ausgangspunkt sogar noch genauer definiert: Die Tragödie habe ihre Entwicklung von denen aus genommen, die den Dithyrambos anstimmen. Aristoteles führt mit dieser Aussage zwei Entwicklungslinien zusammen: die mimetische, mit Opferhandlungen verbundene dramatische »Vorform« mit einer hymnischen, erzählenden Gattung, dem Dithyrambos. Bereits im 7. Jahrhundert ist der Dithyrambos eine fest etablierte Form, die ihren »Sitz im Leben« im Dionysoskult hat. Archilochos von Paros betont von sich mit Stolz und Nachdruck (Fr. 120 West):

»Denn ich verstehe es, das schöne Lied des Herrn Dionysos anzustimmen, den Dithyrambos, wenn ich in meinem Innersten vom Wein wie von der Glut des Blitzes getroffen bin.«*

Die zwei Verse geben in Kurzform eine prägnante Definition und Funktionsbestimmung des Dithyrambos, der als ein ästhetisch anspruchsvoll ausgestaltetes, als ein »schönes Lied« bezeichnet wird, das von einem Chor unter Leitung eines Chorführers *(exárchon)*,

---

* Wenn im Anschluß an ein Zitat kein Hinweis auf die Übersetzung folgt, sind die Texte vom Autor übersetzt.

der den Gesang anstimmt, vorgetragen wird. Der Bezug zum Gott des Weines und zu den mit ihm zusammenhängenden Mythen wird dadurch hergestellt, daß der Vorsänger den Gesang anstimmt, getroffen von der Kraft des Dionysos heiligen Weines wie von einem Blitzstrahl. So wie einst der Gott selbst durch die Blitze seines Vaters Zeus aus dem Leib seiner Mutter Semele geschleudert wurde, bricht der Gesang aus dem Innersten des Dichters, der durch die Gabe des Gottes, die Glut des Weines, inspiriert ist. Wie die frühen Dithyrambendichtungen des 7. Jahrhunderts aussahen, wissen wir nicht. Wichtig ist jedoch, daß im Zusammentreffen der zwei von Aristoteles namhaft gemachten Entwicklungslinien eine Vorstufe der Tragödie greifbar wird. Ein einzelner, der Vorsänger oder Chorführer, tritt aus der Gruppe, dem Chor, heraus. Damit ist im Prinzip die Entwicklungsmöglichkeit zu einer dramatischen »Rohform« angelegt, da erst jetzt – nach der Ausbildung von zwei am Gesang beteiligten Gruppen – sich ein Dialog und somit Handlung entwickeln können. Der Anstoß zu einer dramatischen Form konnte wiederum aus der Kultpraxis kommen, in der – wohl im unmittelbaren Zusammenhang mit dem Opfer – die mimetische Darstellung ihren Platz hatte, während der Inhalt, der Mythos, der hymnischen Form des Dithyrambos entstammte.

Einen großen Aufschwung nahmen die Dionysosreligion und die mit ihr verbundenen chorischen Aufführungen im 6. Jahrhundert zur Zeit der sich etablierenden Tyrannenherrschaften in der griechischen Welt. Die Tyrannen scheinen den Kult des Gottes, der bisher eher außerhalb des öffentlichen Raumes verehrt wurde, bewußt politisiert zu haben, indem sie in den Zentren ihrer Macht mit prächtigen Choraufführungen ausgestattete Dionysosfeste einführten. Dadurch drängten sie den Einfluß ihrer adligen Widersacher und Mitkonkurrenten zurück, deren Macht auf lokalen Kulten beruhte, die die Verbindung zwischen Adelsgeschlecht und Bevölkerung festigten. Gleichzeitig werteten die Tyrannen das Volk, den Demos, auf den sie ihre Macht gegen die anderen Adligen stützten, auch dadurch auf, daß eine große Zahl von Angehörigen des Demos bei den Choraufführungen als Sänger (*choreut*) mitwirkte. Zentren der neuen Dionysosreligion waren Korinth, Sikyon auf der nördlichen Peloponnes und vor allem Athen.

Die Beliebtheit des Dionysoskultes in Korinth wird eindrucksvoll dokumentiert durch dionysische Motive auf Vasen seit der Zeit des Tyrannen Periandros, der von ca. 630 bis 580 die Macht in Korinth innehatte. Daß der Tyrann in besonderer Weise den Dionysoskult förderte, wird dadurch unterstrichen, daß in seiner Regierungszeit, wie der Historiker Herodot (ca. 484–424) berichtet (1, 23), Arion von Methymna (auf der Insel Lesbos) den Kultgesang zu Ehren des Dionysos in Korinth heimisch gemacht hat. Mit Arion scheint ein entscheidender Einschnitt in der Entwicklung des Dithyrambos verbunden gewesen zu sein. Die antike Tradition, die den Dichter im Zusammenhang mit dem Dithyrambos nennt, deutet darauf hin, daß Arion das einfache Kultlied zu Ehren des Dionysos kunstvoll ausgestaltete und mit einem Chor einstudierte. Nach einigen antiken Nachrichten gilt Arion sogar als Erfinder der Tragödie. Dies scheint darauf hinzuweisen, daß in der antiken Literaturgeschichtsschreibung ein enger Bezug zwischen den beiden dionysischen Gattungen Tragödie und Dithyrambos gesehen wurde, wie dies besonders in der Gattungsgenese deutlich wird, die Aristoteles in der *Poetik* entwirft.

Ein weiteres wertvolles Zeugnis für die Entwicklung und Ausbildung der Tragödie im 6. Jahrhundert findet sich ebenfalls im Geschichtswerk des Herodot. Im 5. Buch, Kapitel 67, berichtet der Historiker, daß der Tyrann Kleisthenes von Sikyon (ca. 600–565), als er mit der Stadt Argos im Krieg lag, die Rezitation der homerischen Epen verboten habe, da in ihnen Argos und die Argiver eine herausragende Stellung einnehmen. Doch auch durch religionspolitische Maßnahmen wollte Kleisthenes die Argiver aus seiner Stadt vertreiben. Seit alters her wurde in Sikyon ein Heros namens Adrastos verehrt, der aus Argos stammte. Um den aus der feindlichen Stadt stammenden Heros aus dem religiösen Leben Sikyons zu beseitigen, ließ der Tyrann den Kult des Heros Melanippos – nach den Mythen ein Erzfeind des Adrastos – aus Theben nach Sikyon überführen und wies dem neuen Heros einen neuen heiligen Bezirk zu. Die Opfer und alle Feierlichkeiten, die die Sikyonier zuvor zu Ehren des Adrastos zu begehen pflegten, übertrug Kleisthenes auf Melanippos, den Sohn des Astakos, der eine Rolle in den mit dem mythischen Zug der Sieben gegen Theben verbundenen kriegerischen Ereignissen spielt. Er wird von dem angreifenden Tydeus erschlagen, der sein Hirn ausschlürft. Herodot beschließt seine Ausführungen folgendermaßen:

»Die Sikyonier verehrten den Adrastos und zum Gedenken an seine Leiden feierten sie ihn mit *tragischen Chören*. Kleisthenes widmete nun die Chordarbietungen dem Dionysos, das Opfer aber dem Melanippos.«

Die Stelle nennt eine weitere, für die Gattung Tragödie wichtige Quelle, den Heroenkult und die Verbindung von Chordarbietungen mit Dionysos, obwohl in den Gesängen der Gott selbst und mit ihm zusammenhängende Mythen keine große Rolle gespielt haben können, da in ihrem Zentrum nach dem Bericht des Herodot die »Leiden« des Heros standen, also Mythen, die mit seinem Tod zusammenhingen. Was Herodot unter »tragischen Chören« genau versteht, ist im Detail nicht klar. Man wird es wohl so verstehen müssen, daß der Historiker aus der Sicht des 5. Jahrhunderts, das einen voll ausgebildeten Theaterbetrieb kennt, unter tragischen Chören eine Form verstand, die eine gewisse Ähnlichkeit mit tragischen Darbietungen zu seiner Zeit aufwies. Ein wesentliches inhaltliches Element der Tragödien-Chorlieder des 5. Jahrhunderts ist die Mythenerzählung, und eben dies scheint auch der Inhalt der Chordarbietungen in Sikyon gewesen sein. Vielleicht besaßen die »tragischen Chöre« in Sikyon sogar ein mimetisches, dramatisches Element. Wichtig für eine Entwicklungsgeschichte der Tragödie ist vor allem, daß Herodot die Loslösung chorlyrischer Aufführungen aus dem engen kultischen Kontext beschreibt: Das eigentliche Opfer wird dem Heros dargebracht, das künstlerische Opfer dagegen, der Gesang, dem Gott Dionysos. Daß der Inhalt der Chorgesänge sich nicht allein mit dem Gott Dionysos beschäftigte, dem sie dargebracht wurden, belegt eine weitere, in der Stadt Sikyon angesiedelte Geschichte: Der Dichter Epigenes (6. Jahrhundert) soll ein Stück aufgeführt haben – es wird sich um eine der von Herodot erwähnten chorlyrischen Darbietungen gehandelt haben –, das keinerlei Bezug zu Dionysos und seinem Kult aufgewiesen habe. Das empörte Publikum habe mit dem Aufschrei reagiert: »Das hat nichts mit Dionysos zu tun!« Man wird aus dieser Anekdote den

Schluß ziehen dürfen, daß die Festgemeinde aufgrund ihrer religiösen Erfahrung in einem Lied zu Ehren des Dionysos auch dionysische Inhalte erwartete und daß die inhaltliche Emanzipation der
Dichtung vom unmittelbar rituellen, kultischen Kontext, wie sie
für die Tragödie des 5. Jahrhunderts die Regel darstellt, in dieser
frühen Zeit der Gattungsentwicklung als revolutionär empfunden
wurde.

Der gezähmte Dionysos oder
die attische Tragödie

Der Tyrann Peisistratos und
die Anfänge der attischen Tragödie

Die politische Komponente von chorischen Darbietungen zu Ehren des Dionysos, die in der Religionspolitik des Kleisthenes von Sikyon nicht zu übersehen ist, wird in Athen gegen Ende des 6. Jahrhunderts noch deutlicher: Peisistratos hatte bereits 561/560 kurzfristig Athen als Tyrann beherrscht und sollte dann von 546 bis zu seinem Tod im Jahre 527 diese Stellung behaupten. Da er mit auswärtiger Unterstützung als Sieger aus den Machtkämpfen mit den anderen Aristokraten hervorgegangen war, mußte ihm daran gelegen sein, seine adligen Gegner in den Hintergrund zu drängen. Ausdruck seiner Vormachtstellung in Attika ist die Tatsache, daß er auf der Akropolis residierte und Athen zum glanzvollen Zentrum Attikas erhob, um auf diesem Weg die verschiedenen lokalen Herrschaftssitze der attischen Adligen in ihrer Bedeutung verblassen zu lassen. Es ist auffallend, daß seit den sechziger Jahren des 6. Jahrhunderts Athen allmählich zur führenden kulturellen Macht Griechenlands heranwuchs; die attische schwarzfigurige Vasenmalerei wurde, wie archäologische Funde belegen, zum begehrten künstlerischen Exportartikel. Man wird in diesem Zusammenhang wohl auch die Reorganisation der Panathenäen sehen müssen (566/565), des großen Festes zu Ehren der Stadtgöttin Pallas Athena, das im Hochsommer (etwa August) stattfand. In den sechziger Jahren wurden dem Athena-Fest athletische und musische Wettkämpfe angegliedert, Sportwettkämpfe und die Rezitation der homerischen Epen. Dadurch sollte das athenische Fest zu den anderen, angesehenen panhellenischen Festen, den Nemeen in Nemea auf der Peloponnes, den Isthmien von Korinth, den Pythien von Delphi und den olympischen Spielen, in Konkurrenz treten. Das große, alle Gruppen Attikas, nicht nur die attischen Bürger, sondern auch die nicht-athenische Bevölkerung, die sogenannten Metöken (»Mitwohner«), ansprechende Fest bot den Einwohnern die Möglichkeit, sich im Zentrum Attikas, in Athen, ihrer Zusammengehörigkeit unter dem Schutz der Stadtgöttin zu vergewissern. Eine eindrucksvolle künstlerische Darstellung der großen Panathenäenprozession, die den heiligen Mantel Athenas, den Peplos, hinauf zur Burg, zur Akropolis, brachte, findet sich auf dem Fries des Parthenon (heute im British Museum, London).

Dieselbe religionspolitische Tendenz wie die Neuorganisation der Panathenäen weist die Gründung der Großen Dionysien, eines im März/April stattfindenden Frühjahresfestes zu Ehren des Dionysos, in den dreißiger Jahren des 6. Jahrhunderts auf: Peisistratos baute in diesem Fall nicht einen bereits in Athen bestehenden Dionysoskult zu einem prächtigen Staatsfest aus, sondern »importierte« den Kult des in dem attischen, an der böotischen Grenze gelegenen Dorf (Demos) Eleutherai verehrten Dionysos nach Athen. Er förderte also einen Kult, der nicht von einem anderen Adelsgeschlecht beansprucht werden konnte, sondern zu dem er und seine Familie eine besondere Verbindung zu besitzen vorgaben. Die Großen Dionysien stellten den Höhepunkt einer Reihe dionysischer Feste dar, die im Winter mit den Ländlichen Dionysien (Dezember/Januar) einsetzten, in den Lenäen, dem »Kelterfest« (Februar), und dem Blütenfest, den Anthesterien (März), ihre Fortsetzung fanden, um schließlich in den Großen oder Städtischen Dionysien zu gipfeln, die im 5. Jahrhundert fünf Tage dauerten. Besonderer Glanz wurde diesem neuen Dionysosfest dadurch zuteil, daß es mit einer bisher unbekannten Art von Darbietung, der Aufführung von Tragödien, ausgestattet wurde. Wir haben demnach unter Peisistratos in Athen eine vergleichbare Entwicklung wie unter Kleisthenes in Sikyon. Aus politischen Gründen wird ein Fest neu organisiert oder neu eingeführt und mit chorischen Aufführungen ausgestattet, an denen die Bürger als Sänger beteiligt sein konnten.

Die kulturelle Blüte, die in Athen am Hofe des Peisistratos und seiner Söhne herrschte und führende Dichter wie Simonides und Anakreon nach Athen zog, mag neben dem politischen Anstoß von seiten des Tyrannen wesentlich dazu beigetragen haben, daß sich aus dem dionysischen Kultgesang, dem Dithyrambos, die Tragödie entwickeln konnte. Die antike Literaturgeschichtsschreibung verbindet die »Erfindung« der Tragödie mit einem gewissen Thespis, der um 530 aus dem Chor eine Person herausnahm, sie mit ihm in einen Dialog eintreten ließ – daher auch die griechische Bezeichnung für Schauspieler, *hypokrités*, »Antworter« – und damit eine wenn auch noch rudimentäre Handlung, ein Drama, möglich machte. Thespis scheint sich auch um die Struktur und Handlungsentwicklung verdient gemacht zu haben: Man schreibt ihm die Erfindung des Prologs, also der ein Stück exponierenden Partie, und der Rede *(rhésis)* zu, die neben den Gesang des Chores treten. Allerdings werden Gesang und Tanz weiterhin die größte Rolle in den Tragödien des ausgehenden 6. und frühen 5. Jahrhunderts gespielt haben, wie auch die Bezeichnung »Tänzer« *(orchestaí)* nahelegt, mit der die frühen Tragiker Thespis, Pratinas und Phrynichos bezeichnet wurden. Unter den für Thespis bezeugten Titeln fällt das Stück *Jünglinge* auf. Vermutlich behandelte Thespis in diesem Stück eine Episode des Theseus-Mythos, die Fahrt der sieben Jünglinge und Mädchen unter der Leitung des Theseus nach Kreta, wo die jungen Menschen dem Minotauros geopfert werden sollten. Da sowohl der attische Held Theseus als auch besonders die Kretafahrt in Beziehung zu Initiationsriten junger Männer und Frauen in Athen stehen und der lokale Dionysosmythos von Eleutherai, der Mythos von Dionysos Melanaigis, ebenfalls dem Umfeld von Ephebenritualen, also der Aufnahme junger Männer in die Welt der Erwachsenen, entstammt, könnte das Stück noch einen unmittelbaren Bezug zum Dionysoskult von Eleutherai aufgewiesen haben. Dionysischen Inhalt wies sicher auch der *Pentheus* des Thespis auf. Das Stück könnte sogar ganz bewußt Ausdruck der neuen athenischen Dionysosreligion sein, geht es doch, wie die *Bakchen* des Euripides zeigen (s. o. S. 10 f.), um den vergeblichen Kampf eines Gegners des Dionysos, des thebanischen Königs Pentheus, gegen den neuen, von außen kommenden Gott.

Die attische Demokratie und
die dionysischen Gattungen

Die Verbindung von Politik und Religion wird noch deutlicher in der jungen, durch Kleisthenes nach der Ermordung des Sohnes von Peisistratos, Hipparchos (514), und der Vertreibung von dessen Bruder Hippias (511/510) begründeten Demokratie (508). Zum zentralen Fest der attischen Demokratie wurden von Anfang an die Großen (oder Städtischen) Dionysien. Es paßt durchaus zur antiaristokratischen Stoßrichtung, die der Gründung der Dionysien durch Peisistratos innewohnte, daß die junge Demokratie das Fest, das Athen in besonderem Glanze erstrahlen ließ, übernahm und beträchtlich erweiterte.

Der Festplan

Erster Tag: Die Dithyramben. Die Großen Dionysien wurden am Abend vor dem ersten Festtag durch eine feierliche Prozession in das Dionysostheater am Südhang der Akropolis eröffnet. Das alte hölzerne Kultbild *(brétas)* des Dionysos wurde feierlich – gleichsam in einer Art Wiederholung des Gründungsaktes des Festes – aus Eleutherai nach Athen überführt; der Gott war also persönlich bei seinem Fest zugegen. Der erste Festtag wurde durch eine Reihe von politischen Ritualen eingeleitet, die die Emotionen des Publikums ansprechen sollten. So wurden die Söhne der im Vorjahr gefallenen Athener symbolisch mit einer Rüstung ausgestattet, verdiente Bürger ausgezeichnet und die Überschüsse des athenischen Staatshaushaltes säckeweise im Tanzplatz des Chores, der Orchestra, ausgestellt. Die Handlungen dienten einerseits in hohem Maße der Ausbildung eines demokratischen, athenischen Selbstbewußtseins im Innern der Stadt, andererseits der Demonstration athenischer Macht und Größe den anwesenden Fremden, vor allem den Verbündeten gegenüber. Eine vergleichbare doppelte Wirkung fiel in der attischen Demokratie den Epitaphien zu, den alljährlich zu Ehren der Gefallenen gehaltenen Leichenreden, in denen im Rückblick auf die mythische Geschichte und auf die Großtaten der Gegenwart das bürgerliche Selbstbewußtsein gestärkt und die Macht Athens gepriesen wurde. Platon läßt in seinem Dialog *Menexenos* Sokrates diese doppelte Wirkung – Selbstvergewisserung im Innern und Demonstration von Macht und Größe nach außen – analysieren spöttisch-ironisch (235 a–b):

»Auch die Stadt verherrlichen sie [die Redner, d. Verf.] auf jede Weise und preisen nicht nur die im Krieg Gefallenen, sondern auch alle unsere Vorfahren von früher und sogar uns, die wir heute leben, so daß ich mich durch ihr Lob hoch erhoben fühle [...] Und wie es meist der Fall ist, folgen mir auch da einige Fremdlinge, die mit zuhören; in ihren Augen gewinne ich dann auf der Stelle an Ansehen. Denn ich glaube, daß es ihnen mit mir gleich geht wie mit der übrigen Stadt: auch diese kommt ihnen unter dem Eindruck der Rede bewundernswerter vor als vorher.«

(Übersetzung Rudolf Rufener)

Das politische Gepräge des ersten Festtages wird auch in der sich anschließenden Aufführung von Dithyramben unterstrichen, die, wie es scheint, zum ersten Mal 508, also im Jahr der Einführung der Demokratie, stattfand. Nach der auf der Insel Paros gefundenen Chronik, dem *Marmor Parium*, soll ein sonst unbekannter Hypodikos von Chalkis den Text für den siegreichen Chor geschrieben haben. Jede der zehn Phylen, der neuen, demokratischen Verwaltungseinheiten Attikas, trat mit je zwei Chören, bestehend aus 50 Männern und 50 Knaben, gegeneinander an. Dieser Wettstreit *(agón)* der Phylen spiegelt in besonderem Maße den demokratischen Charakter der Dionysien wider: Als Sieger wurde nicht der Dichter, sondern die Phyle (das heißt: die politische Einheit, das Kollektiv) ausgerufen. Der Name des Dithyrambendichters wurde nicht einmal auf den Inschriften erwähnt. Die Aufführung von Dithyramben belegt eindrucksvoll die enormen politischen Möglichkeiten, die die Großen Dionysien und die mit ihnen verbundenen Chordarbietungen boten. Das Kernstück der von Kleisthenes durchgeführten demokratischen Verfassungsänderung war die Phylenreform, in der die durch Jahrhunderte gewachsenen und durch familiäre und kultische Bindungen verfestigten vier alten Geschlechterverbände durch zehn neue, gleichsam am Reißbrett entstandene Verwaltungseinheiten mit dem Ziel ersetzt wurden, die alten Bindungen zu zerschlagen. Für die in einem traditionslosen Raum stehende neue demokratische Gesellschaft mußte als oberstes Ziel gelten, sich ihrer neuen Identität als Bürgerverband zu vergewissern und ein neues, demokratisches Zusammengehörigkeitsgefühl zu schaffen, zumal die ersten Jahrzehnte durch innenpolitische Widerstände und vor allem außenpolitischen Druck – zunächst von den Spartanern und seit den neunziger Jahren des 5. Jahrhunderts von der persischen Großmacht – bestimmt waren.

Die neue demokratische Identität sollte einerseits dadurch gefördert werden, daß jede der zehn Phylen einen Phylenhcroen und damit einen kultisch-religiösen Bezugspunkt zugesprochen bekam, vor allem aber durch den Wettstreit der Phylen im Dithyrambenagon. Da die Proben der 50 Mann starken Chöre sicherlich einige Zeit vor dem Fest in Anspruch nahmen und vor allem die Gruppe, nicht ein Individuum, im Falle eines Sieges geehrt wurde, war die chorlyrische Gattung Dithyrambos das geeignete Mittel zur Ausbildung und Festigung des neuen demokratischen Bewußtseins. Dies gilt natürlich in besonderem Maße für die Knabenchöre, die auf ihr Leben als Verantwortung tragende attische Bürger vorbereitet werden sollten. Diese politische, identitätsstiftende Funktion wird durch zweierlei unterstrichen: Im Verlauf des 5. Jahrhunderts nehmen Dithyrambenaufführungen geradezu inflationär zu und finden nicht nur an Dionysosfesten statt, wo sie ihren eigentlichen Platz haben, sondern auch zu Ehren anderer Gottheiten wie Athena, Hephaistos oder gar des dem Dionysos eigentlich konträr entgegengesetzten Apollon. Vor allem ist auffallend, daß sich in der Zeit der Auflösung des demokratischen Grundkonsenses, die im oligarchischen Putsch des Jahres 411 ihren Höhepunkt fand, die strukturellen Veränderungen in der Gesellschaft in strukturellen Veränderungen des Dithyrambos niederschlugen. Wie in der Politik einzelne starke Männer wie der brillante und skrupellose Alkibiades ohne Rücksicht auf demokratische Spielregeln und demokratische Gleichheit die Macht zu ergreifen suchten, verlor auch im Dithyrambos das Kollektiv, der 50 Mann umfassende Chor, immer mehr an Bedeutung, während Solisten, der Flötenspieler (Aulet), der Chorführer oder gar Gesangsvirtuosen, in den Mittelpunkt rückten.

Wenn man den »Sitz im Leben« des Dithyrambos berücksichtigt, ergeben sich einige Schlußfolgerungen, die bei einer Würdigung der Gattung Berücksichtigung finden müssen: Zunächst ist der Dithyrambos weit mehr als Tragödie und Komödie die eigentliche Gattung des attischen Volkes. Man muß sich vor Augen halten, daß allein bei den Großen Dionysien 1000 Athener als Sänger im Dithyrambenchor mitwirkten, wobei die zahlreichen anderen Anlässe in Athen und Attika noch gar nicht berücksichtigt sind. Dementsprechend groß ist die Beachtung, die der Dithyrambos als »Bildungsinstitution« des Volkes in der Komödie und vor allem Philosophie, bei Aristophanes und Platon, findet (s. u. S. 54 f.). Aufgrund des dichtgedrängten Programms des ersten Tages der Dionysien müssen Dithyrambentexte kurz gewesen sein. Ihr Umfang dürfte zwischen 100 und 250 Versen geschwankt haben, eine Aufführung kann kaum mehr als 20 bis 30 Minuten gedauert haben. Dithyramben waren reine Auftragsdichtungen, bei denen es zwar auf die Qualität des Dichters ankam, da die Phyle den Sieg im Wettstreit erringen wollte. Die einzelnen Stücke wurden jedoch nicht mit dem Namen eines Dichters in Beziehung gebracht, sondern mit dem aufführenden Chor. Dem entspricht die Tatsache, daß von dieser Massenproduktion kein einziges Stück auf dem Weg der handschriftlichen Überlieferung erhalten geblieben ist. Das heißt: Die Philologen der Antike erachteten die Texte nicht für wert, kommentiert und in Ausgaben zusammengefaßt zu werden (s. u. S. 57 ff.).

Erst die sensationellen Papyrusfunde am Ende des 19. und zu Beginn des 20. Jahrhunderts brachten aus dem Sand Ägyptens einige Bruchstücke der Dithyramben Pindars (ca. 520 bis nach 446) und fünf ganz erhaltene Gedichte von Pindars Zeitgenossen und Rivalen Bakchylides (ca. 520 bis nach 450) zum Vorschein. Obwohl von Pindars Dithyramben kaum 100 Verse lesbar sind, lassen sich einige wiederkehrende Merkmale feststellen: Der Dichter geht auf den Anlaß der Aufführung, das Dionysosfest, ein und entwirft eine dionysische Theologie. Er preist die Gemeinde, die das Gedicht in Auftrag gegeben hat, und rückt seine eigene Leistung und Bedeutung als Dichter ins rechte Licht: Er allein sei in der Lage, als Vermittler zwischen der Welt der Erinnerung und der Gegenwart zu fungieren, und nimmt für sich in Anspruch, Musenherold, Seher und Prophet zu sein. In die Gedichte ist eine mythologische Erzählung integriert, wobei die zentrale Gestalt, der Heros oder Gott, in irgendeiner Weise eine Beziehung zu dem Anlaß oder der auftraggebenden Gemeinschaft hat. Anders sehen die Dithyramben des Bakchylides aus, die nach ihrer Wiederentdeckung in Ägypten 1897 publiziert wurden. Sie sind rein mythologische Erzählungen, denen bis auf eine Ausnahme jegliches dionysische Kolorit fehlt. Dies löste in der Forschung heftige Kontroversen über die Gattungszugehörigkeit dieser Stücke aus – allerdings überflüssigerweise, da die Unterschiede die Konsequenz davon sind, daß die populäre Gattung vielseitig einsetzbar war und deshalb keinen festumrissenen Normen folgte. Nun sind Pindar und Bakchylides herausragende Vertreter der chorlyrischen Dichtung in der ersten Hälfte des 5. Jahrhunderts. Hätten wir von der Masse der Dithyramben, die allein im 5. Jahrhundert in Athen aufgeführt wurden – es müssen Tausende gewesen sein – einige andere Beispiele, würden sicherlich der konventionelle Charakter der Gattung und die Merkmale literarischer Massenproduktion deutlich werden.

Zweiter Tag: Die Komödien. Am zweiten Tag der Großen Dionysien wurden seit 486 fünf Komödien aufgeführt. Von den Komödien des 5. und beginnenden 4. Jahrhunderts sind neben zahlreichen, teils umfangreichen Fragmenten lediglich elf Stücke des Aristophanes vollständig erhalten, die einen Eindruck von dem formalen und inhaltlichen Reichtum der Gattung vermitteln. Die Komödie des 5. Jahrhunderts ist politisch in dem Sinne, als sie Themen, die das Gemeinwesen, die *Polis*, betreffen, zum Inhalt hat. In der Zeitgeschichte, den politischen Zuständen und der intellektuellen Auseinandersetzung in Athen in jenen Jahren finden sich ihre Wurzeln. Politischer Hintergrund von neun der elf erhaltenen Komödien des Aristophanes ist der sich über 27 Jahre hinziehende Peloponnesische Krieg (431–404), den Athen mit Sparta und seinen Verbündeten ausfocht. Die verschiedenen Phasen des Kriegs, die militärischen und politischen Unternehmungen werden im Spiegel der Komödien aufgefangen, das Wirken der Politiker findet in ihnen einen unmittelbaren Widerhall. Die *Acharner* aus dem Jahre 425, der *Frieden* (421) und die *Lysistrate* (411) setzen sich unmittelbar mit dem Krieg und seinen Folgen für Athen auseinander und spiegeln in der jeweiligen Art der Behandlung des Themas Krieg und Frieden die unterschiedlichen zeitlichen Abschnitte des Konfliktes wider. Eng mit diesem Thema ist die Auseinandersetzung mit den führenden Politikern und Strategen der Kriegsjahre verbunden. Heftigen, äußerst derben Spott auf Politiker und Generäle findet man in allen erhaltenen Komödien eingestreut, und nach Horaz (*Satire* 1, 4, 1–5) ist gerade die Verspottung von Zeitgenossen (*onomastí komodeín* – die Verspottung unter namentlicher Nennung der Opfer) ein wesentliches Merkmal der Alten Komödie.

Der Spott wie die oft in Verbindung mit der Verhöhnung von gewissen Personen auftretenden Obszönitäten *(Aischrologie)* stehen, wie wir auch aus anderen Quellen wissen, in enger Verbindung zum Dionysoskult und zu den an den Festtagen üblichen Lizenzen, den Normen und Regeln des Alltags zu entfliehen. Dadurch wurden Gewalt und Aggression durch den institutionellen Rahmen des Festes kanalisiert und auf die letztendlich ungefährliche Ebene verbaler Angriffe verlagert. Die Lizenzen wirkten somit stabilisierend auf die gesellschaftlichen Verhältnisse. Für wenige Tage im Jahr war eine verkehrte Welt gestattet, ein wahres Schlaraffenland konnte – jedenfalls in der Illusion des Bühnenspiels – miterlebt werden. Wenige Tage durfte man den niederen Bedürfnissen und Vorurteilen – vor allem Außenseitern der Gesellschaft gegenüber – ungestraft frönen. Die für eine kurze Zeit offiziell erlaubten Ausschweifungen und Aggressionen garantierten für den Rest des Jahres den ungestörten Bestand des sozialen und gesellschaftlichen Gefüges. Die athenischen Soldaten, die während der Festtage zusammen mit dem komischen Helden über ihre Generäle und Vorgesetzten lachten und sie verhöhnten, mußten vielleicht schon wenige Stunden später wieder mit ihnen ins Feld ausrücken.

Von gleicher Bedeutung wie die politischen und militärischen Ereignisse ist für den Inhalt der Komödien die intellektuelle Revolution der zweiten Hälfte des 5. Jahrhunderts, die von der Sophistik ausging – jener Bewegung, die sich anheischig machte, jungen Männern gegen oftmals enorme Honorare zu einer erfolgreichen politischen Karriere zu verhelfen, indem sie ihnen die Kunst beizubringen versprach, durch die Gewalt ihrer Rede den Zuhörern jede Sache plausibel zu machen, ob sie nun wahr oder falsch sei. Dieser Relativismus rüttelte an den Grundfesten der attischen Demokratie und zeitigte Reaktionen der dionysischen Gattung Komödie, die ihre Wurzeln in der funktionierenden Demokratie hatte. Leitmotivisch durchzieht die Komödien des ausgehenden 5. Jahrhunderts die Frage, wie es zur Krise des demokratischen Konsenses und zum Niedergang der Polis kommen konnte und wo man die Ursachen zu suchen habe. Die Hauptschuldigen sieht die Komödie in der Sophistik und in den durch die Sophistik beeinflußten Kreisen, den Intellektuellen. Die einzelnen Komödien des Aristophanes fächern die verschiedenen Bereiche des öffentlichen Lebens – Politik und Religion, Erziehung und Dichtung, Musik und Wissenschaften – auf, in denen die Sophisten ihren angeblich verderblichen Einfluß ausübten. Besonderes Augenmerk richteten die Komödiendichter auf die bei demselben Fest aufgeführten dionysischen Schwestergattungen, auf den Dithyrambos und auf die Tragödie, denen sie die Aufgabe zuwiesen, Schule der attischen Demokratie zu sein. Dementsprechend – so die Komödie – führt ein Niedergang in diesen Gattungen notwendigerweise zu einer Auflösung der Bildung *(paideía)* und letztlich der Polis insgesamt.

Die Dichter der Alten Komödien bedienten sich bei der Gestaltung der beiden Hauptthemen – Krieg und Frieden und Krise der Polis – vor allem zweier komischen Techniken. Entweder entwickelt der häufig mit übermenschlichen Eigenschaften ausgestattete Protagonist einen utopischen Gegenentwurf zu desolaten Zuständen im Gemeinwesen, oder er führt eine völlige Umkehrung der normalen Verhältnisse herbei: Die Frauen entmachten die Männer, die Jungen die Alten, die normale Welt wird in phantastischer Weise auf den Kopf gestellt. Der Verlauf der Handlung hängt wesentlich von der Rolle ab, die der Komödiendichter dem Chor in dem jeweiligen Stück zuweist, davon, ob er als Freund oder Gegner des Protagonisten auftritt oder zunächst ohne Wissen vom Plan des komischen Helden erscheint und erst im Verlauf des Stücks eingeweiht wird.

Im Unterschied zur Schwestergattung Tragödie, bei der wir in unserem Urteil allein von den drei großen Tragikern des 5. Jahrhunderts abhängen, sind wir bei der Komödie in der Lage, die Entwicklung der Gattung auch in hellenistischer Zeit weiterzuverfolgen. Durch Papyrusfunde ist ein Stück des Komödiendichters Menander (342/341 – 293/292) komplett erhalten, nämlich *Der Schwierige (Dyskolos)*, fünf weitere Stücke sind wenigstens zum großen Teil lesbar, so daß ihre Handlungsführung nachvollziehbar ist: *Das Mädchen aus Samos (Samia), Das Schiedsgericht (Epitrepontes), Der Schild (Aspis), Die Geschorene (Perikeiromene)* und *Der Verhaßte (Misumenos)*. Im Gegensatz zu der »politischen«, in der Polis verwurzelten Komödie des 5. Jahrhunderts weisen die Stücke Menanders und seiner Zeitgenossen ein völlig anderes Äußeres auf: Die Familie tritt an die Stelle der Stadt. Das private verdrängt das öffentliche Leben, Liebe, Haß, Argwohn und Eifersucht sind anstelle von politischer Satire, derbem Spott und gesellschaftlicher Kritik die bestimmenden Themen der Komödiendichtung. Damit ist eine Entwicklung in der Geschichte der Komödie abgeschlossen, die Aristoteles in der *Poetik* (c. 5, 1449 b5–9) bereits im 5. Jahrhundert einsetzen läßt: Die jambische Form, also die den Spott auf einzelne bevorzugende Gestalt der Komödie, hat sich – deutlich unter dem Einfluß der Tragödie – zugunsten einer allgemeinen, einer allgemeinmenschlichen Thematik verflüchtigt.

Während also ein Komödiendichter des 5. Jahrhunderts bestrebt sein mußte, sein Publikum durch ständig neue Einfälle, eine überraschende Handlungsführung und vor allem durch phantastische Chöre wie Vögel- oder Wespenensembles zu fesseln, kann man die Arbeitsweise eines Dichters wie Menander eher mit der der Tragiker vergleichen: Wie dem Tragiker der Mythos, war ihm in den stereotypen Handlungsabläufen und dem festgelegten Personal ein Rahmen vorgegeben, den er ausfüllen konnte: Hinter dem Rollencliché läßt er einen Charakter sichtbar werden. Da die Handlungskonstellationen der Komödien des Hellenismus allgemeinmenschlich sind und der zeitgenössische, politische Hintergrund in ihnen keine oder zumindest keine nennenswerte Rolle spielt, konnten die Stücke der griechischen Dichter dieser Epoche ohne größere Schwierigkeiten von den römischen Komödienautoren des ausgehenden 3. und 2. Jahrhunderts, für uns faßbar in den erhaltenen

Werken des Plautus und des Terenz, ins Lateinische übertragen und vor einem römischen Publikum aufgeführt werden. Ja, man kann ohne Übertreibung sagen, daß die einfachen Handlungselemente Liebe, Haß, Argwohn und Eifersucht die europäische Komödientradition wesentlich bestimmten und bis heute im Boulevardtheater und in Hollywoodkomödien weiterleben.

Dritter bis fünfter Tag: Die Tragödien und das Satyrspiel. Auf den Komödientag folgten als Krönung und Abschluß des Festes drei Tage, die allein der Tragödie vorbehalten waren. Das Übergewicht, das der tragischen Gattung im Spielplan zufällt, unterstreicht eindrucksvoll die Geltung, die die Tragödie im kultisch-politischen Leben des klassischen Athens innehatte. An jedem der drei Tage inszenierte je ein Dichter eine tragische Tetralogie, bestehend aus drei Tragödien und einem Satyrspiel. Während bei Aischylos die vier Stücke in einem inhaltlichen Zusammenhang standen, schrieben Sophokles und Euripides in sich abgeschlossene Einzelstücke.

Das eine tragische Tetralogie abschließende Satyrspiel bildete den heiteren, burlesken und versöhnlichen Ausklang nach der oft erschütternden Handlung der drei Tragödien. Beim Satyrspiel ist der Bezug zum Dionysoskult, der in der Tragödie nur in Ausnahmefällen wie in den *Bakchen* des Euripides gewahrt blieb, offensichtlich. Durch das ländliche Ambiente, in dem sie häufig angesiedelt sind, wurden gleichsam die Ländlichen Dionysien (s. o. S. 25) in das große Fest der Stadt integriert. Die Satyrn, die, angeführt von ihrem Vater, dem Silen oder Papposilen, den Chor bilden, gehören zum Gefolge des Dionysos. Sie sind mit einem Pferdeschwanz und einem erigierten Phallos ausgestattet. Ein Handlungsschema des Satyrspiels scheint gewesen zu sein, daß die Satyrn, getrennt von ihrem Herrn Dionysos, bei einem Bösewicht Sklavendienste leisten müssen, bis sie schließlich von einem listigen Helden befreit werden. Der besondere Reiz des Satyrspiels entsteht aus dem Gegensatz zwischen den animalischen Satyrn, die sich durch sexuelle Lüsternheit und Feigheit auszeichnen, und der Welt der Heroen und Götter. Häufig scheint in den Satyrspielen in verrätselter Form die Erfindung von dionysischen Kultgegenständen oder Riten thematisiert worden zu sein. Als Begründer des Satyrspiels gilt in der Antike Pratinas von Phleius auf der Peloponnes (ca. 530 bis vor 467), ein Zeitgenosse des Aischylos. Die antike Literatur- theorie verbindet die »Erfindung« des Satyrspiels mit dem Vor- wurf, die Gattung Tragödie habe nichts (oder nichts mehr) mit Dionysos zu tun, so daß die Einführung des Satyrspiels den diony- sischen Charakter des Festes zurückbringen sollte (s. o. S. 22f.). Man wird die Zuschreibung an Pratinas wohl so deuten müssen, daß er dafür verantwortlich war, daß das Satyrspiel offizieller Be- standteil der Dionysien wurde und er somit die uns bekannte Form der Tetralogie aus drei Tragödien und dem abschließenden Satyr- spiel schuf.

Durch die Gunst der Überlieferung ist ein Satyrspiel komplett er- halten: der *Kyklops* des Euripides, in dem die aus Homers *Odyssee* bekannte Episode – Odysseus und seine Gefährten in der Gewalt des Kyklopen Polyphem – dramatisch umgesetzt wird. Papyrusfunde haben den mageren Erhaltungszustand ergänzt: In Sophokles' Sa- tyrspiel *Die Satyrn als Spürhunde* werden die Entführung der Rin- der Apolls durch seinen listigen göttlichen Bruder Hermes und die Erfindung der Kithara dargestellt. Die *Netzfischer* des Aischylos basieren auf einer Episode des Danaë-Perseus-Mythos: Da Danaës Vater Akrisios geweissagt worden war, er werde durch die Hand sei- nes Enkels sterben, ließ er seine Tochter einsperren. Zeus zeugte mit ihr jedoch in Gestalt eines goldenen Regens Perseus. Akrisios ließ Danaë und das Kind in einen Holzkasten ins Meer werfen. An der Insel Seriphos werden sie von den ängstlichen und zugleich neugie- rigen Satyrn an Land gezogen. Der göttlichen Prophezeiung kann Akrisios später allerdings nicht entgehen. Beim Diskuswerfen wird er von dem herangewachsenen Perseus erschlagen.

Organisation

Verantwortlich für die Organisation und Ausrichtung der Diony- sien war der oberste Staatsbeamte des demokratischen Athen, der *archon epónymos*, der Beamte, nach dem in den offiziellen Akten und Aufzeichnungen die Jahre angegeben wurden (zum Beispiel *epí Kallíou*, »in dem Jahr, als Kallias Archon war«). Er wählte aus der

Vielzahl der Dichter, die Tragödien inszenieren wollten, drei aus. Als Fachausdruck für das Aufführungsrecht findet sich in den Quellen die Formulierung »einen Chor zuteilen«. Welche Kriterien er bei der Auswahl anwandte, ist nicht bekannt. Da viele Tragiker und Komiker »Dichterdynastien« angehörten – Aischylos' Sohn Euphorion, Sophokles' Sohn Iophon, der Sohn und Neffe des Euripides gleichen Namens sowie Araros, der Sohn des Aristophanes, waren erfolgreiche Dramatiker –, scheinen der Einfluß und das Ansehen, das die einzelnen Dichter und ihre Familienverbände hatten, eine nicht unerhebliche Rolle gespielt zu haben.

Die Kosten der Inszenierung wurden in einer Art Umlageverfahren, der sogenannten Choregie, wohlhabenden athenischen Bürgern übertragen. Die kostspielige Aufgabe konnte als Sprungbrett für eine erfolgreiche politische Karriere dienen oder auch als Krönung einer Politikerlaufbahn. So war zum Beispiel Themistokles, der etwas ältere Zeitgenosse des Aischylos, unter dessen Führung die Griechen bei Salamis die persische Flotte vernichtend geschlagen hatten (480), Chorege im Jahre 476, als Phrynichos mit seinen *Phönizierinnen*, in denen die persische Niederlage aus der Sicht der Unterlegenen reflektiert wurde, siegreich war. Der junge Perikles hatte 472 die Choregie inne, als Aischylos sein zeitgeschichtliches Stück *Die Perser* aufführte, in dem ebenfalls die persische Niederlage im Mittelpunkt steht.

Der Dichter war im Normalfall sein eigener Regisseur. Der griechische Terminus technicus Chorodidáskalos, »Chormeister«, »Chorlehrer«, verweist darauf, daß die Hauptaufgabe des Dichters darin bestand, den Chor zu instruieren, mit ihm den Gesang und den Tanz einzustudieren. Da der Chor aus Laien, zunächst aus zwölf, später aus 15 attischen Bürgern, bestand und die Chorpartien vor allem bei Aischylos äußerst umfangreich sind, bedurfte es ohne Zweifel umfangreicherer Proben, als dies bei professionellen Schauspielern der Fall gewesen wäre. Zwei Tage vor dem Festbeginn wurden Dichter, Chor, Schauspieler und der die Kosten tragende Chorege dem Publikum vorgestellt. Die Schauspieler und Mitglieder des Chors (Choreuten) trugen bei diesem Anlaß, dem Proagon (»Vorwettkampf«), keine Masken und Kostüme, sondern nur einen Kranz.

Dithyramben wie Dramenaufführungen wurden als Wettkampf *(agón)* ausgetragen – Dithyramben als Wettstreit der Phylen, Dramen als Wettkampf der Dichter. Die Handlung der *Frösche* des Aristophanes, in denen Dionysos selbst den Agon zwischen Aischylos und Euripides zu entscheiden hat, spiegelt diese Organisationsform wider (s. o. S. 9 f.). Die agonale Aufführung ist wohl die wesentliche Ursache für die schnelle Entwicklung der Gattung Tragödie im Verlauf des 5. Jahrhunderts, galt es doch, ein durch häufigen Theaterbesuch geschultes Publikum für das Stück zu gewinnen. Dies trifft in besonderem Maße auf die Inszenierung und Darstellungsmöglichkeiten zu. So hat Aischylos den zweiten Schauspieler eingeführt, Sophokles den dritten. Sophokles scheint die Regel etabliert zu haben, daß sich an einem Dialog der Tragödie höchstens drei sprechende Personen beteiligen durften. Statisten (*parachoregémata*, »Zusatzleistungen«), waren jedoch möglich. Aischylos war berühmt dafür, »stumme« Personen dramaturgisch raffiniert einzusetzen. Das herausragende Beispiel ist Pylades in den *Choëphoren*, dem zweiten Stück der *Orestie*. Pylades bleibt das ganze Stück hindurch stumm; nur ein einziges Mal, als Orest seiner Mutter Klytaimestra gegenüber steht und zaudert, den Befehl des Gottes Apollon auszuführen und sie zu töten, bricht er sein Schweigen und erinnert den Freund an den göttlichen Auftrag, Rache für die Ermordung des Vaters zu nehmen (900–903).

Die Entscheidung über die im Agon erzielte Plazierung oblag einem in kompliziertem Verfahren gewählten, aus Bürgern der zehn Phylen bestehenden Schiedsrichtergremium. Aufgrund welcher Kriterien die Entscheidungen gefällt wurden, läßt sich nicht rekonstruieren. Wie jedoch wiederum die *Frösche* des Aristophanes zeigen, können es nicht nur ästhetische Überlegungen gewesen sein. Vielmehr spielte die politische Aussage eine ausschlaggebende Rolle: Die Überprüfung der poetischen Qualität der Tragödien von Aischylos und Euripides hilft Dionysos nicht weiter. Erst die Kostproben des politischen Sachverstandes der beiden Tragiker geben den Ausschlag zugunsten des Aischylos. Die Handlung der *Frösche* wirft übrigens noch ein weiteres Licht auf die agonale Situation, der sich die Dichter ausgesetzt sahen: Die Auseinandersetzung fand nicht nur innerhalb eines Jahres an den jeweiligen Großen

1: *Theater von Epidaurus (Peloponnes)*; 4. Jahrhundert v. Chr.
(Foto: B. Zimmermann)

2: *Theater von Dodona (Nordwestgriechenland), 4./3. Jahrhundert v. Chr.*
(Foto: B. Zimmermann)

Dionysien statt, sondern konnte auch über Generationen hinweg ausgetragen werden. Gerade der jüngste der drei großen Tragiker, Euripides, maß sich ganz bewußt an Aischylos, indem er die Stoffe des Altmeisters wiederaufnahm und häufig einer radikal neuen Deutung unterzog (s. u. S. 117 ff., 141 f.).

Das agonale Prinzip galt nicht nur für die Dramatiker, sondern auch für die professionellen Schauspieler und die Auleten (Flötenspieler), für die seit der Mitte des 5. Jahrhunderts ein eigener Agon ausgerichtet wurde. Dies ist ein deutliches Anzeichen dafür, daß der Chor allmählich in seiner herausragenden Stellung im Bühnenspiel zurückgedrängt wurde und die Solisten immer mehr an Bedeutung gewannen. Struktureller Ausdruck dieser Neuerung sind die Arien (Monodien), die die Dichter seit dieser Zeit als solistische Glanzstücke in ihre Tragödien einbauten (s. u. S. 55).

Dramen des 5. Jahrhunderts konnten als geistige Erstlingsfrüchte, als geistige Opfer für Dionysos, nur *einmal* aufgeführt werden, jedenfalls in Athen (Wiederaufführungen auf dem Land, in den ländlichen Demen, oder gar außerhalb Attikas waren nicht ausgeschlossen). Nur Aischylos wurde nach seinem Tod als besondere Ehre und Ausdruck der Wertschätzung, die man ihm entgegenbrachte, das Wiederaufführungsrecht zuteil. Dies änderte sich grundlegend zu Beginn des 4. Jahrhunderts. Seit 386 war es gestattet, auch alte Stücke, also Dramen, die schon einmal in Athen an den Dionysien oder Lenäen aufgeführt worden waren, wieder auf die Bühne zu bringen. Fortan fanden zwei parallele Agone statt: einer für die alten, klassischen Dramen und ein zweiter für »Neuinszenierungen«. So ist das Jahr 386 v. Chr. als Geburtsjahr des modernen europäischen Theaterbetriebs anzusehen. Mit seiner Zustimmung zu Wiederaufführungen alter Dramen säkularisierte das Volk von Athen die Theaterinszenierungen an den Dionysosfesten; aus Festen zu Ehren des Gottes Dionysos wurden staatlich organisierte Festspiele mit Chor- und Dramenaufführungen.

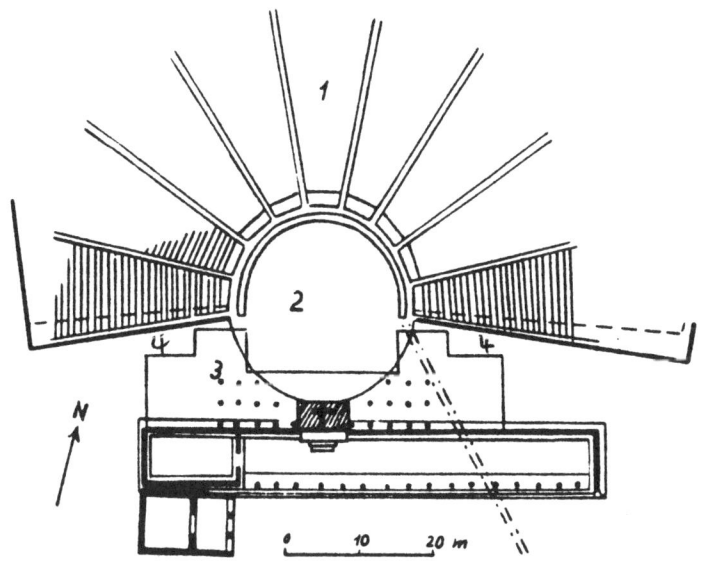

3: *Plan des Dionysostheaters von Athen (Zeichnung: C. Newiger)*

Inszenierungsfragen

Spielstätte der klassischen Dramen des 5. Jahrhunderts war das am Südhang der Athener Akropolis gelegene Dionysostheater. Auf einer leicht erhöhten Bühne *(skené)* agierten die Schauspieler, davor tanzte und sang in der Orchestra, dem »Tanzplatz«, der Chor. Die schlichte Anlage bot den Dichtern keine großen Möglichkeiten, durch die Bühnenausstattung oder eine aufwendige Inszenierung Glanzlichter zu setzen. Ebensowenig war es ihnen möglich, ihren Stücken einen naturalistischen Bühnenhintergrund zu geben. Dies verhinderten vor allem die beiden Theatermaschinen der attischen Bühne, das Ekkyklema und der Kran *(géranos,* »Kranich«, oder *mechané,* »Maschine«). Das Ekkyklema, ein kleiner, aus dem Mitteltor des Bühnenhintergrunds herausfahrbarer Wagen, diente dazu, Interieurs, Innenszenen gleichsam als Tableau »auszustel-

len«. Es hatte die Funktion, die im heutigen Theater der Dreh-
bühne oder dem Scheinwerfer zukommt, der den Bühnenhintergrund ausleuchtet. Ob Aischylos tatsächlich schon über diese Bühnenmaschine verfügen konnte, ist in der Forschung umstritten. Das
»Tableau des Grauens«, die Leichen des erschlagenen Feldherrn
Agamemnon und der trojanischen Königstochter und Seherin Kassandra mit der triumphierenden Klytaimestra im *Agamemnon*,
würde allerdings zu dem szenischen Erfindungsreichtum passen,
den die Antike Aischylos zuschrieb: Der Dichter gewährt dem ent-
setzten Chor und Publikum einen Blick in das Innere des Palastes,
an den Ort der Bluttat. Der Kran ist die Theatermaschine, an der
schwebend der vor allem bei Euripides beliebte »Maschinengott«,
der sprichwörtliche *deus ex machina,* am Ende der Stücke erscheinen konnte, um durch sein Machtwort die Handlung, die bei dem
jüngsten der drei Tragiker oft von dem im Mythos (s. u. S. 135)
vorgeschriebenen Ende abzuweichen droht, auf die richtige Bahn
zurückzulenken. Ferner muß man sich stets vor Augen halten, daß
ein starker Verfremdungseffekt, der von vornherein eine naturali-
stische Inszenierung verhinderte, dadurch zustande kam, daß alle
Rollen in den drei dramatischen Gattungen Komödie, Tragödie
und Satyrspiel von Männern gespielt wurden und die Schauspieler
Masken trugen. Eine Wiedergabe seelischer Regungen durch die
Mimik war demnach ausgeschlossen.

Aufgrund der Schlichtheit der Bühne und der die Illusion durch-
brechenden Inszenierungsmaschinerie kam es einzig und allein auf
die evozierende Kraft des dichterischen Wortes an, das vor dem inneren Auge des Zuschauers die erforderliche Kulisse in einer Art
von verbaler Szenenmalerei entstehen lassen mußte. Da im 5. Jahrhundert in der Regel der Dichter gleichzeitig als Regisseur, als Chorodidáskalos, fungierte, also auch für die Inszenierung zuständig
war, und zudem jedes Stück nur für die einmalige Aufführung geschrieben war, fehlen in den Texten Regieanweisungen. Dies stellt
vor allem moderne Philologen und Regisseure vor Probleme, muß
man doch die Regieanweisungen gleichsam aus den Texten heraus-
destillieren. Wie dies in der Praxis aussehen kann, soll die szenische
Interpretation der Eingangspartie der *Eumeniden*, des Abschluß-
stücks der *Orestie* des Aischylos, verdeutlichen. Es muß allerdings

betont werden, daß diese Deutung nur eine Möglichkeit darstellt; die Rekonstruktion der Aufführung des Jahres 458 ist in vielen Punkten umstritten. Weiterhin sei darauf hingewiesen, daß philologisch-historische Rekonstruktionsversuche der »Uraufführung« keinen Maßstab für moderne Inszenierungen darstellen müssen. Die vielfältigen Anspielungen und Assoziationen, die die Dramentexte für einen athenischen Zuschauer des 5. Jahrhunderts v. Chr. in sich bargen, müssen heute durch andere Mittel bewerkstelligt werden. Letztendlich muß vor jeder modernen Inszenierung die Interpretation und Bestimmung der Funktion stehen, die das jeweilige Drama zur Zeit seiner ersten Aufführung ausübte, bevor in einem zweiten Schritt mit dem Regisseur die Übertragbarkeit der ursprünglichen Intention und Funktion in die Gegenwart diskutiert werden sollte.

In den ersten Versen (1–33) der Tragödie läßt die Pythia, die delphische Seherin und Priesterin des Gottes Apollon, durch ihr Gebet vor dem geistigen Auge des Zuschauers das Apollonheiligtum zu Delphi erstehen, wie dies später Euripides in der Eröffnungspartie des *Ion* (184 ff.) tut. Erst durch diese »verbale Bühnenmalerei« erhält der Bühnenhintergrund seine Identität; erst durch die Worte der Pythia wird das Gebäude im Hintergrund, die Bühnenrückwand zum delphischen Apollontempel, nachdem es in den ersten beiden Stücken der Trilogie, im *Agamemnon* und den *Choëphoren*, den mykenischen Königspalast dargestellt hat. Die Seherin tritt durch das Tor in den Tempel. Voller Entsetzen wankt sie kurz darauf wieder hinaus. Ja, vor lauter Schrecken kann sie sich nicht auf den Beinen halten. Sie kriecht auf allen vieren (36 f.) und schildert, welch grauenhafter Anblick sich ihr im Allerheiligsten bot: Ein junger Mann – gemeint ist Orestes –, ein blutbeflecktes Schwert und einen mit weißer Wolle eingehüllten Zweig des Ölbaums als Zeichen des Zuflucht Suchenden in den Händen haltend, umklammert das Allerheiligste, den Erdnabel. Grauenhafte, schwarze Frauengestalten, aus deren Augen eine ekelhafte Flüssigkeit tropft (52 ff.), umlagern ihn, schlafend und schnarchend. Die Pythia tritt ab. Aus Furcht begibt sie sich nicht mehr in das Tempelinnere, sondern entfernt sich durch einen aus der Orchestra hinausführenden Seiteneingang *(eísodos)*. Die Bühne ist leer. Aus dem geöffneten

Tor des Tempels rollt das Ekkyklema, das in diesem Falle dazu eingesetzt wird, um das Tempelinnere dem Publikum sichtbar zu machen. Auf dem Wagen stehen Orestes und Apollon, der Herr des Tempels, umlagert von einigen der Furien.

Diese Szene spricht dafür, daß Aischylos im Jahre 458, als er die *Orestie* aufführte, bereits über diese Bühnenmaschine verfügen konnte (s. o. S. 42). Andernfalls ist es schlecht vorstellbar, daß aus dem großen Rund des Dionysostheaters die Zuschauer durch das geöffnete Mitteltor des Bühnenhintergrunds irgend etwas hätten sehen können. Apollon verspricht seinem Schützling jede erforderliche Hilfe und fordert ihn auf, unter dem Schutz seines Bruders, des Götterboten Hermes, sich nach Athen zu begeben. Dort werde er endlich Erlösung von seinen Qualen finden. Mit großer Wahrscheinlichkeit ist Hermes in dieser Szene nicht zu sehen. Vielmehr muß man die Verse 89 ff., in denen Apollon seinen göttlichen Bruder anspricht, wohl so verstehen, daß er Orest dem Schutz des Hermes anvertraut. Orest verläßt die Bühne, Apollon geht durch das Mitteltor in sein Heiligtum zurück. Da ertönt vom Bühnenhintergrund her, aus dem »hinterszenischen Raum«, Klytaimestras Stimme, die als Traumbild (115) den schlafenden Erinnyen erscheint – also auch für die Zuschauer nicht zu sehen ist – und sie aufzuschrecken versucht. Die Schreckgestalten stöhnen, ächzen, murmeln im Schlaf; noch im Traum setzen sie wie Jagdhunde ihrem Opfer nach (130 ff.). Allmählich, aufgeschreckt durch Klytaimestra, erwachen sie, schlaftrunken erheben sich die einen, andere torkeln benommen aus dem geöffneten Tempeltor, laut klagend über das Unrecht und die Schmach, die ihnen, den uralten Rachegottheiten, von dem jungen Gott Apollon angetan wurden (141 ff.). Apollon duldet die Erinnyen nicht in seinem heiligen Bezirk und vertreibt sie (179 ff.). Unter heftigen Drohungen verlassen sie die Bühne und die Orchestra durch die Seitengänge (229 ff.). Diese in der Inszenierung der griechischen Tragödie seltene und ungewöhnliche Aktion – normalerweise bleibt der Chor nach seinem Einzug bis zum Ende des Stücks in der Orchestra – ist ein Hinweis darauf, daß ein Ortswechsel stattfindet. Bühne und Orchestra sind wie zu Beginn der Tragödie leer. Orest erscheint und umfaßt flehend das heilige Standbild Athenas. Durch seine einleitenden Worte wird nun aus dem Bühnenhintergrund der Athenatempel auf der Akropolis zu Athen, wie zu Beginn des Stückes die Pythia durch ihre Worte den Apollontempel zu Delphi vor dem inneren Auge des Zuschauers erstehen ließ.

Die kurze Skizzierung einer möglichen Inszenierung macht wohl hinreichend deutlich, daß die Tragiker des 5. Jahrhunderts nicht für ein Ausstattungstheater im modernen Sinne schrieben, das in beinahe unbegrenztem Maße über technische Möglichkeiten verfügen kann. So vermitteln die spärlich eingesetzten Requisiten, deren Verwendung sich in den Texten nachweisen läßt, häufig eine wichtige inhaltliche Aussage. Das bekannteste Beispiel ist der purpurrote Teppich, den Klytaimestra im *Agamemnon* des Aischylos zur Begrüßung ihres heimkehrenden Gatten ausrollen läßt (908 ff.). Zunächst weigert sich der Heerführer, den Teppich zu betreten; doch dann geht er, betört durch die Schmeichelreden seiner Frau, auf dem blutroten Teppich in den Palast und in den Tod. Seine Eitelkeit wird ihm zum Verhängnis. Schon bevor er im Bade erschlagen wird, unterliegt der große Sieger von Troja dem Trug seiner Frau. Der rote Teppich verweist als szenisches Symbol in erster Linie natürlich auf den Mord im Bade; gleichzeitig ist aber die purpurne Farbe des Teppichs Insignie der Könige und Herrscher. Indem Agamemnon nach seinem anfänglichen Zögern schließlich doch den Teppich betritt, macht er sich der Anmaßung, der Hybris, schuldig, die er zunächst vermeiden wollte, um nicht auf der Höhe seines Ruhmes den Zorn der Götter herauszufordern.

Struktur und Form der griechischen Tragödie

Kehren wir noch einmal zu unserem Ausgangspunkt, den *Fröschen* des Aristophanes, zurück: In dem über mehrere Runden gehenden Wettstreit zwischen Euripides und Aischylos, durch den sie vor Dionysos als Schiedsrichter den Anspruch auf den Thron der tragischen Dichtkunst feststellen lassen wollen, bieten die beiden Tragiker Kostproben ihrer Dichtungen. Aristophanes spricht von den »Nerven« ihrer Tragödien (862) und meint damit die Bestandteile, die den Werken Form und Halt geben, die sie strukturieren: die gesprochenen und gesungenen Partien. Mit dieser Unterscheidung ist ein wichtiges Kriterium für die Analyse des griechischen Dramas gegeben. Die gesprochenen Teile sind den Schauspielern zugeordnet, die gesungenen, lyrischen Passagen ursprünglich dem Chor. Daneben finden sich wie in der klassischen Oper Partien, die wohl in einer Art Sprechgesang, im Rezitativ, vorgetragen wurden. Aus dem Wechsel von gesprochenen Schauspieler- und gesungenen Chorpartien ergibt sich die idealtypische Struktur einer Tragödie, wie sie Aristoteles im zwölften Kapitel seiner *Poetik* beschreibt. Aristoteles unterscheidet bei den Chorliedern die Parodos, das Einzugslied des Chores, von den Stasima, den »Standliedern«. Der Begriff bedeutet keinesfalls, wie man vermuten könnte, daß der Chor die Lieder stehend sang. Auch die Stasima waren von Tanz begleitet. Der Begriff Standlied weist lediglich darauf hin, daß die Partie – im Unterschied zum Einzugs- und Auszugslied – am normalen Standort des Chores während des Stücks, in der Orchestra, gesungen wurde.

Die Chorlieder untergliedern eine Tragödie in mehrere größere Blöcke, in denen gesprochene Partien vorherrschen: in den Prolog, den Teil vor der Parodos, die Epeisodia, die Teile zwischen den einzelnen Stasima, und die Exodos, den Teil nach dem letzten Stasimon. Es liegt auf der Hand, daß eine strikte Anwendung dieses Gliederungsschemas dem organischen Aufbau und Handlungsverlauf einer Tragödie Gewalt antun würde, zumal sich die Dichter stets darum bemühten, starre Strukturen aufzulockern und aufzubrechen. Gerade Sophokles wird von Aristoteles im 18. Kapitel der *Poetik* dafür gelobt, daß er den Chor eng in die Handlung eingebunden und wie einen weiteren Schauspieler eingesetzt habe. Dies erreichte der Tragiker unter anderem dadurch, daß er den Chor in Wechselgesänge, in sogenannte Amoibaía oder Kommoí, mit den Schauspielern verwickelte, die beiden Spielbereiche des Theaters, die Orchestra und die Bühne *(skené)*, also in einen Dialog eintreten ließ.

Um einen besseren Eindruck von der Struktur der klassischen Tragödie zu vermitteln, sei als Beispiel der Aufbau des sophokleischen *König Oidipus* angeführt, des Stückes, das Aristoteles in der *Poetik* formal wie inhaltlich mehrfach als Idealbild einer Tragödie anführt.

1–150	*Prolog*
S*	a) 1–84 Oidipus – Priester: In der verzweifelten Lage der Stadt ruht alle Hoffnung auf Oidipus.
S	b) 85–150 Kreon – dieselben: Das delphische Orakel zeigt einen Weg zur Rettung: die Bestrafung von Laios' Mörder.
151–215	*Parodos*
G	Chor: Die Götter werden in einem Hymnos um Hilfe gebeten.
216–462	*1. Epeisodion*
S	a) 216–299 Oidipus – Chorführer: Fahndung nach dem Mörder mit allen Mitteln.
S	b) 300–462 Oidipus – Teiresias – Chorführer (– Knabe): Der Seher enthüllt die Wahrheit: Oidipus ist der Gesuchte. Der König verdächtigt Teiresias der Komplizenschaft mit dem Täter.
463–512	*1. Stasimon*
G	Der Chor ist ratlos; er bekennt sich aber zu Oidipus.
513–862	*2. Epeisodion*
S	a) 513–530 Kreon – Oidipus – Chorführer: Oidipus beschuldigt Kreon der Komplizenschaft mit dem Seher.
S	b) 531–648 Iokaste – dieselben: Vermittlungsversuch.
S + G	c) 649–697 dieselben (Amoibaion / Wechselgesang): Oidipus gibt nach und verurteilt Kreon nicht zum Tode, sondern verbannt ihn.
S	d) 698–862 Oidipus – Iokaste – Chorführer: Erwähnung der Orakel und des Dreiwegs, an dem Laios erschlagen wurde; Oidipus ahnt die Wahrheit und will den überlebenden Augenzeugen befragen.

---

* (S = Sprechpartie, G = Gesangspartie, R = Rezitativ)

863–910	*2. Stasimon*
G	Der Chor fürchtet um Oidipus.

911–1085	*3. Epeisodion*
S	Iokaste – Chorführer – Bote (aus Korinth) – Oidipus: Der Bote meldet, daß Polybos gestorben und Oidipus nicht der Sohn des korinthischen Königspaars ist. Iokaste ahnt die Wahrheit, doch Oidipus will sich durch die Gegenüberstellung des Boten und des Augenzeugen Gewißheit über seine Herkunft verschaffen.

1086–1109	*3. Stasimon*
G	Der Chor singt ein Freudenlied.

1110–1185	*4. Epeisodion (Peripetie)*
S	Oidipus – Hirte – Bote: Enthüllung der Wahrheit.

1186–1222	*4. Stasimon*
G	Chor: Scheinhaftigkeit menschlichen Glücks.

1223–1530	*Exodos*
S	a) 1223–1296 Bote – Chorführer: Iokaste hat sich umgebracht, Oidipus sich geblendet.
S + G + R	b) 1297–1366 Chor – Oidipus (Amoibaion/Wechselgesang): *Ecce homo*.
S	c) 1367-1514 Oidipus – Kreon – Chorführer (– Antigone – Ismene): Oidipus ordnet seine Verhältnisse; er will Theben verlassen.
R	d) 1515–1530 Chor – Oidipus (– Antigone – Ismene): Auszug.

Neben den schematischen Gliederungsprinzipien und der Unterteilung in größere Handlungsblöcke gibt es eine Reihe von stereotypen »Bauformen«, die allen drei Tragikern gemeinsam sind. In erster Linie ist die *Anagnórisis*, die »Wiedererkennung«, zu nennen. Aristoteles versteht darunter in der *Poetik* (c. 11, 1452 a22 ff.) den Umschlag von Nichtwissen in Wissen, der dazu führt, daß

Freundschaft sich in Feindschaft verkehrt oder Feinde zu Freunden werden. Am wirkungsvollsten ist nach Aristoteles die Spielart, die zugleich mit der Peripetie, dem Handlungsumschwung eines Stückes, eintritt, da eine derartige Anagnorisis im Zuschauer die elementaren Reaktionen Furcht und Mitleid hervorrufen und zur psychischen Reinigung *(kátharsis)* von diesen Affekten führen kann. Auch in dieser Hinsicht erfüllt der *König Oidipus* des Sophokles in höchstem Maße die Anforderungen des Aristoteles.

Locus classicus der tragischen Anagnorisis ist die Wiedererkennung von Orest und Elektra in den *Choëphoren* des Aischylos (16 ff.): Orest, der nach Jahren des Exils in Begleitung seines alten Erziehers und Freundes Pylades in die Heimat Argos zurückkehrt, um Rache für die Ermordung des Vaters zu nehmen, erkennt seine Schwester Elektra, ohne sich jedoch ihr zu erkennen zu geben. Kurz danach kehrt Elektra vom Grab des Vaters Agamemnon zurück und berichtet den wartenden Mädchen, die den Chor bilden, daß ihr Bruder Orest zurückgekehrt sein müsse, da sie Weihegaben am Grabe, Locken und ein Gewand, sowie Fußspuren entdeckt habe, die nur von Orest stammen könnten. Da tritt Orest aus seinem Versteck hervor, gibt sich seiner Schwester zu erkennen (219) und setzt den göttlichen Racheauftrag in die Tat um. Euripides setzt sich mit dieser Anagnorisis kritisch in seiner *Elektra* (487 ff.) auseinander: Elektra widerlegt der Reihe nach die Beweiskraft der Indizien, die Aischylos' Elektra zu der Überzeugung bringen, Orest sei zurückgekehrt. Sophokles schließlich gewinnt dem Mythos eine völlig neue Dimension ab, indem er die Wiedererkennung der Geschwister an das Ende des Stücks (1354 ff.) verschiebt, so daß Elektra in der Meinung, Orest sei tot, sich allein zur Tat durchringt (947 ff.; s. u. S. 119 ff.).

Zu den in jeder Tragödie präsenten Bauformen zählt der Botenbericht. In einer längeren Rede *(rhésis)* werden den Bühnenpersonen oder dem Chor hinter- oder außerszenische, vor oder während der dramatischen Handlung geschehene Ereignisse mitgeteilt, die nach den Möglichkeiten oder Konventionen des attischen Theaters nicht darstellbar sind. Die für das moderne Verständnis oftmals langatmigen Ausführungen genossen eine besondere Vorliebe beim athenischen Publikum des 5. Jahrhunderts, da sie mit allen Mitteln der Rhetorik arbeiteten und so der Begeisterung der Athener für rednerische Glanzstücke entgegenkamen. Aischylos pflegt derartige Botenberichte vorwiegend an den Stellen im Handlungszusammenhang zu plazieren, an denen auf eine langsam aufgebaute bange Erwartung die oft bittere, schockierende Gewißheit folgt. Paradebeispiel ist der Bericht des persischen Boten, der dem Chor und der Königin Atossa die Niederlage der Flotte bei Salamis meldet (*Perser* 302 ff.). Rhetorische Glanzstücke sind die sieben Reden des Spähers, der in den *Sieben gegen Theben* (375 ff.) die sieben angreifenden Heerführer beschreibt.

Sophokles setzt Botenberichte vor allem in den Schlußszenen ein, um die Katastrophe zu schildern, die nach den Konventionen des griechischen Theaters nicht auf der Bühne darstellbar war: die Qualen des Herakles, der von dem mit dem unheilbringenden Blut des Kentauren Nessos durchtränkten Gewand gemartert wird, und den Selbstmord Deianeiras in den *Trachinierinnen* (749 ff., 899 ff.), in der *Antigone* (1192 ff.) den Tod Antigones und ihres Verlobten Haimon, im *König Oidipus* (1237 ff.) den Selbstmord Iokastes und Oidipus' Selbstblendung, im *Oidipus auf Kolonos* (1586 ff.) die Entrückung des greisen Oidipus. Besondere Fälle sind der Trugbericht des Pädagogen in der *Elektra* (680 ff.), mit dem der Alte der verzweifelten Elektra und der triumphierenden Klytaimestra den angeblichen tödlichen Unfall des Orest bei einem Wagenrennen ausführlich ausmalt, und die Vorwegnahme der kriegerischen Ereignisse in einer Vision des Chores im *Oidipus auf Kolonos* (1044 ff.). Wie in der sophokleischen Tragödie nimmt auch in der euripideischen der Katastrophenbericht, besonders die Schilderung grausamer und grausiger Todesfälle, eine bevorzugte Stellung ein: So werden in der *Medea* (1135 ff.) der Tod Kreons und seiner Tochter in dem durch Medeas Hochzeitsgeschenk verursachten Feuerinferno, im *Hippolytos* (1173 ff.) der tödliche Unfall des Protagonisten, der von seinen eigenen Pferden zu Tode geschleift wird, oder in den *Bakchen* (1043 ff.) das Ende des Pentheus geschildert, der von seiner eigenen, in Ekstase versetzten Mutter zerfleischt wird. Eine besondere Spielart liegt im *Orestes* (1369 ff.) vor. Nicht in Form der Rede, sondern in einer exaltierten, im Falsett gesungenen Arie berichtet ein phrygischer Sklave von den Ereignissen im Palast des Menelaos, der Entrückung Helenas und der Geiselnahme Hermiones, Helenas und Menelaos' Tochter, durch Orest und Pylades.

Ausdruck der besonderen Vorliebe der athenischen Zuschauer für rhetorische Glanzstücke sind auch die zahlreichen Redewettkämpfe. In Rede und Gegenrede tragen die Antagonisten ihre unterschiedlichen Auffassungen vor, bevor sie oft zu einem heftigen verbalen Schlagabtausch Vers für Vers *(Stichomythie)* oder gar in Halbversen *(Antilabaí)* übergehen. Der Historiker Thukydides legt ironischerweise dem Demagogen Kleon eine schonungslose Abrechnung mit der Rhetorikbesessenheit der Athener in den Mund (3, 38): Die Athener hätten die Grenzen zwischen Realität und Illusion, zwischen Politik und Theater verloren. Ihre politischen Entscheidungen würden sie nie nach rational nachvollziehbaren oder militärisch umsetzbaren Kriterien treffen. Vielmehr setze sich immer der Redner in der Volksversammlung mit seinem Antrag durch, der mit der Neuheit und Kühnheit seiner Gedanken und dem Feuerwerk seiner Formulierungen besteche.

Musik und Tanz in der griechischen Tragödie

Wenn man sich als moderner Leser oder Theaterbesucher mit griechischen Dramen des 5. Jahrhunderts befaßt, vergißt man allzu häufig, daß jedes Theaterstück der klassischen Zeit, Komödie ebenso wie Tragödie und Satyrspiel, von Musik, Gesang und Tanz begleitet war. Ein Drama des 5. Jahrhunderts weist Sprech-, Rezitativ- und Gesangspartien auf und ist eher einer Oper des 17. und 18. Jahrhunderts als einem modernen Theaterstück vergleichbar. Hinweise auf die musikalische Gestaltung in den Texten selbst, vor allem jedoch die oftmals kritischen Auslassungen bei Autoren des 5. und 4. Jahrhunderts, die über die Musik ihrer Zeit schreiben, verdeutlichen die Bedeutung, die man der musikalischen Ausgestaltung einer Dramenaufführung beimaß. Die strukturellen Veränderungen, die die griechische Tragödie in der zweiten Hälfte des 5. Jahrhunderts durchlief, insbesondere die Verlagerung des lyrischen Elements, der gesungenen Partien von der Orchestra auf die

Bühne, vom Chor zu den Schauspielern, ist Ausdruck einer Entwicklung der griechischen Musik in dieser Zeit, die auf eine immer größere Emanzipation der Musik vom Wort hinauslief.

Ursprünglich waren die gesungenen Partien dem Chor vorbehalten. Begleitinstrument war der dem Dionysoskult zugehörige Aulós, ein dumpf und dunkel tönendes, oboenähnliches Blasinstrument, für das sich im Deutschen die irreführende Übersetzung »Flöte« eingebürgert hat. Tanz, Musik und Gesang bildeten noch in der ersten Hälfte des 5. Jahrhunderts eine untrennbare, sich gegenseitig ergänzende Einheit. Die dominierende Rolle fiel ohne Zweifel dem Wort zu. Die Stücke des Aischylos, in denen gesungene Schauspielersoli noch fehlen, spiegeln diesen ursprünglichen Zustand wider. So ist in der Parodos des *Agamemnon* (40 ff.) der erzählende Teil, in dem der Chor die Vorgeschichte des trojanischen Krieges berichtet, in einer kunstvollen metrischen Form gehalten, in einer Mischung aus jambischen und daktylischen Gliedern, wobei die Daktylen, das mit dem Epos verbundene Versmaß, ein metrisches Signal für »Mythenerzählung« sind. In dem Augenblick jedoch, in dem der Chor von der Erzählung zur Reflexion, zum Hymnos auf Zeus, übergeht, werden die jambisch-daktylischen Verse von einer einfachen, klaren Struktur abgelöst, von schlichten Trochäen. Dieser Rhythmenwechsel bewirkt einerseits, daß die Aufmerksamkeit der Zuschauer auf den Inhalt des Hymnos gelenkt wird, in dem die theologischen Grundaussagen des Aischylos vorgetragen werden, andererseits steht die schnörkellose rhythmische und damit auch choreographische Gestalt in keiner Weise dem Verständnis im Wege. Durch das Zurücktreten von Tanz und Musik kann nun allein der Inhalt in den Vordergrund treten. Zur Verdeutlichung dieser Wirkung sei auf ein Phänomen der Kirchenmusik hingewiesen. Im *Credo* findet man in der Regel denselben Übergang von der kunstvollen, polyphonen Eröffnung des Chores zur schlichten Einstimmigkeit, wenn die zentrale Aussage erklingt: *et incarnatus est de Spiritu Sancto ex Maria Virgine*. Seit der Mitte des 5. Jahrhunderts änderte sich dieses ausgeglichene Verhältnis von Wort und Musik zugunsten einer immer größeren Geltung des musikalischen Elements. Die zunehmende Zahl von Soloarien (Monodien) in den Tragödien des Euripides belegt diesen

Wechsel eindrucksvoll. Professionelle Solisten waren eher in der Lage als der zunächst aus zwölf, später aus 15 Sängern bestehende Chor, stark emotional gefärbte Lieder in Gesang und Tanz umzusetzen und damit besondere musikalische und choreographische Glanzpunkte zu setzen.

Mitten in die musikalische Umbruchszeit führt ein unter dem Namen des Pratinas, des »Erfinders« des Satyrspiels, überliefertes Fragment, in dem ein Chor, der sich als traditioneller Anhänger des Dionysoskultes und der dionysischen Musik zu erkennen gibt, vehement gegen ein Solo des Flötenspielers, des Auleten, protestiert und die Musik mit Nachdruck in ihre Schranken verweist, da sie sich anmaße, ihre untergeordnete, dienende Stellung zu verlassen und mit dem Wort, dem Gesang in Konkurrenz zu treten (Fr. 708 Page):

»Was ist das für ein Lärm? Was ist das
für ein Chorgesang, was für ein Tanz?
Welch frevelnde Anmaßung hat sich dem lärmumtobten
Altar des Dionysos genaht?
Mein, mein ist Dionysos! Mir ziemt es
zu schreien, mir ziemt es zu lärmen, wenn ich
zusammen mit den Najaden ins Gebirge stürme
und wie ein Schwan ein buntgefiedertes Lied anstimme.
Den Gesang hat die Muse zum König gemacht.
Der Aulos soll nur die zweite Rolle spielen.
Denn er ist nur Diener.
Allein beim fröhlichen Umzug und bei Raufereien,
die betrunkene junge Männer vor den Türen veranstalten,
soll er Anführer sein.
Schlage ihn [den Aulos, d. Verf.], der den Atem einer bunten Kröte
hat!
Brenne ihn, der den Speichel vergeudet,
den Aulos mit seiner geschwätzigen, tiefen Stimme,
der gegen den Rhythmus verstößt,
er mit seinem durchbohrten Körper.
Sieh her: Dieser Schwung des rechten Armes und Beines ist für
dich,

Thriambosdithyrambos, Herr mit dem Efeu im Haar [Dionysos, d. Verf.],
auf denn, höre meinen dorischen Gesang!»

Ziel der musikalischen Avantgarde war es – dies macht das Pratinasfragment deutlich –, eine Komposition durch musikalische Mittel wie Instrumentalsoli mit überraschenden Rhythmuswechseln abwechslungsreicher, »bunter« zu machen. So ist die »bunte Kröte« keine zoologische Anspielung, sondern ein Hinweis auf das Programm der musikalischen Avantgarde, bei der der quakende Aulos eine herausragende Rolle spielte. Den Modernismen setzt der Chor seine traditionelle, dorische, das heißt konservative Haltung entgegen, die weiterhin für das Wort und den Gesang die erste Rolle beansprucht und dem Aulos allein bei Komoi, bei Umzügen junger Männer, die sich an Symposien anzuschließen pflegten, keinesfalls jedoch bei Choraufführungen eine eigenständige Aufgabe zubilligt.

Besonderer Beliebtheit erfreuten sich im letzten Viertel des 5. Jahrhunderts Soloarien, die sich nicht nur in der Tragödie und mit parodistischer Absicht in der Komödie, sondern sogar in der an und für sich rein chorlyrischen Gattung des Dithyrambos finden. Für uns nachvollziehbar ist diese Vorliebe im Spätwerk des Euripides. Ein auffallendes Beispiel ist die Arie des Ion in der gleichnamigen Tragödie (82 ff.), bei der man, was nicht oft der Fall ist, aus dem Text die Handlungen ablesen kann, die der Sänger während seiner Arie vornimmt. Nachdem Ion, der in Delphi den Dienst des Tempeldieners versieht, zunächst den neuen Tag begrüßt hat, beginnt er, den Tempelplatz mit einem Besen zu reinigen, der aus dem seinem Herrn Apollon heiligen Lorbeer gefertigt ist. Danach besprengt er den Platz mit Wasser der Kastalischen Quelle, das zu kultischen Reinigungen verwendet wurde, bevor er daran geht, mit Pfeilschüssen die lästigen Vögelschwärme aus dem Giebel des Tempels zu vertreiben. Die Arie Ions zeigt wie der im Falsett gesungene Botenbericht des phrygischen Sklaven im *Orestes* (1369 ff.), daß diese professionellen Schauspielern auf den Leib geschriebenen musikalischen Glanzpartien auf einem engen Grat zwischen Pathos und Banalität balancieren. Aristophanes, der unerbittliche Kritiker der musikalischen Extravaganzen seiner Zeit, legt denn auch in den zahlreichen Parodien, denen er die Monodien (Arien) des Euripides unterzieht, immer wieder die diesen Stücken innewohnende Komik bloß. Mit aller Schärfe macht er Euripides den Vorwurf, daß er durch derartige Manierismen die erhabene Gattung Tragödie in den Dreck ziehe, daß er das *Decorum (prépon)*, das, was sich für die Tragödie zieme, in seinen Kompositionen verletze.

Die Kritik, der die musikalische Gestaltung der Tragödien des ausgehenden 5. Jahrhunderts von seiten der Komödie (Aristophanes) und Philosophie (Platon) ausgesetzt war, verdeutlicht, daß die Dichter – vor allem Euripides und sein Zeitgenosse Agathon – aus dem Bestreben heraus, ihre Kompositionen abwechslungsreich zu gestalten, häufig das Wort, den Sinn einer Aussage, hinter dem Klang und der Musik zurücktreten ließen. Die modernen Virtuosen versuchten, schreibt zum Beispiel Platon im *Staat* (397a), allen Ernstes alles und jedes nachzuahmen: den Donner und das Geräusch von Wind und Hagel, von Wagenachsen und Rädern, den Klang von Trompeten, Flöten und Hirtenpfeifen und allen anderen Instrumenten, schließlich das Bellen der Hunde, das Blöken der Schafe und das Zwitschern von Vögeln. Die Herrschaft der ungebildeten, nach Bühneneffekten gierenden Masse habe den guten Geschmack der wenigen Gebildeten im Theater abgelöst, die *theatrokratia* die *aristokratia* aus dem Theater verdrängt, lautet das harte Urteil des Philosophen (*Gesetze* 701 a) über musikalische Innovationen wie das Singen von Koloraturen. In der scharfen Kritik, die Aristophanes und Platon am bühnenwirksamen Stil ihrer Zeitgenossen üben, tut sich zum ersten Mal jene Kluft zwischen zwei unterschiedlichen Konzeptionen des Theaters auf, die die Diskussion der Moderne bestimmen sollte: die Kluft zwischen einer Auffassung, die das Theater als »Bildungsanstalt«, als Hort der Paideia ansieht, und der entgegengesetzten Meinung, die das Theater als Ort des ästhetischen Vergnügens versteht, wo der Zuschauer in der Illusion des dramatischen Spiels die Unbilden des Alltags vergessen kann.

In unserem Urteil über den Charakter der Bühnenmusik der griechischen Tragiker hängen wir, da wir nur die Texte und nicht mehr die Musik besitzen, in erster Linie von den kritischen Stellungnahmen von Zeitgenossen wie Platon oder Aristophanes ab. Allerdings vermitteln die verschiedenen Kompositionsformen und Metren einen gewissen Eindruck von dem musikalischen Reichtum der Tragödien. Zunächst muß man betonen, daß die antike, griechische und römische Metrik im Gegensatz zum modernen Versbau nicht akzentuierend ist, die Verse also nicht in einem Wechsel von betonten und unbetonten Silben baut, sondern quantitierend, die Versmaße also aus der Abfolge von kurzen (metrisches Symbol ∪) und langen Silben (metrisches Symbol —) zustande kommen, wobei an bestimmten Stellen im Vers sowohl Kürze wie Länge möglich ist (*syllaba anceps*, metrisches Symbol x). Die Kombination von Kürzen und Längen ergibt eine Vielzahl verschiedener Metren. Die gesprochenen Partien der dramatischen Texte sind im jambischen Trimeter gehalten, dem Versmaß, das sich in seinem Rhythmus am ehesten der Alltagssprache annähert. Für die Rezitativpartien verwendeten die Dichter sogenannte Langverse (Tetrameter) – vorwiegend in jambischem oder trochäischem Rhythmus. Für die gesungenen, lyrischen Partien stand den Dichterkomponisten eine ungeheure Vielfalt von verschiedenen metrischen Formen zu Verfügung, die uns eine rudimentäre Vorstellung von der Ausdruckskraft des Gesangs vermitteln.

Wenn man die verschiedenen Metren in ihrer jeweiligen Verwendung vergleicht, sieht man in aller Deutlichkeit, daß die einzelnen metrischen Formen einen bestimmten musikalischen und inhaltlichen Ausdruckswert besitzen. Der auffallendste Fall sind die Joniker, ein Metrum, das sich aus der Sequenz Doppelkürze und Doppellänge zusammensetzt (∪∪ — —). Dieses Metrum hatte in der Frühzeit der Gattung Tragödie große Beliebtheit besessen; es diente insbesondere dazu, rhythmisches Signal für Fremdes, aus dem Osten Kommendes zu sein. So sind bezeichnenderweise Joniker das metrische Leitmotiv in den *Persern* des Aischylos, um das orientalische Ambiente musikalisch zu unterstreichen. Wenn Euripides in seinem Spätwerk, den *Bakchen,* auf den Joniker als metrisches und damit rhythmisch-musikalisches Leitmotiv zurückgreift, verfolgt er einen doppelten Zweck: Einerseits ist der jonische Rhythmus dem aus dem Osten heimkehrenden Gott Dionysos und seinen Verehrerinnen, den Bakchantinnen, angemessen, andererseits ist die Wahl dieses Metrums ein bewußter Rückbezug auf die Frühzeit der Gattung, ein beabsichtigter rhythmisch-musikalischer Archaismus, den man auch auf der inhaltlichen Ebene des Stücks nachweisen kann (s. o. S. 10f.). Exemplarisch für die inhaltliche Ausdruckskraft, die ein Metrum besitzen kann, ist der Dochmius, der »Verquere«, der eine enorme Bandbreite an Variationsmöglichkeiten aufweist (Grundschema: $\times - - \times -$, wobei jede Länge durch eine Doppelkürze ersetzt werden kann) und deshalb besonders dazu dient, Gefühlsregungen wie Freude oder Trauer, Begeisterung oder Panik rhythmisch auszumalen. Doch all die Versuche, aus der metrischen Form Rückschlüsse auf die musikalische Gestaltung einer Tragödie zu ziehen, können, wenn überhaupt, nur einen groben Eindruck von dem musikalischen Reichtum einer Tragödienaufführung vermitteln. Wir befinden uns, um ein Beispiel aus dem modernen Musiktheater zu bemühen, in einer Situation, als hätten wir von Mozarts oder Verdis Opern nur noch die Libretti und Angaben zum Takt und zum Rhythmus, wobei glücklicherweise die erhaltenen Libretti der Antike, die Texte der Dramen, einen unvergleichbar höheren literarischen Wert aufweisen, als dies in der Regel bei Operntexten der Fall ist.

Wege der Überlieferung der griechischen Tragödie

Auch im Hinblick auf die Überlieferung der griechischen Tragödie bilden die *Frösche* des Aristophanes den geeigneten Ausgangspunkt. Die Komödie zeigt in aller Deutlichkeit, daß schon am Ende des 5. Jahrhunderts, kaum ein Jahr, nachdem Euripides und kurz danach Sophokles gestorben waren, und 50 Jahre nach Aischylos' Tod diese drei Tragiker als *die* Klassiker der attischen Tragödie galten: »Die guten Dichter«, so der Theatergott Dionysos (72), »die sind tot, und die noch leben, erbärmlich schlecht.« Die frühe Kanonisierung trug sicherlich wesentlich dazu bei, daß von der Vielzahl der anderen Tragödiendichter, die als Zeitgenossen der drei Großen im Athen des 5. Jahrhunderts wirkten, und von den über 1200 Stücken, die allein im 5. Jahrhundert aufgeführt wurden, nicht mehr viel erhalten ist. Jedenfalls reichen die mageren Fragmente nicht aus, um sich einen Eindruck von der Kunst anderer Dichter zu verschaffen.

Dies gilt vor allem für die Tragiker, die vor und zur Zeit der Perserkriege (490–480) gewirkt haben, wie Phrynichos, den älteren Zeitgenossen des Aischylos. Selbst von einem bekannten Dichter wie Agathon (ca. 455–401), der immerhin von Aristophanes in den *Thesmophoriazusen* des Jahres 411 verspottet und in Platons *Symposion* als erfolgreicher Tragiker und stadtbekannte Persönlichkeit eingeführt wird, können wir nur einen unscharfen Eindruck gewinnen. Genauso düster ist bis auf wenige Ausnahmen, über die wir besser informiert sind, der Befund für die nachklassische Tragödie vom 4. Jahrhundert v. Chr. bis ins 1. Jahrhundert n. Chr. Platons Onkel Kritias, der als oligarchischer Politiker in Athen wirkte und 403 im Kampf gegen die demokratischen Truppen sein Leben verlor, war eine literarisch vielseitige, in verschiedenen Gattungen tätige Persönlichkeit. Durch Papyrusfunde läßt sich wenigstens in groben Zügen die Handlung einer von ihm verfaßten Tragödie mit dem Titel *Peirithoos* rekonstruieren: Peirithoos, der sich mit seinem Freund, dem attischen Nationalheros Theseus, in die Unterwelt begibt, um Persephone, die Frau des Unterweltsgottes Hades, zu entführen, wird zur Strafe an einen Felsen gefesselt und von Schlangen bewacht, bis ihn Herakles aus seiner mißlichen Lage befreit. Die Handlung der Tragödie weist Anklänge an die des unter Aischylos' Namen überlieferten *Gefesselten Prometheus* auf: Der Protagonist ist das ganze Stück, an einen Felsen geschmiedet, anwesend.

Einen Eindruck von der Tragödienproduktion des 4. Jahrhunderts vermittelt der fälschlicherweise Euripides zugeschriebene *Rhesos*, der wohl nur aus diesem Grund – als Pseudepígraphon, als »fälschliche Zuweisung« – die Zeiten überdauerte. Das Stück ist eine Dramatisierung des zehnten Buches der homerischen *Ilias*, der sogenannten Dolonie. Es fällt qualitativ so weit von den anderen Tragödien des Euripides ab, daß man es mit guten Argumenten für unecht erklärt hat. »Das ganze ist eher ein Schülerstück bei einem Gymnasiumsfest als eine Tragödie«, so die Charakterisierung, die Joachim Latacz dem Rhesos in seiner *Einführung in die griechische Tragödie* zuteil werden läßt (S. 256). Ein interessantes Beispiel für den enormen Einfluß, den die griechische Tragödie auf die Kultur des Mittelmeerraumes ausübte, ist die *Exagogé (Auszug)* eines hellenisierten Juden namens Ezechiel, von der 269 Verse erhalten sind. Das Stück, ein Zeugnis für die jüdisch-griechische Mischkultur in Zentren des Ostens wie Alexandria, muß zwischen 240 und 100 v. Chr. entstanden sein. Es behandelt den Auszug der Juden aus Ägypten, stellt also eine Dramatisierung des alttestamentarischen Textes (*Exodus* 1–15) in einer an Euripides geschulten Sprache und Metrik dar.

Die Tatsache, daß von den 80 Tragödien des Aischylos und den 123 des Sophokles je sieben und von den 90 des Euripides immerhin 18 vollständig bis in die Gegenwart hinein erhalten geblieben sind, ist das Ergebnis eines komplizierten Überlieferungs- und Selektionsvorganges. Eine erste wichtige Station in diesem Prozeß stellen die kulturpolitischen Aktivitäten des athenischen Politikers Lykurg dar, der im Jahre 330 v. Chr. ein offizielles »Staatsexemplar« der Stücke der großen Tragödiendichter anfertigen ließ. Diese Maßnahme war erforderlich geworden, weil nach der offiziellen Zulassung von Wiederaufführungen im Jahre 386 gerade die beliebten Stücke, insbesondere Tragödien des Euripides, zahlreichen Eingriffen von seiten der Schauspieler und Regisseure ausgesetzt waren, die die Klassiker dem Publikumsgeschmack des 4. Jahrhunderts angleichen wollten oder zu ihrem eigenen Vorteil, etwa um im Agon der Darsteller zu brillieren, Eingriffe in den originalen Wortlaut, sogenannte Schauspielerinterpolationen, vornahmen.

Nach dieser ersten, praktischen Gründen entspringenden Ausgabe setzte eine wissenschaftliche Beschäftigung mit der klassischen Literatur überhaupt in Alexandria, dem kulturellen Zentrum der ptolemäischen Dynastie, ein. Am Musaion, der großen Bibliothek Alexandrias, wirkten der Dichter und Philologe Kallimachos (um 300 v. Chr.), Aristophanes von Byzanz (257–180 v. Chr.), Lykophron (3. Jahrhundert v. Chr.) und Aristarch (217–145 v. Chr.). Sie erstellten zuverlässige Ausgaben, die mit Kommentaren und kurzen Inhaltsangaben *(hypothéseis)* versehen waren. Die kommentierenden Notizen, sogenannte Scholien, und die Hypotheseis bildeten die Basis für die weitere philologische Beschäftigung mit den dramatischen Texten und sind uns heute noch in Handschriften aus byzantinischer Zeit zugänglich. Die Hypotheseis liefern in der Art eines Kurzartikels eines modernen Literaturlexikons das wichtigste Hintergrundwissen zu einem Stück (Datierung, Plazierung im Agon, Stellung des Stücks im Oeuvre des Autors, vergleichbare Stücke anderer Autoren), geben eine knappe Inhaltsangabe in Prosa oder Versen und zählen die *dramatis personae* in der Reihenfolge ihres ersten Auftritts auf. Als Beispiel mag die Hypothesis des Aristophanes von Byzanz zur sophokleischen *Antigone* dienen:

»Als Antigone gegen die staatliche Anordnung ihren Bruder Polyneikes bestattete, wurde sie dabei ertappt; Kreon ließ sie in einem unterirdischen Verließ einmauern, wo sie auch starb. Dort beging Haimon aus Verzweiflung über den Tod seiner Geliebten Selbstmord mit dem Schwert. Wegen seines Todes beging auch seine Mutter Eurydike Selbstmord. Der Mythos findet sich auch bei Euripides in seiner *Antigone*, allerdings mit folgender Abweichung: Bei ihm wird Antigone, nachdem sie ertappt wurde, mit Haimon verheiratet und gebiert ihm einen Sohn namens Haimon. Der Schauplatz der Handlung ist Theben in Böotien. Der Chor besteht aus einheimischen alten Männern. Antigone spricht die ersten Verse des Prologs. Das Geschehen ereignet sich während der Herrschaft Kreons. Die Hauptereignisse sind die Bestattung des Polyneikes, Antigones Tötung, Haimons Tod und das Schicksal seiner Mutter Eurydike. Es heißt, Sophokles sei aufgrund des Ruhms, den er durch die Aufführung der *Antigone* erlangte, für würdig befunden worden, im Samischen Krieg das Feldherrenamt zu bekleiden. Das Drama soll sein zweiunddreißigstes sein.«

Bereits in hellenistischer Zeit konzentrierte man sich auf bestimmte Dichter und Werke; man orientierte sich an den Bedürfnissen des Theaters und an der Beliebtheit der Autoren, so daß insbesondere Euripides herausgegeben und kommentiert wurde. In der römischen Kaiserzeit begann man, nach den Bedürfnissen des Schulunterrichts aus der Vielzahl der Tragödien der drei großen Dichter eine Auswahl herzustellen: Je sieben Stücke des Aischylos und Sophokles und zehn des Euripides wurden in Ausgaben zusammengefaßt. Daß wir von Euripides 18 Stücke und den unechten *Rhesos* besitzen, verdanken wir einem Zufall der Überlieferung: Die neun zusätzlichen Stücke sind Bestandteil einer antiken alphabetisch angeordneten Gesamtausgabe, überdauerten in einer privaten Sammlung die Zeiten und wurden später mit den zehn anderen Tragödien in eine einzige Handschrift übertragen. So absurd es zunächst klingen mag: Die Tätigkeit der Philologen dieser Zeit trug wesentlich dazu bei, daß Originaltexte immer mehr aus dem Überlieferungsprozeß verschwanden, da man begann, aus der Fülle der noch zur Verfügung stehenden Literatur Exzerpte herzustellen. Eine besondere Vorliebe für Anthologien und Spruchsammlungen in der Spätantike führte ebenfalls dazu, die vollständigen Texte zu verdrängen.

Eine weitere Einschränkung des Überlieferungsbestandes an antiker griechischer Literatur brachte ein Dekret, das Kaiser Valens 372 n. Chr. in Konstantinopel, seit 330 die neue Hauptstadt des römischen Reiches, erlassen hatte: Valens beauftragte ein Gremium von vier griechischen und drei lateinischen Schreibern, den Bestand der kaiserlichen Bibliothek von Papyrusrollen in Pergamentcodices umzuschreiben. Diese bibliothekarische Maßnahme scheint notwendig geworden zu sein, weil in den Wirren der Völkerwanderung die Zufuhr des normalen Beschreibstoffs, der aus den Fasern der in Ägypten heimischen Papyrusstauden hergestellt wurde, nicht mehr sichergestellt war. Das aus Tierhäuten gewonnene Pergament war zwar teurer, aber bedeutend haltbarer als Papyrus. Zudem dürfte die christliche Liturgie für die Maßnahme mitverantwortlich gewesen sein, da das Auffinden der verschiedenen im Gottesdienst gelesenen Texte in einem Buch, einem Codex, bedeutend einfacher ist als in Papyrusrollen. Da sowohl die Reform des Valens wie die im 9. Jahrhundert durchgeführte Umschrift von Majuskeln (Großbuchstaben) in die gebräuchlichen Minuskeln mit großem finanziellem wie organisatorischem Aufwand verbunden waren, führten sie zu einer bewußten Selektion der Texte, die man in die neue Form bringen wollte, und damit notwendigerweise zu einer Ausdünnung des Erhaltenen.

Weitere gravierende Einschnitte in der Überlieferung der griechischen Literatur fallen in die byzantinische Zeit: In den sogenannten »Dunklen Jahrhunderten«, den kulturfeindlichen Zeiten des Bildersturms (726–842 n. Chr.), gingen viele wertvolle Texte der Antike verloren. Nach einer kurzen Renaissance im 9. Jahrhundert, die mit dem Patriarchen Photios (ca. 810–897) verbunden ist, brachten die Wirren der Kreuzzüge, insbesondere das durch die Venezianer nach Konstantinopel fehlgeleitete Unternehmen im Jahre 1204, durch das die aufstrebende Seemacht die Konkurrenz am Bosporus ausschalten wollte, sowie die Rückeroberung der Stadt im Jahre 1262, noch den Verlust manchen antiken Autors mit sich. In der zweiten Hälfte des 13. und im 14. Jahrhundert setzte ein erneutes Interesse an den antiken Autoren ein. Die Philologen dieser Zeit, Maximos Planudes (ca. 1250–1310), Thomas Magister (ca. 1270–1325), Manuel Moschopoulos (ca. 1265–1315) und Demetrios Triklinios (ca. 1280–1340), gaben wie ihre hellenistischen Vorgänger in Alexandria die Texte neu heraus und kommentierten sie. Wie schon die Gelehrtengenerationen vor ihnen stellten sie einige wenige Stücke in den Mittelpunkt ihrer Arbeit (die sogenannte byzantinische Trias, also je drei Stücke der drei Tragiker): von Aischylos den *Gefesselten Prometheus*, die *Sieben gegen Theben* und *Perser*, von Sophokles *Aias*, *Elektra* und *König Oidipus* und von Euripides *Hekabe, Orestes* und die *Phönizierinnen*. Die Arbeit der byzantinischen Gelehrten dieser Zeit bestimmte im wesentlichen die Gestaltung der frühen Drucke des 15. und 16. Jahrhunderts und bildet somit das wichtigste Bindeglied zwischen Antike und Gegenwart.

Der Niedergang von Byzanz, der mit der Einnahme Konstantinopels durch türkische Truppen im Jahre 1453 besiegelt wurde, brachte einerseits zwar das politische Ende des oströmischen Reiches, andererseits aber auch die Aufhebung des kulturellen Schismas, das seit 330, seit der Verlegung des Zentrums des römischen Reiches von Rom nach Konstantinopel, Europa in eine östliche, griechische und eine westliche, lateinische Hälfte geteilt hatte. Mit den byzantinischen Flüchtlingen kehrte allmählich die griechische Kultur – zunächst die Philosophie, die in Florenz eine Heimstatt fand – in den Westen zurück. Die griechische Tragödie eroberte sich 1585 die europäische Bühne zurück: Am 3. März 1585 wurde der *König Oidipus* des Sophokles in italienischer Übersetzung von Orsatto Giustiniani und mit der Bühnenmusik von Andrea Gabrieli in Vicenza in dem eigens zu diesem Zweck von Andrea Palladio errichteten Teatro Olimpico aufgeführt. War in der Antike die Theorie der Tragödie, die *Poetik* des Aristoteles, auf die klassischen Dramen gefolgt, so bahnte in der Renaissance der Text des Philosophen, der seit Beginn des 16. Jahrhunderts die Diskussion der Humanisten bestimmte, der griechischen Tragödie den Weg zurück auf die Bühne. Das Urteil des Aristoteles, der den *König Oidipus* als ideale Tragödie ansah, überzeugte die Accademia Olimpica in Vicenza davon, nicht, wie zunächst geplant, eine lateinische Komödie, die *Andria* des Terenz, oder eines der beliebten Schäferspiele aufzuführen, sondern das sophokleische Stück. Der Boden für die Renaissance der griechischen Tragödie war bereitet durch die Wiederentdeckung der Gattung Tragödie überhaupt im 14. Jahrhundert, die durch die lateinische Tragödiendichtung Senecas geprägt war. Mussato Mussati (1261–1329) hatte, unter dem Einfluß von Senecas Stücken, 1329 die *Ecerinis*, die erste neuzeitliche Tragödie, allerdings für eine Rezitation, nicht für eine theatralische Aufführung, in einer Mischung von Dialogpartien und lyrischen Chorpartien verfaßt.

Blickt man an diesem Punkt zurück auf die verschlungenen Wege der Überlieferung, sind es neben den politischen Ereignissen, den Wirren im 7./8. und im 13. Jahrhundert, vor allem zwei Faktoren, die dafür verantwortlich sind, daß bei immerhin 205 namentlich bekannten Tragikern der griechischen Antike nur von Aischylos, Sophokles und Euripides komplette Stücke auf dem Weg der handschriftlichen Überlieferung erhalten geblieben sind. Zum einen hat ohne Zweifel die frühe Kanonbildung, die die *Frösche* des Aristophanes des Jahres 405 bezeugen, wesentlich dazu beigetragen, daß die anderen, die nach Aristophanes' bissiger Charakterisierung keine rechten, »zeugungskräftigen« Dichter seien, sich auch im 4. Jahrhundert v. Chr. keiner Beliebtheit erfreuten und nicht ins Repertoire der Schauspielgruppen, der Dionysostechniten, aufgenommen wurden. Neben dem Theater war es dann – in der römischen Kaiserzeit – der Schulbetrieb, der seinen Tribut forderte. Nicht die zeitgenössische Literatur, sondern die Klassiker wurden gelesen: Homer für das Epos und die drei großen Tragiker des

5. Jahrhunderts v. Chr. So läßt sich auch erklären, daß wir im Gegensatz zur Komödie bei der Tragödie keine spektakulären Neufunde auf Papyri (mit Ausnahme des Euripides) zu verzeichnen haben. Nur von den drei Klassikern, vor allem von Euripides, dem »tragischsten der Tragiker« (Aristoteles, *Poetik* c. 13, 1453 a30), fanden sich viele Texte in privaten und öffentlichen Bibliotheken; die anderen Dichter wurden mit der Zeit nicht mehr aufgeführt, deshalb nicht mehr abgeschrieben und damit der Vergessenheit anheimgegeben.

Die drei Tragiker

Aischylos

Geb. 525/524 in Athen; gest. 456/455 in Gela (Sizilien)

Leben und Werk

Aischylos' Lebenszeit umspannt die für Athens Geschichte und Kultur einschneidenden Jahre des 6. und 5. Jahrhunderts. Als er 525/524 geboren wurde, herrschten in Athen als Tyrannen die Söhne des Peisistratos, Hippias und Hipparch. Als Knabe (Ephebe) erlebte er die Reformen des Kleisthenes, die Athen zur Demokratie machten (508), 490 und 480 nahm er in der Abwehrschlacht der Athener gegen die Perser bei Marathon und Salamis teil, in seine letzten Lebensjahre fallen die Reformen des Ephialtes, die den einflußreichen Adelsrat, den Areopag, entmachteten und Athen zur radikalen Demokratie werden ließen (462): Die politische Verantwortung wurde auf das Volk übertragen, dessen Mitwirkung am politischen Geschäft durch die Einführung von Tagegeldern unterstützt. Dem in der bisherigen Verfassung maßgeblichen Adelsrat verblieb allein die Blutgerichtsbarkeit. Schon zu Lebzeiten stand Aischylos, auch außerhalb Athens, in höchstem Ansehen. Nach seinem Debüt als Dramatiker im Jahre 499 errang er seinen ersten Sieg 484 und belegte danach zwölfmal den ersten Platz im Wettkampf der Tragiker. 468 unterlag er – wohl eine Sensation – dem jungen Sophokles, der in diesem Jahr zum zweiten Mal am Agon teilnahm. Auf Einladung des Tyrannen Hieron inszenierte er nach 472 die *Perser* in Syrakus und verfaßte im Auftrag Hierons ein Festspiel für die im Jahre 476/475 von dem Tyrannen am Fuß des Ätna gegründete Stadt Aitnai, die *Aitnaiai (Die Frauen von Aitnai).* Bei einem weiteren Aufenthalt in Sizilien starb Aischylos 456/455 in Gela.

Die Aischylos in der Antike zugeschriebene Zahl von Stücken schwankt zwischen 70 und 90. Erhalten sind sieben Tragödien: die *Perser* (472), die *Sieben gegen Theben* (467), die *Orestie* (458), die einzige erhaltene Trilogie, bestehend aus den Tragödien *Agamemnon, Choëphoren (Weihgußträgerinnen)* und *Eumeniden (Die wohlwollenden Göttinnen)*, die *Hiketiden (Schutzflehenden)* (vermutlich 463) und der wohl nicht von Aischylos stammende *Gefesselte Prometheus*, der angesichts stilistischer und dramaturgischer Besonderheiten und aus inhaltlichen Gründen – jedenfalls in der vorliegenden Form – wohl erst aus dem letzten Viertel des 5. Jahrhunderts stammt.

In der Antike wurde Aischylos eine Vielzahl wichtiger Neuerungen in der Gattung Tragödie zugeschrieben: Nach Aristoteles (*Poetik* c. 4, 1449 a15) soll er den zweiten Schauspieler eingeführt haben. Er scheint also aus einem statischen Wechselgespräch oder Wechselgesang zwischen einem Schauspieler und dem Chor erst ein tatsächliches Drama, also eine Handlung, gemacht zu haben. Als Folge dieser Dramatisierung soll er die Chorpartien reduziert und die gesprochenen Partien zum wichtigsten Bestandteil seiner Stücke gemacht haben. In der Ausstattung der Bühne und in Fragen der Inszenierung scheint er große Effekte geliebt zu haben. Seine Aufführungen hinterließen in Athen bleibenden Eindruck. So ist überliefert, daß das Erscheinen der Furien zu Beginn der *Eumeniden* (s. o. S. 43) im Publikum eine ungeheuere Panik verursacht habe. Die besondere Mühe, die sich Aischylos als sein eigener Regisseur *(Chorodidáskalos)* mit den Inszenierungen seiner Stücke gab, spiegelt auch die Nachricht wider, daß er verschiedene Tanzfiguren entworfen und sie mit dem Chor einstudiert habe. In der sprachlichen Gestaltung bevorzugte er kühne Metaphern und gewagte Neologismen. Die Dunkelheit, die einer derartigen sprachlichen Form anhaftet, aber auch die tragische Größe und das tragische Pathos, die sie ausstrahlt, wurden schon von den Zeitgenossen erkannt. Aischylos kann wohl als der Schöpfer der inhaltlich geschlossenen Tetralogie gelten, also von vier in engem inhaltlichen Zusammenhang stehenden Stücken, drei Tragödien, der Trilogie, und einem Satyrspiel. Diese Kompositionsform ermöglichte es ihm, das Schicksal von Generationen in einem übergreifenden, größeren Zusammenhang nachzuvollziehen. Von den in der Antike hochgerühmten Satyrspielen des Aischylos läßt sich auf der Basis der Papyrusfunde und Fragmente – nur von den *Netzfischern* besitzen wir einige Partien (s. o. S. 36) – leider nur ein grober Eindruck gewinnen. Nach seinem Tod wurde seinen Stücken als große und im 5. Jahrhundert einmalige Ehre das Privileg der Wiederaufführung eingeräumt.

Aischylos war somit im Gegensatz zu den anderen Tragikern des 5. Jahrhunderts ständig auf der Bühne präsent – sowohl für das Publikum als auch für die nachfolgenden Tragikergenerationen, die sich immer an ihrem großen Vorgänger messen lassen mußten oder wie Euripides ganz bewußt die Auseinandersetzung mit ihm suchten. Für die Athener des ausgehenden 5. Jahrhunderts, 50 Jahre nach seinem Tod, war Aischylos der Dichter der glanzvollen Vergangenheit, der Zeit der großen Siege Athens gegen die persische Übermacht, an der Aischylos als »Marathonkämpfer« beteiligt war, und der Eintracht im Innern der Stadt, die diese Siege erst möglich gemacht hatte. Eine politische Interpretation unterstreicht den patriotischen und ausgleichenden Charakter seiner Tragödien (s. u. S. 125 ff.). Daß Aischylos geradezu zum Symbol der guten alten Zeit wurde, belegen wiederum die *Frösche* des Aristophanes, die in der größten Krise Athens, am Vorabend der Niederlage gegen Sparta und der Machtübernahme durch oligarchische Kreise, die sogenannten 30 Tyrannen, zur Aufführung kamen (s. o. S. 9 f.). Nicht Euripides, wie er es zunächst vorgehabt hat, sondern Aischylos holt der Theatergott Dionysos zurück nach Athen, und zwar nicht aufgrund ästhetischer Kriterien, sondern wegen des politischen Sachverstands des Altmeisters, dessen Athen in der Zeit größter Gefahr in höchstem Maße bedarf, wie der Unterweltsgott Pluton in seinen Abschiedsworten betont (1500–1504):

»Glück auf den Weg, mein Aischylos!
Zieh hin und rett uns die teuerste Stadt
Mit besonnenem Rat, und züchtige scharf
Die Betörten: gar viel sind ihrer im Land!«
        (Übersetzung Ludwig Seeger)

Kontrapunktisch durchzieht die Stücke des Aischylos die theologische Deutung menschlichen Lebens, Handelns und Leidens. Zwar stehen die Menschen unter einem äußeren Zwang, zumeist dem Fluch, der auf ihrer Familie lastet. Aber trotzdem laden sie mit jeder Handlung, zu der sie sich aus freien Stücken entscheiden, selbst neue Schuld auf sich, wie es der Chor im *Agamemnon* (1564) verkündet: »Wer handelt, muß auch leiden. Denn das ist göttliches Gesetz.« Die Verkettung von Schuld, menschlicher Anmaßung *(hýbris)* und Verblendung *(áte)* mit Sühne und Leid *(páthos)* findet eine sinnvolle Erklärung in einer Theodizee, in der das Leid des Menschen nach der Maxime »Durch Leiden lernen!« als harte Erziehung zur vernünftigen Einsicht und Selbstbescheidung *(sophrosýne)* gedeutet wird. Diese Erziehung kommt als göttliche Gunst selbst zu denen, die sich taub stellen. Garant dieser Weltordnung ist der höchste der Götter, Zeus. Kernstück der aischyleischen Theologie ist der Zeushymnos im Einzugslied des Chores (Parodos) im *Agamemnon* (160 ff.):

»Zeus,
wer er auch immer sein mag –
Zeus,
wenn er diesen Namen liebt,
will ich ihn gerne so nennen.
Ich habe nichts Vergleichbares,
erwäge und ermesse ich auch alles,
was mich, wenn es not tut,
wenn ich es nicht mehr aushalten kann,
von der Last
des vergeblichen, nichtigen Denkens,
von der Last des ewigen Zweifelns
und des dauernden, ausweglosen Grübelns
wirklich und sicher befreien kann,
außer Zeus.
[...]
Wer aber an Zeus denkt,

den Sieger,
und ihn preist als den Sieger,
der gewinnt Einsicht,
Verständnis des Ganzen.

Er brachte die Menschen
auf den Weg zum Denken,
zum richtigen Denken.
Er gab das Gesetz:
Durch Leiden lernen.
Tun, leiden, lernen.
Selbst in den Schlaf tropft die Sorge
und rinnt zum Herzen,
Sorge,
die das Leiden nicht vergessen kann,
und es wächst wider Willen weiser Sinn.
Irgendwie aufgezwungen
ist die gütige Gabe der Götter,
die erhaben am Weltruder thronen.«
                    (Übersetzung Peter Stein)

Bereits in dem frühesten erhaltenen Stück, den *Persern* des Jahres
472, ist diese Weltsicht voll ausgeprägt. Die zentrale Szene der Tragödie ist die Epiphanie von Xerxes' Vater Dareios, der vom Chor
aus der Unterwelt heraufgerufen wird (624 ff.). Aus unangreifbarer
Warte gibt er – gleichsam als Gott – eine theologische Deutung der
Niederlage der persischen Flotte bei Salamis. Zwar bestreitet auch
er nicht, daß ein unheilvoller Daimon Schuld an der Katastrophe
trage (739 ff.). Letztlich verantwortlich ist jedoch einzig und allein
sein Sohn und Nachfolger Xerxes. Er hat die den Persern von Gott
gesetzten Grenzen, nur zu Lande Macht auszuüben, nicht beachtet,
sondern sich angemaßt, Persien auch zur Seemacht zu machen. Bereits im Einzugslied hatte der Chor diesen Gegensatz, gottgewollte
Macht zu Lande und angemaßte Seeherrschaft, aufgebaut und den
listensinnenden Trug einer Gottheit am Werk gesehen (93–100):

»Doch dem Trugwerk, das ein Gott spinnt,
Wer, der Mensch ist, wer entschlüpft ihm?

[…]
Denn gar liebreich zu sich her lockt
Dich Verblendung in ihr Fangnetz,
Dessen Strickwerk zu entschlüpfen
Keinem Sterblichen vergönnt ist.«
    (Übersetzung Oskar Werner)

Dareios faßt seine Erklärung des Unglücks, in das sein Sohn die
Perser gestürzt hat, in der Maxime zusammen, die für das gesamte
Werk des Aischylos Gültigkeit besitzt (742): »Denn ist ein Mensch
selbst zu eifrig, packt ein Gott mit an und trägt zu seinem Fall mit
bei.«

Auch in den *Sieben gegen Theben*, dem Schlußstück der thebanischen Trilogie, in der Aischylos das Schicksal des thebanischen
Herrscherhauses über drei Generationen hinweg verfolgt – von
Laios über Oidipus bis zu den Oidipus-Söhnen Eteokles und Polyneikes –, wird diese Konzeption im Verhalten des Eteokles deutlich:
Zwar stehen die Brüder unter dem Fluch ihres Vaters Oidipus
(739 ff.) und dem Verhängnis, das auf ihrem Geschlecht, den Labdakiden, lastet. Trotzdem laden sie neue Schuld auf sich: Polyneikes,
indem er mit bewaffneter Macht gegen seine Heimatstadt zieht,
Eteokles, indem er sich aus freien Stücken, den Willen der Gottheit
für sich ins Felde führend (719), seinem Bruder am siebten Tor ent-
gegenstellt und damit den Bruderkampf unumgänglich macht.

Wie in den *Persern* füllt auch in den *Schutzflehenden (Hiketiden)*
die für die Interpretation der Tragödie entscheidende Passage den
Mittelteil (234–525): Die Töchter des Danaos suchen auf der
Flucht vor ihren Vettern, den Söhnen des Aigyptos, die sie gegen ihren Willen zur Ehe zwingen wollen, in Argos, der Heimat ihrer
Urahnin Io, Asyl. Da sie für den Fall einer Ablehnung ihres Gesu-
ches mit Selbstmord drohen, sieht sich der argivische König Pelas-
gos einer tragischen Entscheidung ausgesetzt (379 f., 407–417).
Wie er sich auch entscheidet, wird er gemäß der Maxime »Wer
handelt, wird auch leiden« Leid verursachen und Schuld auf sich
laden. Wenn er die Töchter des Danaos aufnimmt, bringt er Krieg
über Argos, weist er sie dagegen ab, verletzt er seine religiösen
Pflichten und lädt zudem Blutschuld auf sich und die Stadt, da sich

die Mädchen an dem Altar, an dem sie Zuflucht gesucht haben, umzubringen drohen. Der religiösen Pflicht gehorchend, nimmt er sie in Argos auf, wohl wissend, daß dies zu Krieg und Tod führen wird.

Besonders eindrucksvoll ist das Zusammenspiel von Dramaturgie und Theologie in der *Orestie* nachvollziehbar, in der Aischylos das Schicksal von zwei Generationen der Atriden, des argivischen Herrscherhauses, verfolgt. Durch die ständige Bezugnahme auf das Schicksal, das auf der Familie des Agamemnon lastet, ist jedoch stets auch die Vergangenheit präsent: Bereits der Stammvater Tantalos, dessen Sohn Pelops, dann in der dritten Generation Atreus und Thyestes hatten schwere Schuld auf sich geladen, die immer neue Schuld hervorbringen sollte. Der Sohn des Atreus, Agamemnon, opfert, dem Spruch des Sehers Kalchas, aber – wie Eteokles in den *Sieben* – auch seinem eigenen Impuls gehorchend (*Agamemnon* 206 ff.), seine Tochter Iphigenie in Aulis der Göttin Artemis, um der nach Troja auslaufenden griechischen Flotte günstigen Fahrtwind zu erwirken. Die Tat wird nach zehn Jahren gesühnt: Der siegreiche Feldherr wird zusammen mit der Seherin Kassandra, seinem Anteil an der trojanischen Kriegsbeute, von seiner Frau Klytaimestra und ihrem Geliebten, Aigisth, als Rache für den Tod der Tochter im Bade erschlagen (*Agamemnon* 1343. 1345). Zwar weigert sich Agamemnon zunächst, den purpurroten Teppich, den Klytaimestra zu Ehren des siegreichen Feldherrn ausgebreitet hat, zu betreten (s. o. S. 45); doch er unterliegt schließlich ihren schmeichelnden Worten und geht auf dem blutroten Teppich in den Palast. Das Requisit wird zum szenischen Symbol des nahen Todes und gleichzeitig zum Zeichen der Überhebung Agamemnons, der sich gegen seine eigene, kurz zuvor geäußerte Überzeugung wendet, auch im Triumph Bescheidenheit walten zu lassen.

Zu Agamemnons Blindheit bildet Kassandras Hellsichtigkeit den wirkungsvollen Gegensatz. Dreimal wird sie von Klytaimestra aufgefordert, in den Palast zu kommen, dreimal verharrt sie stumm (1035 ff.). Erst danach bricht es aus der Seherin heraus, und in einer Vision – einem vorweggenommenen Botenbericht (s. o. S. 49 f.) – sieht sie Agamemnons und ihren eigenen Tod voraus. Gleichzeitig öffnet sie den Blick auf den größeren Zusammenhang, in dem Kly-

taimestras Mordtat zu sehen ist: auf den Fluch, der auf dem Atri-
dengeschlecht lastet und durch neue Freveltaten immer neues Unheil zeugen wird: Klytaimestra wird – zusammen mit ihrem Liebhaber Aigisth – als Sühne für die Ermordung des Gatten von ihrem
eigenen Sohn Orest im Auftrag des Gottes Apollon getötet *(Choëphoren)*. Erst das Schlußstück der Trilogie *(Eumeniden)* bringt die
Spirale von Tat und Sühne zu einem Ende. Der von den Erinnyen
gepeinigte Orest begibt sich auf Apollons Rat nach Athen, wo er
von einem eigens dafür eingesetzten Gerichtshof, dem Areopag,
freigesprochen wird. Die entscheidende, Stimmengleichheit her-
stellende Stimme kommt von der Stadtgöttin Athena, die gleichsam als Gerichtspräsidentin waltet (711 ff.). An die Stelle der Blutrache tritt eine von den Göttern eingesetzte Gerichtsbarkeit. Allerdings wird Orest nur durch göttliches Eingreifen, durch Athenas
Stimmstein, entsühnt. Nach menschlichem Verständnis hätte der
Muttermord geahndet werden müssen.

Rezeptionslinien

Die Wertschätzung, die Aischylos im 5. Jahrhundert v. Chr. genoß
und wie sie die *Frösche* des Aristophanes und vor allem das Privileg
der Wiederaufführungen seiner Stücke nach seinem Tod dokumen-
tieren, wandelte sich grundlegend im 4. Jahrhundert: Nun galt
Euripides als der Tragiker par excellence und beherrschte die
Bühne und die dramatische Dichtung. Eine produktive Auseinandersetzung mit Aischylos setzte erst wieder im 19. Jahrhundert ein.
Die Form der Trilogie wurde als dramaturgische Herausforderung
erkannt: *Les Erinnyes* von Charles Leconte de Lisle (1837) und
Alexandre Dumas' *Orestie* (1865) sind erste Versuche, die Atriden-
trilogie insgesamt zu dramatisieren. Leconte de Lisle folgt bis zur
Rachetat Orests Aischylos' *Orestie*, endet aber nicht mit der Entsühnung des Muttermörders. Nach der Ermordung der Mutter
wendet sich Elektra entsetzt von ihrem Bruder ab. Allein beim
Leichnam seiner Mutter verteidigt er sich vor sich selbst, Gewis-
sensqualen peinigen ihn, Erinnyen, Rachegeister der Mutter, um-
ringen ihn und verhindern seine Flucht. Dumas' drei Akte umfas-

sendes Stück – die einzelnen Akte sind nach dem antiken Vorbild mit *Agamemnon, Elektra* und *Eumeniden* betitelt –, weicht vor allem im dritten Akt von dem aischyleischen Muster ab: Vor dem Areopag in Athen nimmt Elektra, die in Aischylos' *Eumeniden* nicht mehr präsent ist, alle Schuld auf sich. Orest wird wie bei Aischylos freigesprochen. Die »Reue«, die Orest im zweiten Akt nach seiner Tat ergriffen hat, dient der Begründung des Freispruchs, da, so Athenas Worte, künftig die Reue für den niedergeschlagenen Menschen oberstes Gesetz sein werde.

Ende des 19. und zu Beginn des 20. Jahrhunderts fand Aischylos im Zusammenhang mit einer antinaturalistischen Grundstimmung, der Bewunderung eines »großen Theaters« und der Idee des Gesamtkunstwerks, der Verbindung von Wort, Gesang, Musik, Tanz und Bühnenausstattung im Sinne Richard Wagners, seinen Weg zurück auf die Bühne. Wagner selbst war in seinem Schaffen wesentlich durch Aischylos' Tragödien beeinflußt, wie er in seiner Autobiographie schreibt. Angeregt durch die Erläuterungen, die Johann Gustav Droysen seiner 1831 erschienenen Aischylosübersetzung beigegeben hatte, sah Wagner in der griechischen Tragödie die Verwirklichung des Volkstheaters, das er in seinem »Kunstwerk der Zukunft« wiederauferstehen lassen wollte. Nicht nur inhaltlich, auch strukturell und architektonisch stand Wagner unter dem Bann der Griechen: *Der Ring des Nibelungen* nimmt bewußt die aischyleische Konzeption der Tetralogie auf, wobei *Das Rheingold* als Satyrspiel fungiert. Der Zuschauerraum des Festspielhauses in Bayreuth ist dem griechischen Theater nachgebildet. Wagnerianisch war die Aufführung des *Agamemnon* im Jahre 1914 in Siracusa in der Übersetzung und unter der Regie von Ettore Romagnoli.

Eugene O'Neills *Mourning Becomes Electra (Trauer muß Elektra tragen)* (Uraufführung New York, 26. Oktober 1931) verweist schon im Untertitel *(A Trilogy)* auf Aischylos als Vorbild: Der Geschlechterfluch, der in der aischyleischen *Orestie* auf den Atriden lastet, wird von O'Neill psychologisch umgedeutet und an der Person Lavinias, die die Rolle der Elektra innehat, vorgeführt. Im Gegensatz zu Aischylos fehlen die Elemente des *páthei máthos* (»durch Leiden lernen«), der Göttergunst *(cháris)* und der Einsicht

73

(sophrosyne), so daß eine Entsühnung der Schuldigen wie in den *Eumeniden* des Aischylos nicht möglich ist. Der Einfluß von Aischylos' Dramaturgie auf O'Neill ist in der symbolischen Deutung des Bühnenraumes unübersehbar: Das Herrenhaus mit seinen vernagelten Fenstern wird im zweiten Stück, den *Gehetzten*, zum szenischen Symbol für Lavinias Gefangenschaft in sich selbst und ihren Erinnerungen, wie der Palast der Atriden in der *Orestie* den Ort der Greueltaten und den Fluch, der auf dem Haus des Atreus lastet, dem Zuschauer ständig vor Augen führt. Die ausführliche Szenenbeschreibung, die O'Neill zu Beginn der *Gehetzten* gibt, macht dies eindrucksvoll deutlich:

»Das Haus sieht […] unheimlich aus […]; im Mondlicht wirkt sein weißer Portikus wie eine Maske. Alle Fensterläden sind geschlossen. Ein Totenkranz hängt an der Säule links von der Treppe […]«

Eine Auseinandersetzung mit der Theologie und Theodizee des Aischylos nimmt auch Gerhart Hauptmann in seiner *Atriden-Tetralogie* (1943–1948), bestehend aus *Iphigenie in Aulis*, *Agamemnons Tod*, *Elektra* und *Iphigenie in Delphi,* vor, wobei er den einzelnen Stücken verschiedene Bearbeitungen des mythischen Stoffs, die *Orestie* des Aischylos und die euripideische *Iphigenie in Aulis*, aber auch Goethes *Iphigenie auf Tauris*, zugrunde legt. Goethes *Iphigenie* dient Hauptmann im ersten Stück der Tetralogie als Kontrastfolie: Das humanistische Griechenideal weicht chthonischen Mächten und der Darstellung einer grausamen, sinnlosen Welt. Der Mensch ist ein ohnmächtiges Werkzeug in der Hand einer allmächtigen Gottheit. Wie bei O'Neill fehlt auch bei Hauptmann das Element des Lernens, der Einsicht und der göttlichen Gunst und Gnade. Die Politik, der Zweite Weltkrieg und der nationalsozialistische Unrechtsstaat haben ihre unübersehbaren Spuren in Hauptmanns Alterswerk hinterlassen.

In den letzten Jahrzehnten scheint – gerade was seine Bühnenpräsenz angeht – wieder ein größeres Interesse an Aischylos erwacht zu sein. Vor allem die *Orestie* war häufig – oft als theatralisches Experiment – zu sehen (Siracusa 1960 in der Übersetzung von Pier Paolo Pasolini und unter der Regie von Vittorio Gassmann; Berlin, Schaubühne 1980, in der Inszenierung von Peter

Stein; London, Olivier Theater 1981, in der Inszenierung von Peter Hall; dazu kommt Ariane Mnouchkines *Atridentetralogie* im fernöstlichen Gewande, die 1992 abgeschlossen wurde). Gerade die Dramatisierung der Verkettung von Schuld und Sühne und die Darstellung verblendeter Überhebung des Menschen, die – wenn auch Generationen später – ihre Vergeltung nach sich zieht, scheint in der Gegenwart auf Interesse zu stoßen. Mnouchkines Auseinandersetzung mit Aischylos betont, beeinflußt durch Michel Foucaults Theorie, die anthropologisch-rituellen Dimensionen, das ekstatische und dionysische Substrat der griechischen Tragödie (s. u. S. 179ff.). Die jüngste Inszenierung der *Orestie* von Georges Ladavaunt am Odéon-Theater in Paris (1999) arbeitet gekonnt mit den Assoziationen, die man mit der griechischen Antike verbindet, und der politischen Aussage des dritten Stücks, der *Eumeniden*. Die Begründung eines geregelten Rechtsverfahrens als Grundlage der Demokratie, wie sie in der Abstimmung auf der Athener Akropolis ätiologisch begründet wird, wird bei Ladavaunt zum Bildungstourismus. »Demokratie ist schon das Denkmal ihrer selbst, verschüttet, geschützt und: gefeiert.« (Joseph Hanimann, FAZ, 22. Dezember 1999, Nr. 298, S. 51).

Als großen inneren Monolog läßt Christa Wolf in der 1983 entstandenen Erzählung *Kassandra* nach kurzen, einleitenden Bemerkungen, die vor dem inneren Auge des Lesers die Zyklopenmauern Mykenes aufsteigen lassen, die trojanische Seherin ihr Leben und ihr Schicksal reflektieren. Ohnmächtig geht sie, die Seherin des Gottes Apollon, deren Prophezeiungen die Menschen den Glauben versagen, ganz allein in den gewissen Tod, hinein ins »Schlachthaus« (Wolf, S. 5), ins »Menschenschlachthaus, dem der Boden trieft vor Blut« (Aischylos, *Agamemnon* 1092). Christa Wolf fährt fort:

»Tiefer als von jeder andren Regung, tiefer selbst als von meiner Angst, bin ich durchtränkt, geätzt, vergiftet von der Gleichgültigkeit der Außerirdischen gegenüber uns Irdischen. Gescheitert ist das Wagnis, ihrer Eiseskälte unsre kleine Wärme entgegenzusetzen. Vergeblich versuchen wir, uns ihren Gewalttaten zu entziehen, ich weiß es seit langem.«

Kassandra wird jedoch nicht nur zum mythischen Symbol der Ohnmacht des Wissens gegen die Torheit der Macht und der Herrschenden, sie ist gleichzeitig Symbol der unterdrückten Frau, der Außenseiterin, die von den machthabenden Männern aus der Gesellschaft ausgestoßen wird, da sie ihre Kriegspläne und Propaganda stört, einen Krieg ablehnt, der um ein Phantom geführt wird. Christa Wolf folgt hier der auf den Chorlyriker Stesichoros zurückgehenden Variante des Mythos, der von Euripides in seiner *Helena* aufgenommen wurde. Helena sei nicht tatsächlich nach Troja entführt, sondern von ihrem Vater Zeus nach Ägypten entrückt, der trojanische Krieg also um ein Scheingebilde *(eídolon)* geführt worden.

»Priamos erklärte mir, im Krieg sei alles, was im Frieden gelten würde, außer Kraft gesetzt. Da warf er mich hinaus, zum zweitenmal. Ich habe es durchgemacht, doch es mir selber zu erklären, ist noch immer schwer. Mit einem bißchen Wahrheitswillen, mit einem bißchen Mut sei doch das ganze Mißverständnis aus der Welt zu schaffen, glaubte ich immer noch. Was wahr ist, wahr zu nennen, und was unwahr falsch: das mindeste, so dachte ich, und hätte unsern Kampf weit besser unterstützt als jede Lüge oder Halbwahrheit.« (S. 97)

Die Krisenstimmung der Nachrüstungsjahre, verbunden mit feministischem Kulturpessimismus, findet im archaischen Mythos, für den bildhaft die »steinernen Löwen« und die »zyklopisch gefügten Mauern« stehen (S. 5), findet in der Bildersprache der aischyleischen Tragödie das geeignete, modern besetzbare, modern ausdeutbare Medium der Welterklärung, die jedoch von der aischyleischen radikal verschieden ist. Die Götter sind unnahbar, grausam, gleichgültig. Von dem Gegensatzpaar Leid und Lernen, *páthos* und *máthos*, das bei Aischylos eine spannungsreiche Einheit bildete und in einer, heraklitisch gesprochen, gegenläufigen Spannung, einer *palíntonos harmonía*, stand, bleiben nur Leid und Untergang.

Sophokles

Geb. 497/496 in Athen; gest. 406/405 in Athen

Leben und Werk

Sophokles begann seine Karriere als Tragiker mit einem *Coup de théâtre*: Nach seinem Debüt im Jahre 470 verwies er bereits beim zweiten Mal, als ihm »ein Chor zugesprochen wurde« (468), als ihm also der Archon das Aufführungsrecht gegeben hatte (s. o. S. 37), Aischylos, den Altmeister der Gattung, auf den zweiten Platz. Auch in der Folgezeit blieb Sophokles äußerst erfolgreich: Dreißigmal trat er zum Agon an und errang 18 Siege. Dritter, das heißt Letzter, wurde er nie. Sein Erfolg als Dramatiker ist gekoppelt mit einem außergewöhnlichen Engagement in der Politik seiner Heimatstadt Athen. 443/442 bekleidete er das Amt eines Hellenotamías und war damit einer der zehn führenden Männer des attisch-delischen Seebundes. Im Samischen Krieg (441–439) war er zusammen mit Perikles, dem herausragenden Politiker jener Zeit, zu dessen engstem Kreis er gehörte, Stratege (Feldherr, Admiral), ein Amt, das er 428 und vielleicht 423/422 – also in der ersten Phase des Peloponnesischen Krieges gegen Sparta (441–404) – noch einmal innehatte. 413/412, in der ersten großen Krise, in die die attische Demokratie nach der katastrophalen Niederlage der Athener auf Sizilien und der Vernichtung der Flotte, Athens Stolz und Machtbasis, geraten war, gehörte er dem Gremium der Probulen (»Vorberater«) an. Die Behörde war zum Zwecke der Selbstbeschränkung eingesetzt worden, um die Auswüchse der radikalen Demokratie einzudämmen und für eine Konsolidierung der athenischen Politik zu sorgen, indem sie Anträge, die in die Volksversammlung eingebracht werden sollten, vorberiet und damit Kontrolle über die politischen, vor allem militärischen Aktionen gewann. Daneben bekleidete Sophokles mehrere kultische Ämter: Er war Priester des Heros Halon und maßgeblich an der Einführung des Kultes des Heilgottes Asklepios aus Epidauros nach Athen im Jahre 420 beteiligt. Gestorben ist Sophokles wenige Monate nach

Euripides' Tod. Da Aristophanes in den *Fröschen,* die im Spätwinter (etwa Februar) 405 aufgeführt wurden, nur noch am Rande auf Sophokles' Tod eingehen kann, liegt nahe, daß er erst Ende 406 starb. Die Wertschätzung, die Sophokles in Athen genoß, spiegelt ein Komödienfragment wider, ein Nachruf auf den großen Tragiker aus der Feder des Komikers Phrynichos, der mit seinen wohl literaturkritischen *Musen* im Jahre 405 den zweiten Platz hinter den *Fröschen* des Aristophanes belegte (Fr. 32 PCG):

»Glückseliger Sophokles, der nach einem langen Leben
als glücklicher und rechtschaffener Mann gestorben ist;
er hatte einen schönen Tod, nachdem er viele schöne Tragödien
gedichtet hatte und nie ein Leid ertragen mußte.«

Von den 123 Stücken des Sophokles sind wie im Falle des Aischylos sieben Tragödien erhalten, deren Datierung mit der Ausnahme des *Philoktetes* (409) und des *Oidipus auf Kolonos* (postum 401 aufgeführt) umstritten ist. Für die übrigen Stücke läßt sich eine relative Chronologie nur nach strukturellen und inhaltlichen Kriterien erstellen. Es muß jedoch betont werden, daß über die Datierungen keineswegs Übereinstimmung in der Forschung besteht. Man sollte sich gerade im Fall des Sophokles stets vor Augen halten, daß wir nur über einen minimalen Anteil seines umfangreichen Werkes verfügen und es deshalb methodisch äußerst fragwürdig ist, auf dieser schmalen Materialbasis eine sprachliche oder inhaltliche Entwicklungslinie nachvollziehen zu wollen. Aufgrund struktureller Gemeinsamkeiten, der sogenannten Diptychonform, werden jedenfalls *Aias* und *Trachinierinnen* in die fünfziger oder vierziger Jahre gelegt. Sophokles wurde einer antiken Nachricht zufolge wegen des Erfolgs, den er mit der *Antigone* errungen hatte, zum Admiral im Samischen Krieg gewählt (s. o. S. 60); für die Aufführung der Tragödie kommen demnach, vorausgesetzt, die Notiz ist korrekt, die Jahre 443/442 in Frage. Den *König Oidipus* hatte man früher als einen Reflex auf die große Seuche verstanden, die 430/429 in Athen wütete und der auch Perikles zum Opfer fiel. Inzwischen interpretiert man die Pest, die in Theben herrscht und die den Ausgangspunkt des *König Oidipus* darstellt, eher als literarischen Topos, wie er seit dem ersten Buch von Homers *Ilias* in der griechischen Literatur präsent ist: Durch das Fehlverhalten eines einzelnen kommt Unheil über das ganze Gemeinwesen. Für die Aufführung des *König Oidipus* kommen eventuell die dreißiger Jahre in Frage (436–433). Die *Elektra* wird wegen der vergleichbaren Charakterzeichnung der Protagonistin in die Nähe des 409 aufgeführten *Philoktet* gerückt (ca. 414–411). Das Verhältnis zur euripideischen *Elektra* ist umstritten; anzunehmen ist die Priorität der *Elektra* des Euripides. Sophokles' Stück wäre demnach eine Reaktion auf Euripides (s. u. S. 119 ff.).

Sophokles hat durch die Einführung des dritten Schauspielers die Spielmöglichkeiten des griechischen Theaters beträchtlich erweitert (Aristoteles, *Poetik*, c. 4, 1449 a15). Im Bereich der Inszenierung hat er – wiederum nach Aristoteles' *Poetik* – die Bühnenmalerei *(skenographía)* erfunden. Im Gegensatz zu Aischylos nimmt in seinen Stücken das lyrische Element einen geringen Raum ein. Nur in von höchstem Pathos bestimmten Szenen läßt er den Chor in einen Wechselgesang mit einem Schauspieler eintreten (Amoibaion). Im Gegensatz zu seinem Zeitgenossen Euripides vermeidet Sophokles – jedenfalls in den erhaltenen Tragödien – die im letzten Viertel des 5. Jahrhunderts beliebte Form der Soloarie. Dies weist darauf hin, daß Sophokles größeres Gewicht auf das gesprochene, reflektierende Wort als auf lyrisch-pathetische Übersteigerung gelegt hat. So nimmt es nicht Wunder, daß Aristoteles in der *Poetik* die Tragödien des Sophokles, insbesondere den *König Oidipus*, als Vollendung der Gattung angesehen hat, da der Philosoph aus Stageira der Vertonung *(melopoiía)* wie der Inszenierung *(ópsis)* keinen hohen Wert beimaß. Die Qualität einer Tragödie müsse sich ohne das optische und akustische Beiwerk entfalten. In dieser Geringschätzung, die Aristoteles dem musikalischen Element entgegenbringt, dürfte auch sein Lob begründet sein, das er Sophokles für die Konzeption seiner Chöre erteilt (*Poetik*, c. 18, 1456 a25–32). Indem er herausstreicht, daß Sophokles den Chor wie einen Schauspieler einsetze, verweist er implizit darauf, daß er großen lyrischen Partien in einer vollendeten Tragödie keinen Platz einräumt (s. u. S. 144 f.).

Seine Entwicklung als Dichter habe sich, schreibt Sophokles in einem bei Plutarch (*Über Fortschritte in der Tugend* 7, 79B) belegten Zeugnis, in drei Stufen vollzogen: Zuerst habe er sich aus der Abhängigkeit von Aischylos befreit, sodann das Herbe und Gekünstelte seiner eigenen Art abgelegt, bis er schließlich zu einer Sprachform gefunden habe, die am charakteristischsten, das heißt, die dem Charakter der handelnden Personen am angemessensten sei. Bereits die Zeitgenossen – Zeugnis sind wieder die *Frösche* des Aristophanes – sahen die Nähe, die Berührungspunkte der tragischen Konzeptionen von Sophokles und Aischylos. So erhebt in den *Fröschen* Sophokles im Gegensatz zu Euripides keinen Anspruch auf den Thron der tragischen Muse, den Aischylos innehat, sondern erweist dem Altmeister seine Reverenz (786–789), und als Aischylos von Dionysos hinauf in die Welt der Lebenden genommen wird, ernennt er Sophokles zu seinem Statthalter in der Unterwelt (1515–1519).

Das Selbstzeugnis über seine Entwicklung als Dichter, die Sophokles als eine behutsame Emanzipation von Aischylos beschreibt, läßt sich bei der Interpretation der Tragödien durchaus nachvollziehen: Während bei Aischylos der Mensch in seinem Verhältnis zu Gott, das Wechselspiel von menschlicher Schuld und göttlicher Vergeltung und – im Rahmen einer großangelegten Theodizee – die Frage nach menschlichem Leid und dem Sinn von Sühne im Zentrum stehen, lenkt Sophokles den Blick zunächst auf Menschen in Extremsituationen: Bedingt durch das Exzeptionelle ihres Schicksals entfaltet sich, ausgelöst durch äußeren Druck, der außergewöhnliche Charakter einer Antigone, einer Elektra, eines Oidipus oder Philoktet. Die Überzeugung, das Rechte zu tun, treibt sie zum Handeln, läßt sie taub gegen Kritik und Einwände werden, auch wenn sie gut gemeint sind. Aufgrund ihrer Persönlichkeitsstruktur können sie nicht anders. Ihr Wesen bleibt dabei ungebrochen. Besonders deutlich wird dies in der *Antigone*, dem *König Oidipus*, der *Elektra* und dem *Philoktet*.

Antigone ruht fest in sich selbst. Einsam und unbeirrt geht sie den Weg, den sie als den richtigen erkannt hat, und läßt dem Bruder Polyneikes gegen Kreons Befehl die letzte Ehre des Begräbnisses zuteil werden. Schroff weist sie die Hilfe der Schwester Ismene zurück (*Antigone* 536 ff.), nachdem diese sie in ihrem Vorhaben zuerst nicht unterstützt, sondern sie zu einem maßvollen Verhalten aufgefordert hat. Antigone setzt die Werte, die sie vertritt, die Pflicht der Verwandten, ihre Toten zu bestatten, als absolut. Für sie gibt es nur die Gegensatzpaare »richtig – falsch«, »edel – verwerflich« ohne jegliche Schattierungen und Kompromisse. Treffend ist ihre Charakterisierung aus dem Mund des Chores, der sie als »autonom« (821) bezeichnet, das heißt: als eine unabhängige, nach eigenen Gesetzen lebende Persönlichkeit. Dagegen ist ihr Widerpart Kreon derjenige, der sich wandelt und zu spät (1270) zur Erkenntnis kommt. Wie ein aischyleischer Held sieht er sich dem Walten eines unbarmherzigen Schicksals ausgeliefert, das seinen Verstand mit Verblendung schlug und ihn ins Verderben stürzte (1271 ff.). Bis er von dem Seher Teiresias auf die Wahrheit gestoßen wird, die er zunächst nicht wahrhaben will, ist sein Denken von der ständigen Angst vor Umsturz geprägt. Überall wittert er Verschwörungen aus Macht- und Geldgier.

Zwischen diese beiden Pole, Antigone und Kreon, sind die übrigen Personen gestellt, die durch verschiedene Bindungen an die beiden Antagonisten in ihrem Verhalten bestimmt werden: Ismene, Antigones Schwester, schwankt zwischen der Furcht vor Kreon und der Liebe zu Antigone. Zunächst fordert sie ihre Schwester zu einem »normalen« Leben auf, zu einem Leben der Kompromisse mit den Mächtigen. Als sie jedoch Antigone in Gefahr sieht (526–581), läßt sie ihre vorsichtige Zurückhaltung fallen. Hingerissen von dem Impuls, ihr zu helfen, bezichtigt sie sich der Mittäterschaft, ohne die Gefahr, die sie zuvor als Argument vorbrachte, zu erwägen. Im Gegensatz zu ihrer Schwester neigt sie nicht zum Grundsätzlichen und Unwiderrufbaren. Als Kontrastfigur zu Antigone repräsentiert sie den Durchschnittsmenschen. Haimon, Kreons Sohn und Antigones Verlobter, trägt zunächst die Spannung zwischen der Liebe zu seiner Braut und der zu seinem Vater in sich selbst aus. Erst als er sieht, daß Kreon mit vernünftigen Argumenten nicht beizukommen ist (726 ff.), ergreift er offen für Antigone Partei. Der Wächter und der Chor der thebanischen

Alten, Kreons Thronrat, führen vor, wie der Normalbürger unter Zwang reagiert. Sie sehen zwar das Rechtmäßige, bekennen sich aber nicht offen dazu, sondern lassen nur versteckt bisweilen erkennen, auf wessen Seite ihre Sympathie steht.

Die Kompromißlosigkeit der sophokleischen Protagonisten grenzt häufig an ein monomanes Verhalten, bisweilen überschreitet sie diese Grenze sogar. Aias ist unerbittlich in seinem Haß auf die griechischen Heerführer Agamemnon und Menelaos, er ist unerbittlich gegen sich selbst, als er sich entehrt fühlt. Nur der Tod bleibt ihm, um die Schmach zu tilgen. Ähnlich monoman sind Oidipus in seinem Trieb, die Wahrheit aufzudecken (s. u. S. 185 ff.), Elektra in ihrem abgrundtiefen Haß auf die Mutter (s. u. S. 119 f.) und Philoktet in seinem zehn Jahre lang genährten Zorn auf die Griechen, die ihn auf der Insel Lemnos ausgesetzt hatten (s. u. S. 136 ff.). Neben dieser Ausschließlichkeit, neben dieser Monomanie verblassen die sozialen Beziehungen, die zwischenmenschlichen Werte. Aias läßt seine Familie und seine Soldaten ohne Schutz allein vor Troja zurück, Oidipus treibt Iokaste in den Tod, Antigone und Elektra verweigern sich dem Zuspruch ihrer Schwestern Ismene und Chrysothemis. Eng verwandt mit dieser Kompromißlosigkeit ist die Überzeugung der sophokleischen Helden, den Willen der Götter erkennen, deuten oder gar zurechtbiegen zu können (s. u. S. 83 ff.).

Besonders deutlich wird die Konzentration auf den einsamen Helden durch die Bauform, die »Diptychonform«, der frühen Stücke, des *Aias* und der *Trachinierinnen*, in gewisser Hinsicht auch noch der *Antigone*. So stehen im ersten Teil des *Aias* bis Vers 973 der trotzige Held und sein Schicksal im Mittelpunkt. Nach dem Tod des Helden, der die Schande, die er auf sich geladen hatte, nicht ertragen konnte, führt der Rest des Stückes die Reaktionen der Umwelt auf das Sterben des Aias vor. Der heroischen Größe wird die Kleinheit und Gemeinheit der anderen entgegengestellt, die ihm die letzte Ehre der Bestattung verwehren wollen. Seit der *Antigone*, besonders aber seit dem *König Oidipus* setzt Sophokles eine andere Kompositionsform ein: Sind die frühen Stücke eher monologisch und von starren Formen bestimmt, kann man die späteren Tragödien als dialogisch und von gleitenden Übergängen geprägt bezeichnen. Das isolierte Pathos weicht einer aus verschiedenen Perspektiven dargebotenen Darstellung menschlichen Schicksals.

Menschliches Wissen und göttlicher Wille

Zwar verfügen wir wegen der Unbilden der Überlieferung nur über einen äußerst geringen Teil des sophokleischen Œuvres; dennoch kann man im Vergleich der Stücke die Entwicklung von Motiven und Themen, von Charakterisierungs- und Kompositionstechniken nachvollziehen. Zentrales Thema der sophoklcischen Tragödie ist das Problem der menschlichen Erkenntnisfähigkeit. Im Mittelpunkt steht die Frage, wie der Mensch die Welt sieht und versteht. Die Thematik läßt sich bereits in der wohl frühesten der erhaltenen Tragödien, im *Aias*, nachweisen: Aias, einer der großen Helden des Trojanischen Krieges, hat, um sich an den griechischen Heerführern für die ihm zugefügte Schmach zu rächen, die nicht ihm, sondern Odysseus die Waffen des Achill zusprachen, ein Blutbad angerichtet – allerdings nicht, wie er es beabsichtigte, unter den Ersten des griechischen Heeres. Vielmehr hat er, von der Göttin Athena mit Wahn geschlagen, Schafe niedergemetzelt – in der Meinung, er ermorde die verhaßten Heerführer. Nachdem er aus seiner Verblendung erwacht ist, gibt es für ihn, der in den traditionellen Adelsnormen verhaftet ist, keine Möglichkeit mehr weiterzuleben. Weder die beschwörenden Worte seiner Frau Tekmessa noch der Appell an sein Verantwortungsgefühl den alten Eltern oder seinem Sohn gegenüber, auch nicht die Fürsorgepflicht für seine Untertanen, die Seeleute seiner Heimat Salamis, die den Chor bilden, können ihn von dem Entschluß abbringen, aus dem Leben zu scheiden. Monomanisch kreist sein ganzes Denken nur noch um die Frage, wie er durch den Selbstmord die Schmach tilgen könne. Da er sich unverstanden fühlt, mimt er in einer langen Rede den Einsichtigen (646 ff.) – in einer Trugrede, wie sich herausstellen wird, die er nur hält, um endlich in Ruhe sterben zu können. Kaum hat er die Bühne verlassen, berichtet sein Halbbruder Teukros von einem Orakel des Sehers Kalchas: Nur diesen einen Tag dürfe Aias sein

Zelt nicht verlassen; nur heute werde er vom Zorn der Göttin Athena verfolgt (719 ff.). Das Orakel kommt zu spät – dieses »zu spät« ist das Schlüsselwort, das wir auch in den *Trachinierinnen* und in der *Antigone* wiederfinden werden. Und trotzdem, obwohl der Wortlaut des Seherspruchs eine Rettung von Aias eindeutig ausschließt, da er das Zelt bereits verlassen hat, ordnet Tekmessa an, unverzüglich nach ihrem Mann zu suchen. Zwar ist das Schicksal des Helden besiegelt, sie hat jedoch noch einen Hoffnungsschimmer. Sie versteht von dem Orakel, das den Tod des Aias als feststehenden Sachverhalt verkündet, wenn er denn an diesem Tag das Zelt verlassen sollte, nur das, was sie verstehen will – nämlich daß er zu retten sei, ohne die Voraussetzung der Rettung wahrzunehmen, die das Orakel deutlich verkündet.

Schon in dem frühen Stück entwirft Sophokles das Modell einer Erklärung der menschlichen Erkenntnisfähigkeit, das er in den anderen Tragödien weiterentwickelt: Die Götter geben den Menschen in aller Deutlichkeit in Orakeln oder Sehersprüchen ihren Willen kund. In der Natur des Menschen, der in seinem Denken von dem »Prinzip Hoffnung« getrieben wird, liegt es nun allerdings begründet, daß er die Wahrheit nur partiell zur Kenntnis nimmt, nur das hört und versteht, was er hören und verstehen will oder hören und verstehen kann, ohne daran zugrunde zu gehen. Zu dieser anthropologischen Grundkonstante gehört, daß der Mensch daran geht, den Willen der Götter, das ihm geweissagte Schicksal nach seinem Hoffnungsdenken zu interpretieren oder gar zurechtzubiegen – in der Meinung und Erwartung, er könne durch sein Denken und Handeln das unabwendbare Schicksal abwenden.

Die Handlung der *Trachinierinnen*, die wie der *Aias* in der »Diptychonform« gehalten sind, ist mehr als die des *Aias* durch das Wechselspiel von Trug und Wahrheit, Verhüllung und Enthüllung der Wahrheit, Sein und Schein bestimmt. Deianeiras Freude über die bang erwartete Rückkehr des Herakles, ihres Mannes, entspringt ebenso wie ihr Mitleid mit der Kriegsgefangenen Iole, der Geliebten des Herakles, deretwegen dieser die Stadt Oichalia niederbrannte, einem echten Gefühl. Der Botenbericht, den Herakles' treuer Gefolgsmann Lichas über die Taten seines Herrn gibt, vor allem über seinen Rachefeldzug gegen die Stadt Oichalia, scheint wahr zu sein (248 ff.). Doch ein zweiter Bote, der kurz darauf erscheint (335), zwingt den widerstrebenden Lichas, der mit allen Kräften bemüht ist, die Wahrheit nicht preiszugeben, den Ehebruch seines Herrn mit der jungen Iole zuzugeben (391 ff.). Nun dreht sich das Verhältnis von Trug und Wahrheit, nun spielt Deianeira die verständnisvolle Ehefrau und kommt paradoxerweise – wie Aias – in ihrer Trugrede, erst in der Verstellung, zur richtigen, vernünftigen Einsicht in den Lauf der Welt. In der Hoffnung, die Liebe ihres Mannes zurückzugewinnen, greift sie zum Blut des Kentauren Nessos, das er ihr vor Jahren, getroffen von den Pfeilen des Herakles, als Liebesmittel anvertraut hatte. Zu spät durchschaut Deianeira die über den Tod hinweg wirkende List des Kentauren, der sie, die liebende Frau, als Werkzeug der Rache an seinem Mörder mißbraucht, und erst jetzt, zu spät, durchschaut Herakles den Sinn von zwei an ihn vor Zeiten ergangenen Orakeln, die ihm ein Ende aller Leiden und den Tod durch einen Toten vorausgesagt hatten.

Weit stärker als im *Aias*, in den *Trachinierinnen* und der *Antigone* rückt Sophokles in seinem *König Oidipus* die Erkenntnisproblematik in den Mittelpunkt. Exemplarisch führt der Tragiker an der Person des Oidipus vor, wie nicht irgendein Mensch, sondern der klügste von allen, verfangen in Hoffnungsdenken, nicht in der Lage ist, die Realität zu erkennen, wie sie ist und wie sie ihm die Orakel in deutlichen Worten verkündet haben, sondern die Welt und den göttlichen Willen nach seinem Gutdünken interpretiert.

Kurz einige Worte zu der Vorgeschichte, die die Tragödie des Sophokles voraussetzt: Der thebanische König Laios hat von dem Gott Apollon das Orakel erhalten, kinderlos zu bleiben, da er durch die Hand seines Sohnes sterben werde. Als er trotzdem gegen Apollons Warnung einen Sohn zeugt, läßt er ihn in der irrigen Meinung, seinem Schicksal entgehen zu können, mit durchbohrten Füßen im Gebirge aussetzen. Aus Mitleid vertraut jedoch der mit der Aussetzung beauftragte Hirte das Kind einem Korinther an, der es wiederum dem kinderlosen korinthischen Königspaar übergibt. Jahre später wird der junge Oidipus (»Schwellfuß« wegen seiner durchbohrten Füße), der meint, Sohn der Königs von Korinth zu sein, von Freunden wegen seiner dubiosen Herkunft verspottet.

Beunruhigt und gekränkt macht er sich unverzüglich nach Delphi auf, um das Orakel des Apollon zu befragen. Der Gott antwortet ihm, er werde seinen Vater umbringen und mit seiner eigenen Mutter Kinder zeugen. Bestürzt beschließt er darauf, nie mehr nach Korinth zurückzukehren, um die Taten, die ihm der Gott voraussagte, nicht begehen zu müssen. An einem Dreiweg trifft er auf den thebanischen König Laios und einige Begleiter. Als der König ihn barsch anfährt, erschlägt ihn Oidipus in einem Zornesausbruch. Auf seiner Reise kommt er nach Theben, befreit dort durch seinen Scharfsinn die Stadt von dem Ungeheuer Sphinx und erhält zum Dank die Hand der Königin sowie die Herrschaft über Theben. Die Stadt wird nach Jahren von einer Seuche heimgesucht. Um der leidenden Bevölkerung Rettung zu bringen, schickt Oidipus seinen Schwager Kreon nach Delphi, um ein Orakel einzuholen, wie die Stadt von der Seuche befreit werden könnte. In dieser Situation beginnt das Stück, in dem Sophokles den Weg des Oidipus zur Erkenntnis nachzeichnet und gleichzeitig eine dramatisch-philosophische Analyse der menschlichen Erkenntnisfähigkeit überhaupt bietet.

Kreon bringt aus Delphi den Orakelspruch des Apollon mit, daß der Mörder des alten König Laios aus dem Land vertrieben werden müsse, da er eine unerträgliche Besudelung *(míasma)* für Theben darstelle (95–98). Im folgenden betreibt Sophokles ein brillantes Spiel mit der tragischen Ironie, dem Wissensvorsprung der Zuschauer, die den Mythos kennen, und dem eingeschränkten, verblendeten Wissen des Protagonisten. Besonders deutlich wird dies zum Beispiel in den Versen 103–105: Kreon berichtet von Laios, der früher das Land regiert habe, und Oidipus antwortet darauf: »Vom Hören weiß ich dies; gesehen hab' ich ihn nie!« Die Suche nach dem Mörder des Laios wird durch die bewußte Fehlinformation des einzigen Überlebenden in eine falsche Richtung gelenkt. Über die Identität dieses Augenzeugen fällt kein einziges Wort – erst später, am Höhepunkt des Dramas, wird sie enthüllt –, auch Oidipus denkt nicht daran, ihn zu befragen. Dieser Überlebende hatte, wie Kreon berichtet, über die Ermordung des Laios gemeldet, daß mehrere Räuber, nicht nur ein einziger, den König erschlagen hätten (122 f.). In seiner Antwort wechselt Oidipus in den Singular (»der Räuber«) und nähert sich damit, ohne es zu ahnen, zum ersten Mal der Wahrheit an (124 f.). Dieser zunächst nebenbei geäußerte Gedanke vom einzelnen Täter, der von einflußreichen Kreisen in Theben bestochen worden sei – von seinem Schwager Kreon, von dem Seher Teiresias zum Beispiel –, setzt sich wie eine Wahnidee in Oidipus fest und zwingt ihn dazu, wie dies Kreon in der *Antigone* in ähnlicher Weise widerfährt, überall Intrigen und gegen ihn gerichtete Umsturzversuche zu wittern. So erhält auch die Äußerung des Oidipus in den Versen 120 f. eine ironische Färbung:

»Eines kann uns wohl zu vielem hinführen,
Wenn man einen kleinen Lichtschimmer der Hoffnung sehen kann.«

Hoffnung, durch Hoffnungen blockiertes menschliches Denken, hindert den Menschen letztendlich daran, die offen zu Tage liegende Wahrheit zu erkennen. Das Umkreisen oder – besser gesagt – das systematische Einkreisen der Wahrheit wird im ersten Epeisodion mit tragischer Ironie vorangetrieben. In seiner offiziellen Proklamation (216 ff.), in der Oidipus zur Suche nach dem Mörder des Laios aufruft, bleibt er beim Singular und fordert dazu auf, ihm unverzüglich den Täter, sei es auch ein Fremder, anzuzeigen (230 f.). Der Chorführer jedoch bringt im folgenden eine neue Variante ins Spiel (292 f.), die, ohne daß dies den Beteiligten klar ist, wieder einen Schritt näher an die Wahrheit führt. Er schlägt vor, den Seher Teiresias zu befragen; nur von ihm könne man sichere Kunde erhalten. Alles andere seien doch nur vage Aussagen zur Frage, wie es zum Mord an Laios gekommen sei. Als Oidipus insistiert, wie denn diese Informationen lauteten, bemerkt der Chorführer nebenbei, daß es damals geheißen habe, König Laios sei von irgendwelchen »Reisenden« ermordet worden. Es folgt eine im Verhältnis zu der wohl einige Jahre früher entstandenen *Antigone* revolutionäre dramaturgische Neuerung. In der *Antigone* war Kreon in seinem Scheinwissen, in einer verhängnisvollen Verblendung befangen. Erst als es zu spät ist, wird er durch den Seher Teiresias auf die Wahrheit gestoßen. Im *König Oidipus* hingegen spricht Teiresias bereits im ersten Epeisodion die schreckliche

Wahrheit aus. Von Oidipus als Ratgeber gerufen, windet er sich zunächst, da er, der Seher, natürlich den Täter kennt. Erst als der König in seiner Wahnidee, der Mörder sei von thebanischen Aufrührern bestochen worden, auch den Seher der Komplizenschaft beschuldigt, bricht Teiresias sein Schweigen und schleudert ihm sein ganzes Wissen, die ganze schreckliche Wahrheit ins Gesicht: Er selbst, Oidipus, der angebliche Retter der Stadt, trage an all dem Leid die alleinige Schuld. Er habe König Laios, seinen Vater, erschlagen und mit seiner Mutter Iokaste, die zugleich seine Frau sei, Kinder gezeugt; er allein sei die unerträgliche Befleckung *(míasma)*, die auf der Stadt Theben lastet (345–353).

Im folgenden Zusammentreffen mit seinem Schwager Kreon gleitet Oidipus immer mehr in seine Wahnvorstellung, in sein Scheinwissen ab, das für ihn zur Realität zu werden droht (532 ff.). Nicht die Verbannung, sogar den Tod droht er Kreon an, der für ihn hinter all den Machenschaften steckt (623). Am Höhepunkt der Auseinandersetzung tritt Iokaste aus dem Palast, um den Streit zwischen Mann und Bruder zu schlichten (634). Sie erreicht zunächst, daß Oidipus ihren Bruder nur verbannt, bevor sie die Ursache des ganzen Streites erfährt. Oidipus wiederholt noch einmal seine Konstruktion des gegen ihn geschmiedeten Komplotts. Erleichtert antwortet Iokaste, dies sei ein erneuter Beweis für die Unzuverlässigkeit der Orakel. Denn vor Jahren habe der Gott Apollon auch Laios geweissagt, er werde durch die Hand seines Sohnes umkommen. Aber den Sohn habe man drei Tage nach seiner Geburt mit durchbohrten Fersen im Gebirge ausgesetzt, wo er umgekommen sei, und Laios sei, wie man sagt, von fremden, unbekannten Räubern an einem Dreiweg erschlagen worden (715 f.). Die nur nebenbei gemachte Bemerkung »an einem Dreiweg« stürzt Oidipus in höchste Beunruhigung. Wie Herakles in den *Trachinierinnen* durch ein einziges Wort, durch die zufällige Erwähnung des Kentauren »Nessos« (1141) auf die Wahrheit gestoßen wird, so zerreißt auch im *König Oidipus* das Stichwort »Dreiweg« den Vorhang des Scheins, der das Denken des Oidipus verhüllte. In der Manier eines Untersuchungsrichters insistiert Oidipus auf dem Indiz ›Dreiweg‹ (726 ff.) und kommt dabei der Wahrheit immer näher. Als er hört, daß Laios von fünf Männern begleitet worden sei (752 f.), bricht es aus ihm heraus (754): »Weh mir, nun ist all dies mir klar!« Der überlebende Augenzeuge, der sich aufs Land zurückgezogen hat, soll die endgültige Aufklärung bringen. Der beunruhigten Iokaste legt Oidipus die Gründe seiner Sorge dar, er erzählt ihr die korinthische Vorgeschichte und das an ihn ergangene delphische Orakel. Bleibe der Augenzeuge bei seiner früheren Aussage, daß Laios von einer Räuberschar umgebracht worden sei, sei er gerettet (842 ff.). Iokaste betont, selbst wenn der Hirte dies nicht bestätigen sollte, könne man ganz und gar beruhigt sein, da doch das Orakel vorausgesagt habe, daß Laios durch die Hand seines Sohnes umgebracht werden müsse. Und der sei schon lange vor seinem Vater ums Leben gekommen.

Der Dialog zwischen Iokaste und Oidipus treibt das Thema der Erkenntnisfähigkeit des Menschen auf die Spitze. Oidipus entschwinden nach und nach sämtliche festen Stützen. Aufgrund der Beschreibung des Laios, die Iokaste ihm gibt, und wegen der Zahl der Begleiter des alten Königs hat Oidipus sich bereits in Vers 754 als Schuldigen erkannt, doch nur für einen kurzen Augenblick. Nun klammert er sich an die letzte Hoffnung, an die bevorstehende Aussage des Überlebenden und an den Plural »Räuber«. Iokaste ihrerseits führt eine wahre Argumentationsakrobatik vor, um die schreckliche Wahrheit nicht akzeptieren zu müssen. Zunächst versucht sie, durch den Hinweis auf die hinlänglich bewiesene Unzuverlässigkeit der Orakel die Prophezeiung des Teiresias zu entkräften und Oidipus zu beruhigen: Alle Fakten würden gegen die Orakel sprechen. Am Ende des Dialogs jedoch verwendet sie die Orakel plötzlich als positives Argument, um die Aussagekraft der Fakten zu widerlegen.

Die folgende kurze Szene (911 ff.) stellt eine Retardierung vor der Katastrophe dar. Ein Bote aus Korinth meldet den Tod des Königs Polybos. Oidipus wendet skeptisch ein, noch immer könne der zweite Teil des Orakels, die angedrohte Ehe mit der Mutter, in Erfüllung gehen. Doch diesen Einwand zerstreut der Bote mit dem Hinweis darauf, daß Oidipus gar nicht der Sohn des korinthischen Königspaares, sondern ein Findelkind sei. Der Hirte, der damals Oidipus dem korinthischen Hirten übergab und der zugleich der überlebende Augenzeuge des Mordes an Laios ist, wie sich jetzt erst herausstellt, könne dies bestätigen. Iokaste hat die Wahrheit erkannt, sie kann jedoch Oidipus nicht von der Suche nach seiner Herkunft, die sein Denken befällt, abhalten (1076 f.). Schweigend geht sie ab, um sich das Leben zu nehmen (1075).

Der Höhepunkt der Tragödie ist auf eine kurze Szene komprimiert (1110–1185). Oidipus beginnt das Verhör des Hirten und Augenzeugen durch eine Gegenüberstellung mit dem korinthischen Boten. Sophokles setzt hier denselben Szenentyp, den er schon im Zusammentreffen von Lichas und dem Boten in den *Trachinierinnen* verwendet hatte. Der Thebaner – im vollen Wissen um die schreckliche Wahrheit – ist darauf bedacht, sie zu verschleiern, der Korinther, nichts ahnend, will sie mit aller Gewalt aufdecken, was ihm schließlich auch gelingt (1182). Oidipus bricht mit Worten, die ein Echo auf die erste blitzartige Erkenntnis seiner Schuld in Vers 754 darstellen, in eine verzweifelte Klage aus (1182 ff.). Die Suche nach dem Mörder und die Suche nach seiner eigenen Herkunft laufen in einer einzigen schrecklichen Wahrheit zusammen.

Das zentrale Thema des *König Oidipus*, die Möglichkeiten und Grenzen der menschlichen Erkenntnisfähigkeit, beschäftigte auch die philosophische Diskussion im Athen der zweiten Hälfte des 5. Jahrhunderts. Man denke nur an den Rhetoriklehrer und Sophisten Gorgias, der in seiner Schrift *Über das Nichtseiende* die Problematik der Erkenntnis und der zwischenmenschlichen Kommunikation in spielerischer Weise auf die Spitze treibt. Sophokles' Zeitgenosse Euripides, der in weit höherem Maße durch die rhetorische und philosophische Diskussion der Sophisten geprägt ist, bringt die Erkenntnis- und Kommunikationsproblematik vor allem in seinem Spätwerk, in den letzten zwei Jahrzehnten des 5. Jahrhunderts, auf die Bühne. In den Tragödien, die man als Anagnorisisstücke bezeichnen könnte, als Stücke also, die durch die Wiedererkennung von Personen nach Jahren der Trennung mit Hilfe von unveränderlichen Merkmalen und Zeichen *(gnorísmata)* in ihrer Struktur bestimmt sind – man denke nur an Orest und Elektra in der *Elektra* oder an Iphigenie und Orest in der *Iphigenie bei den Taurern* –, lotet Euripides die Grenzen und Möglichkeiten menschlicher Erkenntnis aus (s. o. S. 48 f.).

Sophokles dramatisiert das Problem der menschlichen Erkenntnisfähigkeit, indem er das absolute, unfehlbare göttliche Wissen, das durch die Orakel Apollons und die Prophezeiung des Teiresias repräsentiert wird, auf die angebliche Evidenz der Fakten und die durch Hoffnung bestimmte Weltsicht der Menschen prallen läßt. Die Handlung der Tragödie macht klar, daß Hoffnung *(elpís)* für das menschliche Denken verhängnisvoll ist. Die Suche des Oidipus nach dem Mörder des Laios ist von Anfang an unter dieses Stichwort gestellt; noch deutlicher wird dies dadurch, daß der Chor in seinem Einzugslied die Hoffnung in den Rang einer Gottheit erhebt, sie auf eine Stufe mit Zeus und den anderen olympischen Göttern stellt (158). Hoffnung war es, die Laios verleitete, seinen neugeborenen Sohn im Gebirge auszusetzen, um dem sicheren, ihm von Apollon als unausweichlich vorausgesagten Tod durch die Hand des Sohnes zu entgehen. Hoffnung war es wiederum, die Oidipus zu dem Glauben brachte, er könne dem ihm geweissagten Schicksal, den Vater umzubringen und seine Mutter zu heiraten, entgehen. Das dritte, an Kreon ergangene Orakel, mit dem die Tragödie eröffnet wird, wirkt gleichsam als Katalysator, da es die verhängnisvolle Suche nach dem Mörder des Laios und damit nach der Herkunft des Oidipus in Gang setzt. Wie diese beiden Handlungsabläufe sich schließlich zu einem einzigen verknoten, so enthalten auch die drei Orakel eine einzige schreckliche Wahrheit: Je weiter Oidipus auf Geheiß des dritten Orakels auf der Suche nach dem Mörder des Laios voranschreitet, desto tiefer dringt er in die Vergangenheit ein, und desto näher kommt er der Wahrheit, die die beiden ersten Orakel verkündet haben. Und je mehr er sich der vermeintlichen Rettung und dem, was er für die Wahrheit hält, annähert, desto näher steht er am Abgrund der Selbsterkenntnis.

Theologie und Dramaturgie

Die Problematik der menschlichen Erkenntnisfähigkeit ist eng verknüpft mit der Besonderheit der sophokleischen Theologie. Auf die Frage des Chores in den Versen 1327 ff., wie Oidipus es über sich bringen konnte, sich selbst zu blenden, antwortet er (1329–1335):

»Apollon, Freunde, Apollon war's,
der dies Schlimme, dies Schlimme vollbracht hat, diese meine Leiden.
Geschlagen aber hat sie kein anderer als ich selbst, ich Unglücklicher.
Denn weshalb sollte ich sehen,
für den es sehend ja nichts Süßes mehr zu sehen gab?«

Die pathetische Anklage Apollons zielt nicht darauf ab, dem Gott die ganze Schuld an dem Vergehen des Oidipus zuzuweisen; vielmehr verweist sie darauf, daß Apollon durch sein Orakel – ganz dem delphischen Spruch »Erkenne dich selbst« entsprechend – den Erkenntnisdrang, das Streben des Oidipus, sich selbst zu erkennen, erst auslöste. Die Verantwortung für die Taten jedoch liegt allein beim Menschen. In Oidipus' Anklage wird die Nähe zur aischyleischen Theologie deutlich, hinter seinen verzweifelten Worten erklingt die aischyleische Maxime des *páthei máthos*, »durch Leiden lernen«. Man kann vielleicht sogar so weit gehen und behaupten, Sophokles habe die Frage danach, wer denn durch das Leid lernen soll, die die Tragödien des Aischylos unbeantwortet lassen, mit Inhalt gefüllt: Der Mensch lernt durch sein Leid, er lernt jedoch zu spät.

Das Element der göttlichen Gunst und Gnade *(cháris)*, die ein wesentliches Element in Aischylos' Denken darstellt, gelangt bei Sophokles in seinem Alterswerk, in dem postum aufgeführten *Oidipus auf Kolonos*, zu Bedeutung, in dem er es zur Aussöhnung zwischen Mensch und Gott kommen läßt. Zwar ist auch in diesem Stück von Anfang an das Göttliche durch ein Orakel des Apollon präsent. Doch im Gegensatz zum *König Oidipus* enthält dieses Orakel kein drohendes, unumgängliches Unheil, sondern eine Verheißung, die Aussicht einer göttlichen Gunst. Oidipus hat von Apollon das Orakel erhalten, er werde in Athen, im heiligen Bezirk der Eumeniden im Demos Kolonos, endlich Ruhe finden. Mit diesem Ort, dem Hain der Eumeniden, verweist Sophokles gleich zu Beginn seiner Tragödie (84 ff.) auf das Abschlußstück der *Orestie*, die *Eumeniden*, und damit auf die aischyleische Theologie und Theodizee, vor allem auf das diese Theologie seines großen Vorgängers prägende Element der göttlichen Gnade, die dem Menschen nach viel Leid doch zuteil werden kann. Nachdem äußere Gefahren, die den Oidipus vorausgesagten Tod nicht vereiteln, sondern nur verzögern können, durch den athenischen König Theseus und die Bürger von Kolonos erfolgreich abgewehrt worden sind, verkündet ein Donnerschlag das nahe Ende des Oidipus (1547 ff.). Nun, da sein sehnlichst herbeigesehnter Tod naht, bedarf der blinde Greis keiner fremden Hilfe mehr. Sicher führt er den athenischen König Theseus, der Blinde den Sehenden, in den Hain, an den Ort seines Sterbens (1588 ff.). Dort habe ihn, so berichtet ein Bote dem wartenden Chor, die Gottheit zu sich heimgeholt, ihn zu sich gerufen (1627 f.):

»O du, o du, du Oidipus, was zögern wir
zu gehn? Du hast nun allzu lange schon gesäumt!«

Wie Oidipus gestorben ist, bleibt ein Mysterium (1655–1666):

»Doch welchen Todes jener starb, das wüßte wohl
kein Sterblicher zu sagen außer Theseus' Mund.
Denn weder hat des Gottes feuersprüh'nder Blitz
ihn weggenommen noch ein Wirbelsturm, der sich
zu dieser Zeit vom Meere her erhoben hat,
ein Götterbote vielmehr war's, vielleicht auch
tat wohlwollend sich das dunkle Tor der Untern auf.
Denn ohne Seufzer, auch von Krankheit nicht geplagt,
ward dieser Mann hinweggenommen, wunderbar
wie sonst kein Mensch. Wem meine Rede töricht scheint:
ich hindre keinen, der mich einen Narren nennt.«

(Übersetzung Wilhelm Willige)

So bietet das Ende des *Oidipus auf Kolonos* die Lösung der Problematik, die der *König Oidipus* offen ließ. Schloß das frühere Oidipus-Drama mit der Selbstblendung, mit der Anklage der Götter durch Oidipus und mit der Erkenntnis, daß die Götter undurchschaubar für die Menschen bleiben, so führt der *Oidipus auf Kolonos* in dem brüderlichen »wir«, mit dem die Gottheit den Greis zu sich ruft, die Aufhebung des Gegensatzes Gott – Mensch vor. Es gibt eine gütige Gottheit, die sich des Menschen in seinem Leid erbarmt und den Tod nicht als hartes Schicksal, sondern als Erlösung zuteil werden läßt. Nun ist Oidipus in der Lage, und zwar nur er, der Blinde, der Gottheit entgegenzugehen, Theseus, der allein bei Oidipus bleiben darf, kann die göttliche Anwesenheit nicht ertragen; er verhüllt sein Antlitz, als sei ihm »ein Bild des Schreckens, unerträglich anzusehn, erschienen«, berichtet der Bote (1651 f.) – Verse, zu denen man den Beginn von Rainer Maria Rilkes *Erster Duineser Elegie* gleichsam als Kommentar lesen könnte:

»Denn das Schöne ist nichts
als des Schrecklichen Anfang, den wir noch grade ertragen,
und wir bewundern es so, weil es gelassen verschmäht,
uns zu zerstören. Ein jeder Engel ist schrecklich.«

Rezeptionslinien

Die das Normalmaß überschreitende Größe der sophokleischen Protagonisten, die daraus entspringenden Probleme für ihre Mitmenschen und die psychologische Vielschichtigkeit der weiblichen Charaktere regten vor allem im 20. Jahrhundert zur produktiven Auseinandersetzung mit den Tragödien des Sophokles an. Hugo von Hofmannsthal (*Elektra*, 1903, Oper mit der Musik von Richard Strauss, 1909) schöpft, geprägt von Sigmund Freuds *Studien über Hysterie* (1895), die psychologischen Dimensionen der Elektragestalt aus, die schon bei Sophokles angelegt sind (s. u. S. 119 ff.). Hofmannsthal bringt eine Elektra auf die Bühne, deren einziger Lebenssinn in dem abgrundtiefen Haß auf die Mutter liegt. Nach der Rachetat bricht sie zusammen, da sie ihren einzigen Lebensinhalt, den Haß, verloren hat. Wie im sophokleischen Spätwerk entspringen alle Verwirrungen allein dem Inneren der Personen und den Kollisionen menschlicher Interessen. In seiner *Electre* (1937) deutet Jean Giraudoux Elektras Haß und ihr vergangenheitsbezogenes Leben als Versündigung gegen die Gemeinschaft. Wie bei Sophokles Chrysothemis ihre Schwester zu einem normalen Leben zu überreden versucht, so hält ihr bei Giraudoux der Gerichtspräsident Theokathokles vor, daß Blutrache und starres Beharren auf dem Recht Staat, Familie und Individuum zerstören.

Selbst die Rachegöttinnen sind bei Giraudoux nur die unwilligen Begleiterinnen von Elektra. Ebenso zeichnet auch Jean-Paul Sartre in *Les Mouches* (*Die Fliegen*, 1943) ein negatives Elektra-Bild. Während Orest in der Tat die Freiheit als Mensch findet, ist Elektra nur diejenige, die zum Mord antreibt.

Wurden in der Rezeption der Elektragestalt die negativen Züge ausgedeutet, die bei Sophokles vorgezeichnet sind, bleibt Antigone in den modernen Bearbeitungen durchweg eine positive Gestalt. Walter Hasenclever macht in seiner *Antigone* (1917) aus dem sophokleischen Stück einen Aufruf zum Frieden. »Meine Nachdichtung der *Antigone*,« bemerkt Hasenclever über sein Stück, »hatte einen politischen Zweck. 1916 geschrieben, zu einer Zeit, in der jedes freie Wort der Zensur verfiel, hatte sie die Aufgabe, im antiken Gewand gegen Krieg und Vergewaltigung zu protestieren.« In ihrem Kampf gegen den Diktator Kreon wird die Antigone Hasenclevers zur pazifistischen Märtyrerin. Jean Anouilh stellt in seiner *Antigone* (1942, Uraufführung 1944) deren konsequenter Verneinung des Lebens Kreons Lebensliebe entgegen. Wie bei Sophokles kann sich Anouilhs Antigone nicht mit dem »kleinen Glück« der Durchschnittsmenschen und den Kompromissen abfinden, die jeder schließen muß, um ruhig leben zu können, und sieht als einzigen Ausweg aus der absurden Welt den Tod. In Bert Brechts Bearbeitung der *Antigone* (1948) wird die Bestattung des Polyneikes, die bei Sophokles als religiöse Pflicht dargestellt ist, als Widerstand gegen Kreons Unrechtsregime interpretiert. Antigones Verhalten wird – vor dem Hintergrund der gerade zu Ende gegangenen Schreckensherrschaft der Nationalsozialisten – zur politischen Zivilcourage. Brechts – Helene Weigel zur Churer Premiere (25. Februar 1948) gewidmetes – Antigonegedicht macht dies eindrucksvoll deutlich (Bd. 10, S. 954).

»Komm aus dem Dämmer und geh
Vor uns her eine Zeit
Freundliche, mit dem leichten Schritt
Der ganz Bestimmten, schrecklich
Den Schrecklichen.

Abgewandte, ich weiß
Wie du den Tod gefürchtet hast, aber

Mehr noch fürchtetest du
Unwürdig Leben.

Und ließest den Mächtigen
Nichts durch, und glichst dich
Mit den Verwirrern nicht aus, noch je
Vergaßest du Schimpf und über der Untat wuchs
Ihnen kein Gras.«

Kein anderes Stück des Sophokles wurde sowohl von der Literatur-
theorie und philosophischen Diskussion, ja, ebenso von anderen
Disziplinen wie der Psychologie, als auch von den Dramatikern und
Literaten stärker rezipiert als der *König Oidipus*. Bereits für die
Poetik des Aristoteles ist der *König Oidipus* in vielerlei Hinsicht der
Musterfall einer Tragödie, vor allem unter dem Gesichtspunkt der
Handlungsführung, des Umschlags des Geschehens von Glück zum
Unglück *(Peripetie)*, von Verblendung zur Selbsterkenntnis. Die
Wertschätzung, die Aristoteles dem *König Oidipus* entgegen-
brachte, machte diese Tragödie in der Zeit der italienischen Renais-
sance zu dem wohl bekanntesten griechischen Drama. Am 3. März
1585 wurde der *König Oidipus (Edipo Re)* in der Übersetzung von
Orsatto Giustiniani und mit der Musik von Andrea Gabrieli als er-
ste Wiederaufführung einer griechischen Tragödie in der Neuzeit in
Vicenza auf die Bühne gebracht. Immer wieder, insbesondere in der
deutschen Klassik, bei Schelling und Schiller, bis hin zur modernen
Literaturtheorie – zu nennen sind hier vor allem Emil Staiger und
Peter Szondi –, diente der *König Oidipus* des Sophokles als ideale
Tragödie, als Modellfall einer einzigartigen »tragischen Analyse«,
die durch eine dialektische Spannung, durch die Einheit von Gegen-
sätzen und vor allem durch den »Umschlag des Einen in sein Gegenteil« (Szondi) gekennzeichnet ist.

In der produktiven Auseinandersetzung mit der sophokleischen
Tragödie spielt das Problem der menschlichen Erkenntnisfähigkeit,
das die Handlung und Struktur von Sophokles' Tragödie prägt, im
Oedipus des Seneca (um Christi Geburt – 65 n. Chr.) überhaupt
keine Rolle. Der römische Dichterphilosoph nimmt gegenüber dem
ursprünglichen Stück eine kleine, für die Dramaturgie jedoch entscheidende Akzentverschiebung vor. Bereits im Prolog, in den Ver-

sen 32–36, spricht Oedipus mit Bestimmtheit aus, daß er selbst die Schuld an der Seuche trage, die in Theben wütet. Die Tatsache, daß er inmitten all des Leides und Todes als einziger unversehrt dastehe, mache ihn zum Angeklagten Apollons, da er trotz aller Gegenmaßnahmen, mit denen er seinem vorhergesagten Schicksal entgehen wollte, gescheitert sei und den Himmel befleckt habe. Thema der Tragödie des Seneca ist demnach nicht, wie ein Mensch, allein an der Hoffnung sich orientierend, sich immer mehr einer grausamen Wahrheit annähert, die er nicht wahrhaben will, ja, gar nicht wahrhaben kann, wenn er überleben will; vielmehr wird im Stück des Seneca vorgeführt, wie ein Tyrann, der von der ihm zugefallenen Macht nicht lassen will, sich angesichts der Wahrheit und angesichts eines ungeheuren Verbrechens verhält, das er auf sich geladen hat und unter dem nicht nur er selbst und seine Familie, sondern die ganze Gemeinschaft zu leiden hat. Im Spiegel des griechischen Oidipusmythos – eines Mythos, der in Rom vor Seneca nur einmal, nämlich von dem jungen C. Julius Caesar, nachgedichtet worden war – zeichnet Seneca ein bitteres Bild entarteter Machtausübung, von Inzest und Vatermord, hinter dem sich unschwer Kaiser Nero erkennen läßt.

Das Motiv des Richters, der über sich selbst zu Gericht sitzt, sowie die Schein-Sein-Problematik stehen in Heinrich von Kleists *Der zerbrochene Krug* (Uraufführung 1808) im Mittelpunkt. In der »Vorrede« bezieht sich Kleist ausdrücklich auf den sophokleischen *König Oidipus*, ebenso verweist der Klumpfuß des Dorfrichters Adam auf den antiken Tragiker. Kleists Lustspiel stellt gleichsam eine Umkehrung des *König Oidipus* dar: Versuchte der Oidipus des Sophokles, ohne zu wissen, daß er der Gesuchte ist, mit allen Mitteln die Wahrheit herauszufinden, während Iokaste, die die Zusammenhänge ahnt, ihn davon abhalten will, so verschleiert bei Kleist der Dorfrichter die Wahrheit, da er sich seiner Schuld bewußt ist, während Gerichtsrat Walter sie mit aller Gewalt aufdecken will. Der von Kleist bewußt angelegte sophokleische Hintergrund des *Zerbrochenen Krugs* und das Verhalten des Protagonisten schaffen somit durchweg eine ironische Spannung, die durch die Reibung zwischen literarischer Vorlage und Kleists Deutung zustande kommt.

Die Unausweichlichkeit des Schicksals und die Undurchschaubarkeit der Götter betont Jean Cocteau in seiner Auseinandersetzung mit Sophokles' *König Oidipus.* In *La machine infernale (Die Höllenmaschine*, 1932, Uraufführung 1934) läuft mit unerbittlicher Präzision das Räderwerk des Schicksals ab, aus dem es kein Entrinnen gibt; dem Menschen werden Leid und Qualen aufgebürdet, ohne daß eine rettende oder strafende Gottheit hinter dem Geschehen sichtbar wäre.

Während die *Elektra* des Sophokles auf der Bühne der Gegenwart, verdrängt durch Hofmannsthals Stück oder Strauss' Oper, nicht allzu oft zu sehen ist, gehören die *Antigone* und der *König Oidipus* zum Repertoire der modernen Theater. Zu nennen ist vor allem die Vertonung der *Antigone* und des *König Oidipus* durch Carl Orff (*Antigonae, Oedipus der Tyrann*, 1949). Der *König Oidipus* hat vor allem in Pier Paolo Pasolinis Film *Edipo Re* (1967) eine Neuinterpretation erlebt: Pasolini zeigt in der Transposition des antiken Stoffes in eine nicht lokalisierbare Gegenwart die Aktualität des griechischen Mythos und gleichzeitig seine archaische Gebundenheit. Doch gerade die Alterität und Aktualität des Mythos, der uns im Spiegel des Fremden und doch zugleich Vertrauten Grundwahrheiten des menschlichen Daseins vermittelt, ist, wie es Pasolinis Deutung des Oidipusmythos deutlich macht, ein faszinierender Zugang zu den griechischen Tragikern.

Euripides

Geb. 485/480 auf der Insel Salamis; gest. 406 in Pella (Makedonien)

Leben und Werk

Als den tragischen Dichter par excellence *(tragikótatos)* bezeichnet Aristoteles in der *Poetik* (c. 13, 1453 a29) den jüngsten der drei großen attischen Tragiker und verleiht damit der Wertschätzung, die Euripides im 4. Jahrhundert genoß und die in zahlreichen Wiederaufführungen ihren Ausdruck fand, einen emphatischen Ausdruck. Ganz anders war es zu Lebzeiten des Dichters. Im Gegensatz zu Aischylos und Sophokles war Euripides nach seinem 15 Jahre nach Sophokles erfolgten Debüt im Jahre 455 nicht vom Erfolg verwöhnt. Nur viermal belegte er den ersten Platz, das erste Mal 441, der fünfte Sieg wurde ihm postum zugesprochen. Der mangelnde Erfolg als Dramatiker und die Verzweiflung über die moralisch-politische Situation in Athen während der letzten Jahre des Peloponnesischen Kriegs dürften im Hintergrund gestanden haben, als Euripides 408 auf Einladung des makedonischen Königs Archelaos Athen verließ. Anfang 406 starb er am Hofe des Makedonenkönigs in Pella. Sophokles habe – so die antike Tradition – aus Trauer über den Tod des Euripides den Chor unbekränzt zum Proagon der Großen Dionysien erscheinen lassen (s. o. S. 37). Zwar sind die Nachrichten über das Leben und Wirken des Euripides zumeist mit Vorsicht zu genießen, da sie in der Regel von den Komödiendichtern des 5. Jahrhunderts stammen, die Euripides äußerst kritisch gegenüberstanden; dennoch sticht in den mageren Fakten, die als sicher gelten können, der Unterschied der Lebensführung im Vergleich zu seinem Zeitgenossen Sophokles ins Auge. Euripides scheint weder wichtige staatliche noch kultische Ämter innegehabt zu haben. Die Distanz zum Leben der Polis findet einen unmittelbaren Widerhall besonders in seinen späten Stücken.

Durch die Gunst der Überlieferung sind von dem wohl 90 Titel umfassenden Werk neben zahlreichen Fragmenten 19 Stücke komplett erhalten – darunter der *Rhesos*, der mit größter Wahrscheinlichkeit nicht von Euripides, sondern aus dem 4. Jahrhundert v. Chr. stammt (s. o. S. 58). Für *Alkestis* (438), *Medea* (431), *Hippolytos* (428), *Troerinnen* (415), *Helena* (412) und *Orestes* (408) steht das Jahr der Aufführung fest, die *Bakchen* und die *Iphigenie in Aulis* wurden erst nach dem Tod des Dichters aufgeführt. Auf der Basis der metrischen Analyse läßt sich jedoch auch für die übrigen Stücke eine relative Chronologie aufstellen. Wenn man die Behandlung der jambischen Trimeter, des Sprechverses der griechischen Tragödie, durch Euripides untersucht, fällt auf, daß er im Verlauf der Jahre dazu neigte, den Vers immer mehr der gesprochenen Sprache anzunähern, indem er die Längen des Verses durch eine Doppelkürze ersetzte (s. o. S. 56). Die metrische Analyse der erhaltenen Tragödien ergibt somit ein Gerüst, in das sich die nicht datierten Stücke im Hinblick auf die prozentuale Zunahme der Doppelkürzen einreihen lassen. So fallen die *Herakliden* in die Zeit von *Medea* und *Hippolytos* (431–428). *Andromache, Hekabe* und *Hiketiden* gehören in die zwanziger Jahre. Zwischen 420 und 416 müssen *Der rasende Herakles* und die *Elektra* entstanden sein. Nach den *Troerinnen* und vor dem *Orestes* dürften *Ion, Taurische Iphigenie* und die *Phönizierinnen* zur Aufführung gelangt sein. Zum Spätwerk gehört wohl auch das Satyrspiel *Kyklops (Der Kyklop)*.

Themen der euripideischen Tragödien

Die wichtigste Quelle für die Interpretation der Tragödien des Euripides sind die Komödien des Aristophanes, der dem Tragiker vorwirft, daß er ständig das, was der Tragödie angemessen sei, vernachlässige, das Decorum der Gattung verletze. Er bringe von schändlichen Leidenschaften getriebene Frauen auf die Bühne und verderbe damit sein Publikum. Ferner siedle er seine Stücke im Milieu von einfachen Leuten an und lasse sie über Allerweltsdinge räsonieren, wie Aristophanes in den *Fröschen* Euripides seine Leistung anpreisen läßt (954–961):

»Das Volk hier hat bei mir allein gelernt zu sprechen –
[…]
– sich schulgerecht zu bilden, scharf die Reden auszuzirkeln,
Verstehn, bemerken, denken, sehn, belisten, widerlegen,
Argwöhnen, Achsel zucken und vorsichtig lauschen.
[…]
Ich gab die ganze Häuslichkeit, worin wir sind und leben,
Und stellte der Kritik mich bloß; denn jeder ist befähigt,
Hierin zu richten meine Kunst.«

(Übersetzung Ludwig Seeger)

Schließlich – so verdeutlichen es vor allem die Parodien euripideischer Stücke und seiner dramatischen Technik in den Komödien des Aristophanes – komme es ihm mehr auf die Form als auf den Inhalt an, da er Banalitäten in eine hochlyrische und pathetische Form kleide. Mit diesen drei Kritikpunkten trifft Aristophanes in der Tat drei Bereiche, die für Euripides bezeichnend sind: die Dominanz der weiblichen Rollen, die Verbürgerlichung der Gattung Tragödie, wie sie sehr schön in der *Elektra* greifbar ist, sowie – vor allem im Spätwerk – die musikalischen Extravaganzen (s. o. S. 54 f.) und – unter dem Einfluß der Sophistik – das Übergewicht der Rhetorik.

Frauen in der euripideischen Tragödie

Man findet im Werk des Euripides verschiedene Frauengestalten, die die männlichen Charaktere oft blaß erscheinen lassen und sie zu bloßen Nebenrollen degradieren: die liebende Alkestis, die sich für ihren Gatten opfert und freiwillig für ihn in den Tod geht, Phaidra, die von Liebe zu ihrem Stiefsohn Hippolytos gepackt ist und als Spielball göttlicher Mächte einen aussichtslosen Kampf gegen ihre schamlosen Gefühle ausficht, die von maßlosem Haß auf den treulosen Gatten getriebene Medea, die die Ermordung der eigenen Kinder als letztes Mittel sieht, um sich an Jason zu rächen, die unter dem Krieg leidenden Frauen Kassandra, Polyxena in den *Troerinnen* und Iphigenie in der *Iphigenie in Aulis*, die ihr Schicksal akzeptieren, ja, ihm sogar einen Sinn abgewinnen, die verzweifelte Hekabe, die Frau des trojanischen Königs Priamos, die, zu einem Sklavendasein verdammt, an ihrem Leid zerbricht und durch die Unmenschlichkeit der anderen selbst ihre Menschlichkeit verliert, schließlich die arrogante Helena, ihre naive Tochter Hermione im *Orestes* und die von abgrundtiefem Haß getriebene Elektra. Friedrich Schlegel hat hinter der Verschiedenheit der Charaktere eine gemeinsame Triebfeder des Handelns erkannt (*Abhandlung über die weiblichen Charaktere in den griechischen Dichtern*, 1794, S. 63): »Zur Charakterschönheit hat er [Euripides, d. Verf.] sich nie erhoben, in der Leidenschaft ist er aber immer unübertrefflich.« Schlegels Diktum leuchtet im Falle von *Medea* und *Phaidra* ein. Aber auch die positiven Frauengestalten wie Alkestis, Kassandra, Hermione und Iphigenie sind letzten Endes von einem leidenschaftlichen Impuls getragen: von dem Drang, sich für andere aufzuopfern.

Euripides geht es in den »Frauendramen« und Frauenrollen jedoch nicht allein um eine Auslotung der weiblichen Psyche, sondern auch um eine Kontrastierung von weiblicher und männlicher Welt, weiblichem und männlichem Denken, um die Zwänge und Normen, unter denen die Geschlechter stehen und handeln. Dies wird bereits in dem frühesten erhaltenen Stück, der *Alkestis* des Jahres 438, deutlich. Das Stück nimmt als viertes Drama im Rahmen einer Tetralogie die Stelle ein, die normalerweise dem auf drei Tragödien folgenden heiter-burlesken Satyrspiel zukam (s. o. S. 35). Euripides scheint – im Gegensatz zu Aischylos und Sophokles – keine besondere Vorliebe für diese Gattung besessen zu haben und ersetzte deshalb häufig das Satyrspiel durch eine Tragödie, die ein *happy end* und einige burleske Szenen – wie in der *Alkestis* den Streit zwischen dem Tod und dem Gott Apollon im Prolog oder die Gestalt des polternden und betrunkenen Herakles – aufweist.

Der Stoff der *Alkestis* entstammt dem Mythenkreis, der sich um den Gott Apollon rankt: Wegen des Mordes an den Kyklopen für zwei Jahre vom Olymp verbannt, leistet Apollon bei dem thessalischen König Admetos Sühnedienst. Da der König eines frühen Todes sterben soll, erwirkt Apollon für ihn einen Aufschub, falls ein anderer freiwillig für ihn in den Tod geht. Vater und Mutter des Admet weigern sich. Nur seine Braut Alkestis opfert sich und geht am Hochzeitstag für ihren Mann in den Tod. Euripides hat gegenüber dieser mythologischen Überlieferung eine entscheidende Neuerung eingeführt: In seinem Stück stirbt Alkestis erst nach Jahren einer glücklichen Ehe, aus der zwei Kinder hervorgegangen sind, für ihren Gatten. Das Stück zerfällt in zwei Teile, deutlich markiert durch den Auszug des Chores in den Versen 741–746. Im ersten Teil steht Alkestis im Mittelpunkt. In pathetischen Szenen werden ihr Abschied von Admet und den Kindern und ihr Tod vorgeführt. Der zweite Teil (747–1163) führt die Auswirkungen von Alkestis' Opfertod auf Admet vor: Zu spät (940) erkennt er die Sinnlosigkeit eines Lebens ohne seine Frau.

Doch neben der Trauer um seine Frau bestimmen auch gesellschaftliche Erwägungen Admets Denken. Der Opfertod der Frau könne ihm üble Nachrede einbringen, jeder Übelwollende werde ihm fortan den Vorwurf der Feigheit machen (954 ff.). Die gesellschaftlichen Zwänge, unter denen Admet als Mann in einer herausgehobenen Position steht, werden in zwei Szenen besonders deutlich: Um nicht als schlechter Hausherr und Gastgeber dazustehen, bewirtet Admet unmittelbar nach Alkestis' Tod Herakles großzügig in seinem Haus (553 ff.), obwohl er Alkestis aus eigenen Stücken versprochen hatte, fortan Feiern und Fröhlichkeit aus seinem Leben zu verbannen (343 f.). Und obwohl er der Sterbenden ebenfalls freiwillig gelobt hatte, nicht mehr zu heiraten, nimmt er, von Herakles dazu genötigt, die verhüllte Frau in sein Haus auf, die ihm der Heros übergibt – und kann die aus der Unterwelt gerettete Alkestis in die Arme schließen. Der märchenhafte Schluß übertönt allerdings nicht den bitteren Ton der vorangehenden Szenen. Selbst das größte Opfer, das eine Frau für ihren Mann bringen kann, wird in der von männlichen Wertvorstellungen beherrschten Welt nicht gewürdigt.

Den krassen Gegensatz zwischen männlicher und weiblicher Welt hat auch die 431 aufgeführte *Medea* zum Inhalt. Das Stück zählt zu den berühmtesten Tragödien des Euripides, obwohl er im Agon nur den dritten, also letzten Platz belegte. Der Stoff der *Medea* entstammt der Argonautensage: Durch ein Orakel vor seinem Neffen Jason gewarnt, versucht König Pelias von Jolkos den jungen Mann loszuwerden, indem er ihm die seiner Meinung nach unlösbare Aufgabe stellt, ihm das Goldene Vlies aus Kolchis am Schwarzen Meer herbeizuschaffen. Mit einer ausgewählten Mannschaft, den Argonauten, sticht Jason auf dem Schiff Argo in See. Mit der Unterstützung Medeas, der zauberkräftigen Tochter des Königs von Kolchis, bemächtigt er sich des Goldenen Vlieses. In die Heimat zurückgekehrt, nimmt er mit Medeas Hilfe grausame Rache an seinem Onkel Pelias und findet daraufhin in Korinth Zuflucht. Aus opportunistischen Gründen verläßt er jedoch Medea, um die Tochter des korinthischen Königs zu heiraten. In dieser Situation beginnt die Tragödie des Euripides, die die Rache der verlassenen Medea zum Inhalt hat. In einem Inferno von Feuer tötet sie die Braut Jasons, indem sie ihr todbringende Hochzeitsgeschenke schickt, den treulosen Jason straft sie aufs schrecklichste durch die Ermordung ihrer gemeinsamen Kinder in der Schlußszene – dies mit großer Wahrscheinlichkeit eine Neuerung, die Euripides am Mythos vorgenommen hat.

In der *Medea* kehrt Euripides zur älteren Form des Zwei-Schau-spieler-Stückes zurück. Dadurch betont er schon strukturell die Dominanz der Protagonistin und die Schwäche der sie umgebenden Männer (Kreon, Jason, Aigeus). Vom Prolog an, in dem über sie gesprochen wird, bis zum Schluß ist sie präsent und bezwingt die Männer, die zu ihr kommen, durch ihre Klugheit. Dies wird vor allem deutlich in den beiden Szenen, in denen sie die Bittflehende mimt, um dadurch vom korinthischen König Kreon (271 ff.) den für die Rache an Jason nötigen Aufschub der Verbannung um einen Tag und von dem athenischen König Aigeus (663 ff.) im voraus Asyl zu erwirken. Von der verzweifelten, verlassenen Frau des Pro-loges wandelt sie sich zur grausamen Rächerin in der Exodos, die – dies ist ein sinnfälliger Ausdruck ihrer übermenschlichen Kräfte – nach der Ermordung der Kinder auf einem Schlangenwagen nach Athen flieht.

Daß die Frau dem Mann ausgeliefert ist und ein hoffnungsloses Leben in Abhängigkeit führen muß, reflektiert Medea, ihre Situation verallgemeinernd, vor dem Chor der korinthischen Frauen (230–251):

»Ach, wir Frauen sind ja von allem Geschöpf,
Das da atmet und fühlt, die unseligste Art.
[…]
Was wir nirgends erlernten: In fremden Gebrauch
Uns fügen, erraten die Wünsche des Manns –
Wir müssen es üben. O glückliche Frau,
Die den Mann ohne Zwang zum Gefährten gewann!
Alles andre ist schlimmer als Tod: Was der Mann
Im Hause entbehrt, sucht er außer Haus –
Wir schaun auf ihn als den einzigen Trost.
Man preist unsern Frieden, so fern von der Schlacht:
Lieber dreimal am Feind als einmal Geburt!«
                          (Übersetzung Ernst Buschor)

Die »Modernität« des Euripides wird insbesondere in seiner theologischen Konzeption, in seiner Darstellung des Verhältnisses Mensch – Gott deutlich. Der Mensch ist in der euripideischen Tragödie Spielball der Götter, die zu weit von der menschlichen Erfahrung entfernt sind, als daß man sie verstehen könnte. Dementsprechend fehlt im Gegensatz zur aischyleischen und sophokleischen Theologie bei Euripides die göttliche Gunst der Erkenntnis. Der Mensch kann in seinem Leid keinen Sinn mehr sehen. Die Struktur des *Hippolytos* spiegelt diese theologische Konzeption wider: Das Stück wird eingerahmt durch zwei Götterszenen. Im Prolog (1–57) kündigt die Liebesgöttin Aphrodite an, daß sie an Theseus' Sohn Hippolytos grausame Rache nehmen wolle, da er sie mit seiner einseitigen Verehrung der jungfräulichen Jagdgöttin Artemis in ihrer Ehre verletze. Deshalb habe sich vor geraumer Zeit nach ihrem Plan und unter ihrer Einwirkung (28) die Stiefmutter des Hippolytos, Phaidra, in den Jüngling verliebt. Phaidra wird zum bloßen Werkzeug im Racheplan der Göttin: Obwohl sie bisher untadelig in ihrem Lebenswandel gewesen sei, soll sie zusammen mit Hippolytos ins Verderben gerissen werden (47 f.). Nachdem der Racheplan der Göttin seine grausame Erfüllung gefunden hat, erscheint am Schluß der Tragödie Artemis vor dem sterbenden Hippolytos und seinem Vater Theseus. Sie verkündet, daß sie ihren Verehrer Hippolytos nicht ungerächt sterben lasse, sondern den, der Aphrodite am liebsten sei – sie meint Adonis –, mit ihren Pfeilen niederstrecken werde (1420–1422). Beide Göttinnen sind sich also letztlich trotz der gegensätzlichen Positionen, die sie vertreten, ähnlich in der Grausamkeit, mit der sie ihre Ehre *(timé)* verteidigen. Die Menschen werden zu bloßen Schachfiguren auf dem göttlichen Spielbrett. Ihre Pläne und ihr Handeln sind zum Scheitern verurteilt, sie schlagen ins Gegenteil der eigentlichen Absicht um.

Ähnlich pessimistisch ist die theologische Aussage des *Rasenden Herakles*. Die Tragödie führt vor, wie Zeus' Gattin Hera Herakles, den Sohn des Zeus und der Alkmene, den Wohltäter der Menschheit, als Mittel ihrer Rache an dem untreuen Gatten ins Verderben stürzt. Das Stück weist eine klare Zweiteilung auf: Während der

Abwesenheit des Herakles hat in Theben ein Usurpator namens Lykos die Macht an sich gerissen und bedroht nun die Familie des Herakles. In den Versen 1–814 erfolgt die sehnlichst erwartete Rückkehr des Helden, der sofort Rache an Lykos nimmt. Der zweite Teil (815–1428), eingeleitet durch einen zweiten Prolog, den die Götterbotin Iris und Lyssa, die Göttin des Wahnsinns, sprechen, führt den Sturz des Helden vor: Von Lyssa im Auftrage Heras in Wahnsinn und Raserei versetzt, ermordet er seine Frau und seine Kinder. Der *Herakles* enthält eine Weiterentwicklung der Theologie des *Hippolytos*: In den Auseinandersetzungen der Götter, von Zeus und Hera, sind die Menschen – sogar Halbgötter wie Herakles – bloße Spielbälle. Selbst Lyssa, die Göttin des Wahnsinns, kann keinen Sinn in Heras Plan sehen (845 ff.) und kommt ihrem Auftrag, von Herakles Besitz zu ergreifen, äußerst unwillig nach. Ein Lichtblick bleibt wie im *Hippolytos* die menschliche Freundschaft. Da die Götter undurchschaubar, fremd und feindlich sind, bleiben die Menschen auf sich allein gestellt. Gestützt auf seinen Freund Theseus begibt sich der verzweifelte Herakles nach Athen, um dort Entsühnung zu finden (1163 ff.). Indem Euripides Herakles (vor allem in den Versen 622 ff.) aus den Höhen des Heroentums herabholt und ihm menschliche Züge verleiht, lenkt er die Sympathie um so mehr auf den leidenden Helden und macht die Rache der Göttin dadurch um so unverständlicher.

In keiner anderen Tragödie wird die Ferne zwischen Gott und Mensch deutlicher als in den *Bakchen* (s. o. S. 10 f.). Der König von Theben, Pentheus, der den Kult des Dionysos als Gefährdung der öffentlichen Ordnung bekämpft, wird von dem Gott für diese Feindschaft auf grausame Weise bestraft. Seine Mutter Agaue zerreißt ihn in der Wahnvorstellung, sie töte einen Löwen. Auf diesem Gipfel menschlichen Leides erscheint Dionysos, um wie die Göttinnen im *Hippolytos* den verzweifelten Menschen zu verkünden, daß der Grund für die Strafe in der Verachtung liege, die man ihm in seiner Heimatstadt Theben entgegengebracht habe. Kadmos, der Großvater des Pentheus, gibt zwar zu, daß sein Enkel mit der Leugnung der Göttlichkeit des Dionysos Unrecht auf sich geladen habe. Er fordert aber, daß die Götter in ihren Emotionen nicht den Menschen gleichen dürften (1348). Doch der Gott läßt sich auf keine

Diskussion über die Berechtigung und den Sinn der Strafe ein. Wie Aphrodite und Artemis geht es Dionysos um die Wiederherstellung seiner Ehre. Der Mensch sieht sich dem göttlichen Walten ausgeliefert, ohne einen Sinn darin erkennen zu können.

Rezeptionslinien

Das ständige Hinterfragen der gesellschaftlichen und religiösen Normen verbindet Euripides eng mit seinem Zeitgenossen Sokrates. In den *Fröschen* wirft Aristophanes dem Tragödiendichter wie dem Philosophen vor, aufgrund dieses kritischen Verhaltens am Ruin der tragischen Dichtkunst und am Zusammenbruch der gesamten demokratischen Polis Schuld zu haben (1491–1499):

»Schande, wer bei Sokrates
Sitzen mag und schwatzen mag
Und die schöne Kunst verliert
Und vom größten ab sich wendet,
Was die trag'sche Muse fand!
In gespreizten, leeren Phrasen,
Tüfteleien, Quäckeleien,
Faulgeschäftig sich zu üben
Ist für hohle Köpfe nur!«
 (Übersetzung Ludwig Seeger)

Auf diese Kritik folgte wenige Jahrzehnte später eine erste Renaissance. Die Beliebtheit, die Euripides seit dem 4. Jahrhundert genoß, läßt sich gerade aus der Verbürgerlichung der heroischen Stoffe und Inhalte erklären, die ihm Aristophanes zum Vorwurf machte. Die bürgerliche, unpolitische Gesellschaft des Hellenismus, der in den monarchischen Flächenstaaten die aktive Mitwirkung an der Politik verwehrt war, fand in den Stücken des Euripides den Geist ihrer Zeit getroffen. Der Einfluß, den Euripides auf die Komödie des 4. Jahrhunderts ausübte, wird allein schon dadurch deutlich, daß in der Phase der sogenannten Mittleren Komödie mythologische Stücke, die sich in der Handlungsführung und der Thematik eng an Euripides anlehnten, zu einer beliebten Form wurden.

Ein kurzer Blick auf den dem euripideischen Spätwerk entstammenden *Ion* kann die Ansatzpunkte für die Komödiendichter des 4. Jahrhunderts verdeutlichen: Krëusa, die Tochter des attischen Königs Erechtheus, empfängt von dem Gott Apollon ein Kind, das sie kurz nach der Geburt aussetzt. In Delphi, dem wichtigsten Kultort Apollons, wird der Junge von der Apollonpriesterin aufgezogen. Da die Ehe, die Krëusa mit einem gewissen Xuthos eingegangen war, kinderlos bleibt, befragen sie das delphische Orakel. Apollon, der seine Vaterschaft verheimlichen will, gibt Xuthos das Orakel, der erste, auf den er nach Verlassen des Tempels treffen werde, sei sein Sohn. Xuthos begegnet Ion. Erbittert faßt Krëusa den Entschluß, den vermeintlichen Sohn ihres Mannes vergiften zu lassen. Der Anschlag scheitert, und nun will Ion seinerseits an Krëusa Rache nehmen. In diesem Moment höchster Gefahr erscheint Athena als *dea ex machina* und läßt es zur Wiedererkennung von Sohn und Mutter kommen. Ausgesetzte Kinder von bester Abstammung, Intrigen und Wiedererkennungen und eine verwickelte, an Überraschungen reiche Handlung faszinierten das Publikum des 4. Jahrhunderts und des Hellenismus, beeinflußten die komische Dichtung in großem Maße und bestimmen – durch die Vermittlung der Römer Plautus und Terenz – die Komödienproduktion bis heute.

In besonderem Maße wirkte Euripides auf die römische Tragödie. Da euripideische Stücke zum Standardrepertoire der im ganzen griechischen Kulturbereich herumziehenden Schauspielgruppen, der Dionysostechniten, gehörten, war Euripides natürlich auch auf der Bühne Süditaliens und Siziliens präsent. Da zudem der erste römische Dramatiker, Livius Andronicus, der 240 v. Chr. mit der Übersetzung eines griechischen Stückes das erste Drama in Rom aufführte, ein aus Tarent stammender Grieche war und Ennius (239–169 v. Chr.), der wichtigste Dramatiker und Epiker der republikanischen Zeit, ebenfalls aus dem griechischen Kulturkreis, aus Rudiae in Kalabrien, stammte, fand Euripides seinen Weg in lateinischen Bearbeitungen auf die Bühne Roms. Die Römer bevorzugten Stücke, deren Stoff mit dem trojanischen Sagenkreis zu tun hatte, da sie sich genealogisch auf den Trojaner Aeneas zurückführten. Die gesamte Tragödiendichtung der republikanischen Zeit

– neben Livius Andronicus und Ennius sind Ennius' Neffe Pacuvius (220–130 v. Chr.), Naevius (Mitte 3. Jahrhundert v. Chr.) und Accius (170–86 v. Chr.) zu nennen – ist nur in fragmentarischem Zustand erhalten. So läßt sich kaum klären, ob überhaupt und – wenn ja – in welchem Umfang die römischen Tragiker von den griechischen Originalen abwichen und sie umdichteten. Bedauerlich ist ebenso, daß von der römischen Tragödie der augusteischen Zeit nur wenige Verse erhalten sind. Denn der Literaturkritiker und Rhetoriklehrer Quintilian (35–95 n. Chr.) preist in seinem literaturgeschichtlichen Überblick (10, 1, 98) die *Medea* des Ovid und den *Thyestes* des Varius, den man jeder griechischen Tragödie an die Seite stellen könne. Die euripideischen Frauengestalten, insbesondere Phaidra und Medea, beeinflußten Ovid (43 v. Chr. – ca. 17 n. Chr.) in seinen *Heroides*, den Briefen mythischer Frauen an ihre abwesenden Geliebten oder Männer. In den durch den tragischen Monolog und die tragische Klage geprägten Briefelegien entwirft Ovid Psychogramme liebender Frauen; er versetzt die erhabene Welt der Tragödie in die private Sphäre der Liebe und hinterfragt aus der Perspektive der Frau die Welt und die Werte, die die hohen Gattungen Epos und Tragödie repräsentieren. Ovid folgt in dieser kritischen Haltung ganz der Art und Weise, wie Euripides den tragischen Mythos behandelt hatte.

Im ersten Jahrhundert n. Chr. scheint in Rom die Tragödie von der Bühne verschwunden zu sein, verdrängt von den subliterarischen Gattungen Mimus und Pantomimus. So ist es in der Forschung umstritten, ob Senecas stark von Euripides beeinflußte Tragödien überhaupt für die Bühne verfaßt oder für die Rezitation oder Lektüre bestimmt waren. Das starke Gewicht, das Euripides der Darstellung von Affekten und der Auslotung der weiblichen Psyche beimaß, bot dem stoischen Philosophen Seneca den geeigneten Ansatzpunkt, den tragischen Mythos euripideischer Prägung seinem eigenen Denken gemäß zu interpretieren. Die von Affekten, von tiefem Haß oder ungeheurer Liebe getriebenen Helden wie Atreus im *Thyestes,* Medea oder Phaedra sind als abschreckendes Gegenbild zum Ideal des stoischen Weisen konzipiert. Die senecanische Form der Tragödie sollte maßgeblich die französischen Tragiker des 17. Jahrhunderts beeinflussen.

Euripides rückte auch in der deutschen Literatur des 18. Jahrhunderts wieder in den Blickpunkt. Angeregt durch Christoph Martin Wieland, der die *Helena* und den *Ion* übersetzt hatte, übertrug Friedrich Schiller die *Iphigenie in Aulis* (1789) und Szenen aus den *Phönizierinnen* (1789, Bearbeitung 1803) mit dem Ziel, sich in die »griechische Manier« einzuüben. Schiller bewunderte Euripides vor allem wegen der in seinen Tragödien dargestellten »Kollisionen der Leidenschaften« und der »unendlichen Mannigfaltigkeit« seines Werkes, hinter der jedoch immer eine »Einheit derselben Menschenform« durchscheine (*Briefe*, Bd. 1, S. 205). Deutlich geprägt von Euripides ist Schillers *Braut von Messina* (s. u. S. 175ff.).

Johann Wolfgang von Goethe setzte sich mit Euripides in seiner *Iphigenie auf Tauris* auseinander (1779 in rhythmisierter Prosa, 1786 in Versen, 1802 Erstaufführung in Schillers Bearbeitung). In dem Stück, das Schiller »erstaunlich modern und ungriechisch« nennt, weicht Goethe in wenigen, aber signifikanten Punkten von der *Iphigenie bei den Taurern* des Euripides ab: König Thoas ist ein humaner Herrscher, der Iphigenie bedrängt, ihn zu heiraten. Von ihrer Weigerung verletzt, befiehlt er ihr, zwei junge Männer, die eben gelandet sind – es sind Iphigenies Bruder Orest und sein Freund Pylades – zu opfern. Orest gibt sich seiner Schwester in einer Szene zu erkennen, die keinerlei Ähnlichkeit mehr mit der auf die Spitze getriebenen Wiedererkennungsszene bei Euripides aufweist. Die Rettung erfolgt schließlich nicht wie bei Euripides (*Iphigenie bei den Taurern* 1345ff.) durch Athena als *dea ex machina*. Die Gottheit erscheint den Menschen nicht *in persona* auf der Bühne, sondern sie zeigt sich in den Menschen. Herausgefordert durch Thoas, besinnt sich Iphigenie auf die Kraft ihrer Seele (1885) und bekennt sich zur Wahrhaftigkeit. Thoas, besiegt von Iphigenies »Reinheit«, entläßt die Griechen aus freien Stücken, nachdem Iphigenie ihm ihren Fluchtplan offenbart hat, und bekennt sich damit zur »Humanität«. Goethes Schauspiel endet denn auch nicht wie die euripideische *Iphigenie* mit der Stiftung eines Kultes oder wie Aischylos' *Eumeniden* mit der Entsühnung Orests durch die Göttin Athena; Iphigenie selbst nimmt die Stelle der Gottheit ein und entsühnt Orest, und an die Stelle des Kultes tritt die Humanität, treten Gastfreundschaft (2153), gegenseitige Achtung und

Freundschaft (2173), an die Stelle des göttlichen Machtwortes tritt das menschliche »Leb wohl«.

Nach der eher frostigen Aufnahme des Euripides im 19. Jahrhundert, die einen deutlichen Ausdruck im zwölften Kapitel von Friedrich Nietzsches *Geburt der Tragödie* findet, in dem der Philosoph ganz in den Spuren der aristophanischen *Frösche* vom »mörderischen Prinzip des ästhetischen Sokratismus« spricht, der gegen das Dionysische in der Tragödie gerichtet sei und als dessen Hauptrepräsentanten er Euripides ansieht, erlebte der jüngste der drei griechischen Tragiker im 20. Jahrhundert eine weitere Renaissance. Unter dem Eindruck der Weltkriege gewann eine Tragödie wie die *Troerinnen* höchste Aktualität. Der Mensch kann in seinem Leid keine höhere Bedeutung mehr sehen, sondern findet sich – ganz im Sinne der existentialistischen Philosophie – in eine absurde Welt hineingeworfen, wie dies Franz Werfel in den Vorbemerkungen zu seiner Bearbeitung der *Troerinnen* (1915) formuliert: »Sie [Hekuba, d. Verf.] fühlt keine Schuld, die sie abzutragen hätte. Daß der Mensch leiden muß, ist ihr der unsinnigste Unsinn der unsinnigen Welt.« Werfel, ebenso wie viele andere Interpreten, Dramatiker und Regisseure des 20. Jahrhunderts, sieht denn auch Euripides als Seelen- und Geistesverwandten, stellt die Modernität seines Denkens heraus und betont, »daß unser Zeitalter gegenwärtig das Zeitalter des Euripides berühre«. In dieser unsinnigen Welt, in die der Mensch hineingeboren wird, muß er sich behaupten. »Der Dichter gibt dem Menschen nicht das Recht zu seinem Tod! Die Pflicht des Menschen ist, zu leben! Und das Leben des Menschen ist die Pflicht! Pflicht aber ist der Trotz gegen die unmenschliche Schöpfung, Widerstand gegen die Natur, Glaube an das Mittlertum der Menschheit, die da ist, ihren Sinn der Welt zu leihen.«

Der Kampf der Geschlechter und die Auslotung der weiblichen Psyche sind Ansatzpunkte, die in der zeitgenössischen Euripidesrezeption im Vordergrund stehen, so schon in Hugo von Hofmannsthals *Ägyptischer Helena* (als Oper mit Richard Strauss, Dresden 1928). In Helena und Menelaos werden archetypisch männliche und weibliche Identität, Morgenland und Abendland einander gegenübergestellt. Weiter in dieser Richtung geht R. Liebermanns Oper *Freispruch für Medea* (Hamburg 1995) und Christa Wolfs neuer Roman *Medea Stimmen* (1996). Hier wird Medea aus der mit übermenschlichen Kräften ausgestatteten Täterin zum bloßen Opfer einer Männerwelt, die in das unberührte, archaische Kolchis einbricht.

Mythos und Tragödie

Die Verankerung der griechischen Tragödie im Kult und ihr Ursprung aus dem Chorlied zu Ehren des Dionysos, dem Dithyrambos, sind Ursache dafür, daß die Tragiker den Stoff ihrer Dichtungen dem Mythos entnahmen. Mythos bedeutet im frühen Griechisch einfach »Wort«, »Geschichte«, »Erzählung«, wobei zwischen Erzählungen von historischen Ereignissen und Mythologie, den Götter- und Heldengeschichten, zunächst nicht unterschieden wurde. Erst im Zusammenhang mit der sophistischen Aufklärung der zweiten Hälfte des 5. Jahrhunderts v. Chr. erhält der zunächst wertneutrale Begriff eine negative Färbung. Bereits der Historiker Herodot verwendet das Wort Mythos zur Bezeichnung unglaubwürdiger Geschichten. Sein Nachfolger in der Geschichtsschreibung, Thukydides, grenzt in seinem sogenannten Methodenkapitel (1, 22, 4) das »Mythische«, also Unüberprüfbare und Ungenaue seiner Vorgänger *(mythódes)*, von der Genauigkeit seiner Darstellung *(saphés)* ab. Er muß allerdings einräumen, daß das »Mythische« erfreulicher sei als seine Darstellung, die jedoch aufgrund ihrer wissenschaftlichen Genauigkeit einen Nutzen für künftige Lesergenerationen besitzen werde.

Die bei Thukydides angelegte Mythenkritik wird von Platon fortgesetzt. Er setzt den Mythen, nach seinem Verständnis oft unüberprüfbaren Geschichten oder gar Lügen, die *lógoi* entgegen, dialektisch beweisbare Aussagen. Innerhalb der Mythen unterscheidet Platon im *Staat* (377C) zwischen kleineren und größeren Mythen. Kleinere Mythen werden Kindern von Müttern und Ammen erzählt, größere dagegen sind die, die Dichter für bestimmte Anlässe und für eine größere Gemeinschaft, häufig sogar die ganze Stadt, stets neu bearbeiten. So lassen sich für einzelne Fassungen und Ausgestaltungen von Mythen in diversen Gattungen bestimmte Autoren wie vor allem Homer in der epischen Dichtung, Pindar für die Chorlyrik oder Sophokles für die Tragödie bestimmen. Für den Basisinhalt des Mythos selbst dagegen kann kein Urheber angegeben werden, die Spuren des Ursprungs verlieren sich in dunkler Vorzeit. Dies macht Platon im *Timaios* (20D) in der Einleitung des Atlantismythos deutlich: Platons Onkel Kritias soll die Geschichte von seinem Großvater gehört haben, der wiederum von seinem Vater, der von Solon und der schließlich soll sie, als Stoff für ein Gedicht, aus Ägypten mitgebracht haben. Im Bild des von ihm selbst erfundenen Mythos von Atlantis gibt Platon eine Definition des Begriffs Mythos als einer Erzählung, die von Generation zu Generation tradiert wird und deren zeitlicher und lokaler Ursprung nicht klar bestimmbar ist, die aber in irgendeiner Phase ihrer Überlieferung von einem Autor in eine literarische Form gebracht wird.

Die von Thukydides in die Diskussion eingebrachte Opposition zwischen genau und überprüfbar auf der einen und erfunden, also mythisch, jedoch ästhetisch erfreulich auf der anderen Seite wird von Aristoteles in der *Poetik* fruchtbar weiterentwickelt. Für ihn ist der Mythos das Handlungsgerüst, die Fabel oder modern der *plot* einer Geschichte, die von einem Dichter gemäß der Wahrscheinlichkeit und Möglichkeit konstruiert worden ist. Denn Aufgabe des Dichters ist nicht zu erzählen, was sich tatsächlich ereignet hat, sondern was sich ereignen könnte (*Poetik* c. 8, 1451 a35 ff.). Es kommt also nicht darauf an, Wahres, sondern Allgemeingültiges mitzuteilen. Diese Rehabilitation der Fiktion erreicht ihren Endpunkt in der sogenannten Zweiten Sophistik der Kaiserzeit (1.–5. Jahrhundert n. Chr.). Besonders ausgeprägt findet sie sich im Proömium des Hirtenromans des Longos (wahrscheinlich 2. Jahrhundert n. Chr.), *Daphnis und Chloë*, in dem der Autor den ästhetisch erfreulichen Charakter seines fiktionalen Werks betont und in deutlicher Absetzung von Thukydides und Platon einen dreifachen Nutzen für seinen Leser (Trost, Propädeutikum der Liebe oder Erinnerung an vergangene Liebesfreuden) in Anspruch nimmt, getreu der Maxime des Horaz, daß Dichtung nützen und erfreuen müsse (*Ars poetica / Dichtkunst* 333: *prodesse et delectare*).

Im Rückblick auf die Begriffsgeschichte in der griechischen Antike ist eine dreistufige Entwicklung nachvollziehbar, die sich auch in den Funktionen des Mythos in den Texten widerspiegelt: Die Phase, in der der Mythos zur unangetasteten, keinen Zweifeln ausgesetzten Tradition einer Gesellschaft gehört, wird durch die Glaubwürdigkeitskrise der Mythen im Zeitalter der Sophistik (2. Hälfte des 5. Jahrhunderts v. Chr.) abgelöst und durch Platons Kritik an Mythen sowie den mit Mythen verbundenen Gattungen (Epos und Tragödie) abgeschlossen. Die Rehabilitierung setzt im 4. Jahrhundert mit Aristoteles ein, der als Kriterium nicht die Glaubwürdigkeit und den Nutzen, sondern die Konzeption eines Werkes gemäß den Kategorien der Wahrscheinlichkeit und der Allgemeingültigkeit in den Mittelpunkt stellt. Damit wird Mythos zu einem rein literaturwissenschaftlichen Begriff, zum *plot*, zur Fabel fiktionaler Literatur, die, wenn sie denn gut gemacht ist, ästhetisch erfreuen, jedoch auch – und damit wird Platons Mythen- und Literaturkritik entkräftet – einen Nutzen für den Leser aufweisen kann. Sie kann ihm zur Selbsterkenntnis, zur Definition seiner Rolle in der Gesellschaft verhelfen. Das aristotelische Verständnis trifft sich durchaus mit der Funktion, die Mythen in der frühen Chorlyrik und der Tragödie hatten: Der Mythos ist nicht nur ein unerschöpfliches Reservoir von Geschichten, sondern gleichzeitig auch das geeignete Medium, um Themen und Probleme, die die versammelte Festgemeinde beschäftigen, in einer zeitlosen Sphäre widerzuspiegeln, sie zu durchleuchten und zu deuten.

Von der Vielzahl der Mythen genossen bei den attischen Tragikern einige eine besondere Vorliebe: Es sind dies vor allem die mit dem Trojanischen Krieg unmittelbar verbundenen Ereignisse wie die Einnahme der Stadt und das Schicksal der Unterlegenen und die dem Krieg vorangehenden und auf ihn folgenden Episoden (beispielsweise der Iphigeniestoff, die Orest-Elektra-Thematik, das Schicksal der Trojaner). Genauso zentral für die Tragiker des 5. Jahrhunderts war der thebanische Sagenkreis. Dies hängt sicherlich damit zusammen, daß aus dem Stamme des Kadmos nicht nur der Gott des Theaters, Dionysos, sondern auch Herakles sowie Labdakos und seine Nachkommen hervorgingen. Insbesondere die Schicksale des Laios, des Oidipus und seiner Kinder reizten die Dramatiker zu immer neuen Ausdeutungen. Die Konzentration auf wenige Mythenkomplexe dürfte darin begründet sein, daß die Tragiker den Wettstreit nicht nur im Rahmen des aktuellen Festes suchten, sondern sich auch über Jahre hinweg mit ihren Vorgängern in der tragischen Kunst messen wollten. Am deutlichsten wird dies bei einem Vergleich der erhaltenen Tragödien, die den Elektra-Orest-Stoff zum Inhalt haben (Aischylos, *Choëphoren*; Sophokles, *Elektra*; Euripides, *Elektra* und *Orestes*). Ähnlich ist es bei der Labdakidensage: Aischylos behandelt in der für ihn typischen Form der Trilogie das Schicksal des thebanischen Herrscherhauses über drei Generationen in seiner thebanischen Trilogie, von der das abschließende Stück, die *Sieben gegen Theben*, erhalten sind. Von den sieben erhaltenen Tragödien des Sophokles behandeln drei das Schicksal von Oidipus und seinen Kindern (*König Oidipus, Antigone, Oidipus auf Kolonos*); Euripides schließlich greift in seinen *Phönizierinnen* inhaltlich auf die *Sieben gegen Theben* des Aischylos zurück, läßt aber auch die sophokleischen Tragödien (*König Oidipus* und *Antigone*) anklingen (s. u. S. 141 ff.).

Gerade die Wiederaufnahme altbekannter Stoffe belegt deutlich, daß es den attischen Tragikern nicht darum ging, inhaltlich Neues zu bieten. Dies war Aufgabe der Komödie, und die Komödiendichter werden auch nicht müde, auf ihre schöpferischen Ideen hinzuweisen. Antiphanes, ein Komödienautor des 4. Jahrhunderts, kommentiert in seinem Werk *Poiesis (Dichtung)* spöttisch die Unterschiede zwischen den beiden Schwestergattungen (Fr. 189 PCG):

»Ach, die Tragödie hat's in allen Stücken
Gar gut. Sind doch zunächst die Stoffe
Den Zuschauern vertraut, eh' noch der Dichter
Etwas gesagt, ein Hinweis schon genügt.
Sag' ich nur ›Ödipus‹, so weiß man alles:
Daß Laios der Vater, daß die Mutter
Iokaste, Töchter kennt man auch und Söhne,
Weiß, was er dulden wird, was er getan.
[…]
Wenn dann die Dichter ganz ermattet sind
Und in dem Stück nichts mehr zu sagen wissen,
So heben sie den Götterapparat
Wie einen Finger hoch – und das genügt
Den Zuschauern. […]«
                (Übersetzung Alfred Körte)

Mit dieser Äußerung des Komikers stimmt Aristoteles überein. Im 13. Kapitel seiner *Poetik* schreibt er im Rückblick auf die historische Entwicklung der Gattung Tragödie, daß die Dichter anfangs beliebige mythologische Stoffe auf die Bühne gebracht hätten. Heutzutage aber würden sie sich auf einige wenige Mythen beschränken, aus denen auch die schönsten Tragödien hervorgingen. Als Beispiele führt er den Alkmeon-, Oidipus-, Orest-, Meleager-, Thyest- und Telephosstoff an (1453 a17–22). Dies läßt sich selbst bei der kargen Materialbasis, über die wir verfügen, allein durch einen Blick auf die bezeugten knapp 400 Tragödientitel unterstreichen. Das Gerüst dieser Geschichten, der Mythos im strikten, literaturwissenschaftlichen Sinne, dürfe, fährt Aristoteles fort, nicht angetastet werden. Klytaimestra müsse also durch Orests Hand sterben, wie Eriphyle von ihrem Sohn Alkmeon umgebracht werden müsse (c. 14, 1453 b22–26). Innerhalb des mythischen Rahmens jedoch hat der Dichter alle Freiheit, sein Stück auszugestalten und von den Tragödien seiner Vorgänger abzusetzen. Dies kann er erreichen, indem er etwa neue Personen in die Handlung einführt oder bestimmte, im Mythos latent angelegte Fakten stärker akzentuiert, besonders jedoch dadurch, daß er die handelnden Personen anders charakterisiert oder ihre Taten in ein bislang ungewohntes Licht rückt und damit eine andere, zumeist theologische Gesamtdeutung in das Stück einfließen läßt.

So hat gerade die Wiederkehr derselben zentralen Mythen auf der attischen Bühne des 5. Jahrhunderts für den Zuschauer einen unmittelbaren Reiz besessen. Er konnte das Stück, das er gerade sah, mit anderen Tragödien desselben mythologischen Zusammenhangs, die er in seinem Leben als athenischer Theaterbesucher schon erlebt hatte, in seinem »literarischen Gedächtnis« vergleichen. Wir können diesen Vergleich nur für den Elektrastoff vornehmen (s. u. S. 119 ff.) und teilweise für den thebanischen Sagenkreis (Aischylos, *Sieben gegen Theben*; Euripides, *Phönizierinnen*). Für das Publikum des 5. Jahrhunderts war der Titel das Signal, um ein Stück einem bestimmten Sagenkreis im voraus zuzuordnen. Euripides spielt mit diesem Signalcharakter. In seinen *Phönizierinnen* erinnert er bewußt an das gleichnamige historische Drama des Phrynichos, in dem der Vorgänger des Aischylos im Jahre 476 die persische Niederlage bei Salamis aus der Sicht der Unterlegenen, der phönizischen Frauen, darstellt; tatsächlich aber unterzieht er Aischylos' *Sieben gegen Theben* einer neuen Deutung.

Der Signalcharakter der Titel sollte für die Rezeption der attischen Tragödie im Theater der folgenden Jahrhunderte ein wichtiger Faktor bleiben, wobei allerdings im Verlauf der Zeit der Anspielungsreichtum immer größer wurde. Die römischen Tragiker der republikanischen Zeit, Livius Andronicus, Ennius, Pacuvius, Naevius und Accius, verwiesen zunächst einmal – jedenfalls für den gebildeten, hellenisierten Römer – auf das griechische Vorbild, in zweiter Linie jedoch immer mehr auf gleichnamige lateinische Stücke. Dies führte in der europäischen Tragödientradition zu einer immer umfangreicheren Mehrsträngigkeit. Die Titel verweisen einerseits natürlich auf das antike Original, andererseits auf Bearbeitungen in der eigenen oder in einer fremden Sprache. Außerdem weckt der Titel einer Tragödie im Zuschauer oder Leser Assoziationen, die er aufgrund des Bildungskanons, in dem er groß geworden ist, mit der griechischen Antike verbindet. Die Assoziationen können in den verschiedenen europäischen Nationalliteraturen durchaus unterschiedlicher Art sein und damit auch die Sicht auf das griechische Stück verschieden gestalten. Es ist ein großer Unterschied, ob man Sophokles' *Elektra* mit Hofmannsthal, O'Neill oder Giraudoux im Hinterkopf liest oder sieht. Ein weiterer Gesichtspunkt, der bei modernen Wiederaufnahmen griechischer Mythen beachtet werden sollte, ist die Frage, ob ein Zuschauer eine moderne *Elektra* mit oder ohne Kenntnis des griechischen Originals sieht. Hat er keine Vorkenntnis, stellt die antikisierende Form, die häufig durch einen Chor oder eine vergleichbare Instanz unterstrichen wird (s. u. S. 144 ff.), eine Verfremdung dar, die zur Reflexion anregt und diesen Zuschauer vielleicht mehr als den klassisch Gebildeten dazu bringt, das, was er auf der Bühne sieht, mit seiner Lebenserfahrung in Beziehung zu setzen. Das Stück, der antike Mythos in moderner Bearbeitung, kann zum Modell werden, die Gegenwart, vor allem deren politische Situation, zu deuten (s. u. S. 139 f.).

Annäherung an Elektra:
Opfer, Täterin, Psychopathin?

Nur im Falle des Elektrastoffs sind wir durch die Gunst der Überlieferung in der Lage, die Auseinandersetzungen der drei Tragiker mit demselben Stoff nachvollziehen zu können. Allerdings sind weder Sophokles' noch Euripides' *Elektra* datiert, und in der Forschung besteht keine einhellige Meinung in der Prioritätsfrage. In der folgenden Interpretation wird die Abfolge Aischylos, Euripides, Sophokles vorausgesetzt. Die drei Elektrastücke basieren auf folgendem mythologischen, dem Zuschauer des 5. Jahrhunderts geläufigen Zusammenhang: Bei seiner Rückkehr von dem zehn Jahre währenden Krieg um Troja in die Heimat Mykene wird der siegreiche Feldherr Agamemnon von seiner Frau Klytaimestra und ihrem Liebhaber Aigisth im Bad erschlagen. Opfer des Mordanschlages wird auch die Seherin Kassandra, die Tochter des trojanischen Königs Priamos, die Agamemnon als seinen Beuteanteil von den Griechen zugewiesen bekommen hatte. Die Gründe für Klytaimestras Tat sind einerseits ihre Liebe zu Aigisth, vor allem jedoch ihr unversöhnlicher Haß auf Agamemnon. Er hatte vor der Ausfahrt der griechischen Flotte in Aulis ihre gemeinsame Tochter Iphigenie der erzürnten Göttin Artemis geopfert, um durch das Blutopfer ein Ende der die Flotte im Hafen zurückhaltenden Windstille zu erlangen. Nach Agamemnons Tod herrschen Klytaimestra und Aigisth über Mykene. Elektra, Agamemnons und Klytaimestras Tochter, führt ein ihrer Stellung unwürdiges Leben, gedemütigt von den Herrschern. Sie ist das lebende schlechte Gewissen der beiden Mörder, da sie allein auch nach Jahren die Erinnerung an den Vater wachhält. Ihre einzige Hoffnung, die ihr noch Überlebenswillen verleiht, ruht auf ihrem Bruder Orest, den sie selbst oder – nach einer anderen Version des Mythos – Agamemnons Erzieher außer Landes zu einem alten Freund namens Strophios hatte in Sicherheit bringen lassen. Der herangewachsene Orest erhält vom Gott Apollon den Befehl, den Vater allein und mit List zu rächen. In Begleitung von Strophios' Sohn Pylades begibt er sich in die Heimat. Am Grab des Vaters bringt er eine Locke seines Haares als Opfer dar. Durch List erwirkt er sich Einlaß in den Palast. Er gibt vor, Bote des

Strophios zu sein, der die traurige Nachricht zu überbringen habe, daß Orest bei einem Wagenrennen tödlich verunglückt sei. Hocherfreut nimmt Klytaimestra den vermeintlichen Boten ins Haus auf, Orest vollzieht die ihm von Apollon aufgetragene Rache und erschlägt die Mutter und Aigisth.

Charakter und Rolle Elektras in diesem mythologischen Zusammenhang hängen ganz entscheidend von einem Handlungselement ab: von der Anagnorisis (s. o. S. 48 f.), also davon, zu welchem Zeitpunkt im Handlungsablauf Bruder und Schwester sich wiedererkennen. Um dieses Strukturelement entwerfen die drei Tragiker ihre Stücke, aus der Stellung dieses Elements in der Konzeption der Handlung entstehen drei völlig verschiedene Elektragestalten und drei unterschiedliche Bewertungen des Muttermordes.

In den *Choëphoren* des Aischylos, die 458 als zweites Stück der *Orestie* aufgeführt wurden, ist Elektra zu Beginn von ihrer Mutter ausgeschickt worden, um am Grab des Vaters dem Toten versöhnende Weihespenden darzubringen. Das Stück hat seinen Titel von den Elektra begleitenden Mädchen, dem Chor der Weihgußträgerinnen. Auf dem Grab findet Elektra eine Locke, die ihrem eigenen Haar gleicht (166 ff.). Als sie noch Fußspuren entdeckt, die genau zu ihren Füßen passen, ist sie davon überzeugt, daß Orest zurückgekehrt sei. Da tritt Orest aus seinem Versteck, gibt sich der Schwester zu erkennen (212) und berichtet ihr von Apollons Befehl, den Vater zu rächen. Alle Spannung ist von Elektra gewichen. Der ersehnte Bruder ist gekommen, um für den Tod des Vaters Rache zu nehmen und die ihr angetane Schmach zu tilgen. Am Grab des Vaters stimmen sich Bruder und Schwester in einer großen lyrischen Partie, dem sogenannten Kommos (306–478), emotional auf den Muttermord ein, die anschließenden Sprechverse (479 ff.) dienen der rationalen Planung der Mordtat. Alle Verantwortung ruht auf Orest. Doch als er nach Aigisths Ermordung, die Waffe in der Hand, der Mutter gegenübersteht, droht er, Apollons Befehl zu mißachten. Da bricht zum einzigen Mal im gesamten Stück Pylades sein Schweigen (900–903) und erinnert den Freund an den Auftrag des Gottes. Die zentrale Figur der aischyleischen *Choëphoren* ist ohne Zweifel Orest. Elektra ist Opfer; sie leidet unter den Kränkungen der Mutter, unter ihrer unwürdigen Stellung bei Hofe und an der Erinnerung an den Vater. Aus ihrem Leid wird sie in der aischyleischen Fassung gleich zu Beginn des Stückes erlöst. An der Rachetat selbst hat sie keinen Anteil.

Die etwa 40 Jahre nach den *Choëphoren* des Aischylos aufgeführte *Elektra* des Euripides gewinnt nur dann ihre wahre Brisanz, wenn der Zuschauer die aischyleische Fassung des Stoffes präsent hat, die er wegen der Wiederaufführungsmöglichkeit, die Aischylos zuteil geworden war, vielleicht kurze Zeit vorher im Theater hatte sehen können. Eine für den Zuschauer sicherlich überraschende Neuerung bringt Euripides gleich zu Beginn seiner Tragödie. Die euripideische Elektra lebt nicht bei Hofe; Aigisth hat sie, um Agamemnons Tochter noch mehr zu demütigen, mit einem verarmten, aber rechtschaffenen Adligen verheiratet, der Aigisths Plan untergräbt, indem er aus der erzwungenen Ehe eine Scheinehe macht und Elektra nicht berührt. Durch diese Änderung des Stoffes holt Euripides seine Elektra aus der zeitlosen Distanz der aischyleischen Mythengestaltung in die Gegenwart. Sie wird zu einer treu sorgenden Hausfrau, die sich nicht nur für ihren Ehemann abmüht, sondern auch darum besorgt ist, die fremden Jünglinge, Pylades und Orest, den sie nicht erkennt, mit ihren bescheidenen Mitteln anständig zu bewirten. Allerdings zieht diese Gastfreundschaft den Tadel ihres Mannes nach sich: Für eine verheiratete Frau zieme es sich nicht, sich mit fremden Männern zu unterhalten (341–344). Dies ist natürlich ganz und gar aus dem bürgerlichen Verständnis des 5. Jahrhunderts, nicht aus der heroischen Vorzeit heraus gedacht. Die Wiedererkennung der Geschwister scheint sich anzubahnen, als Agamemnons alter Erzieher, der den kleinen Orest vor Jahren vor den Anschlägen der Mutter in Sicherheit gebracht hat, voller Freude vom Grab des Agamemnon herbeistürzt und berichtet, am Grab Spuren, ein wollenes Kleid und eine blonde Locke als Spenden für den Toten entdeckt zu haben (487 ff.). Wie in einem Kreuzverhör vor Gericht zerpflückt die euripideische Elektra die aischyleischen Beweise für Orests Rückkehr. Der alte Pädagoge ist gleichsam das Relikt aus der aischyleischen Tragödie. Wohl nicht zufällig gleicht sein Auftritt demjenigen Elektras in den *Choëphoren*. Sein naiver Glaube trifft jedoch auf eine skeptische, ja sarkastische Elektra. Doch auch bei Euripides kommt es kurz danach zur Anagnorisis, zur Wiedererkennung der Geschwister. Allerdings gibt sich Orest nicht der Schwester zu erkennen, sondern der Alte identifiziert ihn an einem unveränderlichen Merkmal, einer Narbe über der Augenbraue (573 f.). Unverzüglich gehen Orest, Pylades und Elektra daran, Apollons Befehl, Agamemnons Tod zu rächen, in die Tat umzusetzen. Orest, wie der wartenden Elektra von einem Boten berichtet wird, erschlägt Aigisth auf dem Land (774 ff.) – einen durchaus sympathischen Menschen, der ein Opfer vorbereitet und die Fremden freundlich einlädt.

Klytaimestras Tod wird durch eine List Elektras, eine Intrige, herbeigeführt. Sie lockt ihre Mutter mit der heimtückischen Nachricht in ihr Haus, sie habe ein Kind geboren und bedürfe der mütterlichen Hilfe. Klytaimestra erscheint bei Euripides (998 f.) keineswegs wie bei Aischylos und Sophokles als schroffe Königin. Sie ist auf Versöhnung bedacht, gealtert, resigniert; sie hat das Verfehlte ihrer Tat schon längst eingesehen und hofft, daß Elektras Ruf nach der Mutter ein erstes Zeichen des nachlassenden Hasses der Tochter sei. Nichtsahnend betritt sie Elektras Haus und wird brutal erschlagen. Das Unfaßbare des Muttermordes wird nach der Tat von Elektra und Orest zusammen mit dem Chor in Worte gekleidet, die schreckliche Tat noch einmal durchgespielt (1177 ff.). In direkter Rede werden Klytaimestras flehende Worte wiederholt, wird beschrieben, wie Orest, sich die Augen verhüllend und von Elektra angetrieben, der Mutter das Schwert in den Nacken stößt. Mit diesem Wechselgesang von Elektra, Orest und dem Chor nimmt Euripides deutlich Bezug auf das Kernstück der aischyleischen *Choëphoren*, den Kommos an Agamemnons Grab (306 ff.). Doch während bei Aischylos der Gesang der gefühlsmäßigen Einstimmung auf den als rechtens angesehenen Muttermord dient, macht er in Euripides' *Elektra* an Klytaimestras Bahre das Schreckliche der Rachetat deutlich, für die es, wie der Chor Elektra vorhält, keine Berechtigung gebe. Im Moment höchster Verzweiflung erscheinen als göttliche Helfer die Dioskuren, Kastor und Polydeukes, Helenas und Klytaimestras Brüder, um Ordnung in das von den Menschen angerichtete Chaos zu bringen (1238 ff.). Apollons Befehl war nicht richtig, deutet Kastor an, aber Orest kann für diesen göttlichen Irrtum nicht haftbar gemacht werden. Er wird büßen müssen, aber schließlich doch Erlösung finden. Elektra wird kurzerhand standesgemäß mit Pylades verheiratet. Doch wird sie, die Orest wie eine Furie zur Tat aufpeitschte, in der Ehe mit Pylades Ruhe finden? Diese Frage bleibt ebenso unbeantwortet wie die nach der menschlichen Verantwortung und nach dem Verhältnis von Mensch und Gott.

Die sophokleische *Elektra* kehrt in der Eingangsszene zur aischyleischen Gestaltung des Sujets zurück und zeigt eine tief gedemütigte, vor Haß glühende Elektra (254 ff.). Doch trotz der Herabsetzungen ist Sophokles' Elektra nicht das passive Opfer; sie hat den Drang, sich selbst aus ihrer üblen Lage zu befreien. Für Chrysothemis, ihre Schwester, die sie mäßigen will, hat sie nur Verachtung übrig. Elektras Tatbereitschaft wächst, als sie mit der Mutter zusammentrifft, sie wird zur Gewißheit, als Elektra selbst wie die Mutter Opfer der Intrige des heimkehrenden Orest wird und glaubt, er sei beim Wagenrennen umgekommen. Durch die kleine Änderung in der Abfolge der Handlungsteile hat Sophokles seiner Elektra eine völlig neue Dimension abgewonnen. Während Aischylos und Euripides die Wiedererkennung der Intrige vorausgehen lassen, weiß Sophokles' Elektra nichts vom Plan Orests. Sie muß mitanhören, wie der Fremde vom Unfall des Bruders berichtet, und muß den Triumph der Mutter ertragen. Die Gaben am Grab des Vaters, von denen Chrysothemis der Schwester voller Hoffnung berichtet, kann sie nur als bloße Verhöhnung auffassen. Gewißheit über den Tod Orests meint sie zu haben, als sie das Beweisstück, die Urne mit der Asche des Bruders, in den Händen hält (1126 ff.). Ihr abgrundtiefer Haß treibt sie dazu, die Tat allein zu unternehmen, da ihr die Schwester jede Hilfe verweigert. Erst als Elektra die Tat im Geiste bereits selbst ausgeführt hat, läßt es Sophokles – kurz vor dem Ende der Tragödie – zur Wiedererkennung kommen (1122), bevor Orest in Begleitung des Pylades ohne Zaudern die Rache vollzieht. Sophokles' Stück läßt die Frage offen, wie Elektra, nachdem ihr im letzten Moment durch Orests Heimkehr die Tat unmöglich gemacht worden ist, weiterleben wird. Am Leben gehalten haben sie allein ihr unbändiger Haß und die im Geist immer wieder begangene Bluttat. Der Vollzug der Rache durch Orest nimmt ihr den Lebensinhalt.

Die größte Zuspitzung der mit der Elektragestalt verbundenen Fragen und eine Antwort auf das offene Ende der sophokleischen Tragödie bietet das Finale von Hugo von Hofmannsthals *Elektra* (1903), besonders eindrucksvoll in der Opernfassung mit der Musik von Richard Strauss (1909). In das Furioso der Rache, in den dionysisch-bakchantischen Rachetaumel läßt sich sogar die bedächtige Chrysothemis hineinziehen. Doch auf den ekstatischen, hysterischen Freudentanz, den Elektra als Chorführerin beherrscht, folgt der psychische und körperliche Zusammenbruch: »Sie [Elektra, d. Verf.] tut noch einige Schritte des angespanntesten Triumphes und stürzt zusammen.« (*Dramen* Bd. 2, S. 234)

Politik und Tragödie

Aischylos: *Perser, Eumeniden*

Die anfangs noch nicht streng gezogene Trennlinie zwischen Geschichte und Mythos läßt sich auch in der Entwicklung der griechischen Tragödie im 5. Jahrhundert nachvollziehen. Historische Themen wurden nur im ersten Viertel des 5. Jahrhunderts von Phrynichos und Aischylos und dann wieder im 4. Jahrhundert v. Chr. von einem nur fragmentarisch erhaltenen Dichter namens Moschion – allerdings unter anderen Vorzeichen, als nostalgischer Rückblick auf die große Zeit Athens – auf die Bühne gebracht. Phrynichos, der ältere Zeitgenosse des Aischylos, hatte in seiner Tragödie *Der Fall Milets* (vermutlich 492) die Zerstörung der Stadt durch die Perser im Jahre 494 verarbeitet. Der Historiker Herodot (6, 21, 2) berichtet, die Aufführung des Stückes habe die Athener dermaßen mitgenommen, daß das ganze Theater angesichts des Leides der milesischen Bevölkerung in Tränen ausgebrochen sei. Daraufhin sei Phrynichos zu einer Strafe von 1000 Drachmen verurteilt worden; die Wiederaufführung in den Theatern auf dem Land, den Dementheatern, oder weitere Bearbeitungen des Stoffes seien verboten worden. In den *Phönizierinnen* des Jahres 476 feierte Phrynichos wie vier Jahre später Aischylos in den *Persern* den Seesieg der Griechen über die persische Übermacht bei Salamis. Die Niederlage der Großmacht gegen die Griechen wird aus der Perspektive der auf ihre Männer wartenden phönizischen Frauen dargestellt.

Die *Perser* des Aischylos belegen überdeutlich, daß im ersten Drittel des 5. Jahrhunderts mythische und historische Inhalte gleichberechtigt auf die Bühne gebracht werden konnten: Die *Perser* wurden zusammen mit den mythologischen Stücken *Phineus* und *Glaukos* und dem abschließenden Satyrspiel *Prometheus* aufgeführt. Auch die Handlungsstruktur und vor allem die dem Stück zugrunde liegende Theologie unterscheiden sich in keiner Weise von den anderen, mythische Inhalte aufweisenden Tragödien des Aischylos. Protagonist und tragischer Held der Tragödie ist der Großkönig Xerxes, der das persische Heer und die persische Flotte in die Niederlage gegen die Griechen geführt hat. Seine Ankunft wird im ersten Teil vom persischen Kronrat, dem Chor, der aus alten Männern besteht, die nicht mehr ins Feld ziehen konnten, und von Atossa, der Frau des verstorbenen Großkönigs Dareios und Mutter des Xerxes, in banger Furcht erwartet, bevor Xerxes im letzten Teil, ohne Begleitung und ohne einen angemessenen Empfang zu erhalten, selbst erscheint, um in einem Furioso des Jammers mit dem Chor den Untergang der persischen Größe zu beklagen. Aischylos ging es nicht darum, eine mitreißende Handlung auf die Bühne zu bringen; vielmehr sollte in der Tragödie die Antwort auf die Frage gegeben werden, wie die ungeheure Macht der Perser an dem kleinen Athen scheitern konnte. Er behandelt demnach die erst acht Jahre zurückliegenden historischen Ereignisse wie eine Episode des Mythos; er unterwirft einen Stoff, der vor ihm schon von Phrynichos inszeniert wurde, einer neuen, theologischen Deutung (s. o. S. 68 ff.). Es geht also nicht um die Unterscheidung zwischen mythisch und historisch; vielmehr dienen Geschichte wie Mythos der paradigmatischen Darstellung menschlichen Verhaltens und menschlichen Lebens überhaupt.

Die politische Dimension dieser Mythisierung und Dramatisierung von Zeitgeschichte ist unübersehbar. Athen wird als führende Macht Griechenlands gepriesen (230 ff.), obwohl dieser Anspruch zur Zeit der Tragödienaufführung unbestreitbar noch Sparta zukam. Die Leistungen der Stadt erklingen in dem langen Botenbericht (353 ff.), in dem der Königin und dem Chor die Niederlage der persischen Flotte berichtet wird, um so überzeugender, als sie von einem persischen Boten, also sozusagen aus objektiver Perspektive, geschildert werden. Die Tragödie bietet demnach den athenischen Zuschauern, die in der großen Mehrheit selbst an der Schlacht teilgenommen haben, einen durch den feierlichen Rahmen der Großen Dionysien verklärten Lobpreis ihrer eigenen Großtaten. Sie stärkt das Selbstgefühl der noch jungen Demokratie und schafft ein Gefühl von demokratischem Zusammenhalt, der vor allem dadurch beschworen wird, daß die Leistungen der Flotte, des einfachen Volkes also, im Mittelpunkt der Tragödie stehen. Es ist wohl kein Zufall, daß der aufsteigende Politiker und radikale Demokrat Perikles als Chorege der aischyleischen Tetralogie fungierte (s. o. S. 37).

Auffallend ist, daß in der gesamten Tragödie Themistokles, der Held von Salamis, nicht beim Namen genannt wird, obwohl seine strategische List, mit der er die Perser in die verhängnisvolle Schlacht lockte, in den Versen 353 ff. ausführlich wiedergegeben wird. Dies läßt sich wohl daraus erklären, daß die *Perser* am Vorabend der Verbannung des Themistokles zur Aufführung gelangten – zu einem Zeitpunkt also, als der Stern des Feldherrn und Politikers bereits im Sinken und Themistokles wegen seiner angeblichen Geld- und Prunksucht ins Gerede gekommen war. Aischylos vermeidet eine direkte Stellungnahme, einen direkten Lobpreis des Strategen, läßt aber durch den ausführlichen Bericht über die Schlacht bei Salamis keinen Zweifel an der großen Leistung des Themistokles aufkommen. Indem er vorführt, wie ein noch nicht durch Parteikämpfe zerrissenes Athen sich einer Übermacht erwehren konnte, enthält sein Stück einen Appell zur Einheit im Innern der Polis. Dieser Aufruf zum Ausgleich der Interessen und zur Versöhnung und der betont patriotische Charakter der *Perser* ließen Aischylos am Ende des 5. Jahrhunderts, in der Krise der demokratischen Polis und angesichts der drohenden Niederlage gegen Sparta, zur Verkörperung der guten alten Zeit werden, zum Symbol für Athens Größe und für Eintracht im Innern der Stadt, wie dies die *Frösche* des Aristophanes eindrucksvoll vorführen.

Dieselbe ausgleichende Tendenz weisen auch die 458 als drittes Stück der *Orestie* aufgeführten *Eumeniden* auf, in denen im Spiegel des Mythos aktuelle politische Ereignisse gedeutet werden. Indem Aischylos den Muttermörder Orest sich vor einem eigens zu diesem Zweck von der Stadtgöttin Pallas Athena eingesetzten Gerichtshof, dem Areopag, verantworten läßt, reagiert er auf die von den Politikern Perikles und Ephialtes wenige Jahre zuvor (462) durchgesetzte Entmachtung des alten Adelsrates. Wenn Athena in der Tragödie dem Areopag feierlich die Blutgerichtsbarkeit überträgt, ihm also die einzige Funktion zuweist, die ihm nach den Reformen des Jahres 462 noch geblieben war, wird dieser gravierende Einschnitt in der politischen Entwicklung Athens zu einer radikalen Demokratie im Theater vor der versammelten Festgemeinde von der Gottheit legitimiert. Die Legitimation wiegt um so schwerer, als sie von der Stadt- und Schutzgöttin Pallas Athena persönlich vorgenommen wird. Auf der anderen Seite jedoch wird dem entmachteten Adelsrat im tragischen Spiel eine tröstende Ehrung zuteil: Ist es doch Athena selbst, die ihn in seine neuen, eingeschränkten Befugnisse einsetzt und ihn vom Alltagsgeschäft der Politik feierlich entbindet. Die innere Eintracht in einem demokratischen Gemeinwesen wird denn auch im Schlußteil der Tragödie feierlich beschworen. Die Erinnyen, die Orest wegen des Muttermordes verfolgen, unterliegen zwar vor Gericht; doch sie werden von Athena versöhnlich gestimmt, die den Rachegöttinnen künftige Ehrungen durch das Volk der Athener verheißt (881–891). Zum Dank wollen die Erinnyen fortan als Segensspenderinnen und wohlmeinende Göttinnen, als Eumeniden, zum Vorteil der Stadt wirken. Die Segensworte der Göttinnen gipfeln in dem Versprechen, daß kein Bürgerkrieg die Stadt je erschüttern werde (976–987):

»Nie soll, das erflehe ich, Bürgerkrieg,
der durch kein Leid zu sättigen ist,
in dieser Stadt dumpf ertönen,
und nie soll den Staub das dunkle Blut der Bürger benetzen,
das sie im verblendeten Blutrausch aus Rachgier vergossen.
Vielmehr möge man Freuden
in einträchtiger, freundschaftlicher Gesinnung austauschen,
und auch in einem Sinne hassen.
Denn das, solch ein Verhalten,
ist Heilmittel gegen viel Leid unter den Menschen.«

Die Einsetzung des Gerichtshofes, vor dem Orest seine Tat zu verantworten hat, setzt dem Gesetz der Blutrache, des Auge um Auge, Zahn um Zahn, das die Nachkommen des Tantalos von Generation zu Generation zu immer neuen Greueltaten trieb, durch ein ordentliches Gerichtsverfahren ein Ende. Rache und Gewalt werden durch Recht und Gerechtigkeit abgelöst. Der Sieg Apollons, der Orest verteidigt, und Athenas, die den letzten Stimmstein abgibt, damit Stimmengleichheit herstellt und Orest zum Freispruch verhilft, ist Ausdruck der Rechtsstaatlichkeit, die auf einem geregelten, auf Rede und Gegenrede, Argumenten und Beweisen basierenden Verfahren besteht und in der die Entscheidungen unter Mithilfe der Götter, der Garanten des Rechts, von einem unabhängigen, angesehenen und dem politischen Alltagsgeschäft entzogenen Gremium getroffen werden. Der alte Gedanke der Strafe und Rache ist jedoch nicht völlig aus dem neuen System verbannt, sondern in geregelte Bahnen gelenkt. Denn wie die Erinnyen zu Beginn der Verhandlung betonen (516–522):

»Irgendwie ist das Furchterregende gut. [...]
Denn wer, der im Licht steht,
wenn er nicht trotz seiner Stellung – Stadt wie Mensch –
im Herzen bebte,
würde dann noch das Recht ehren?«

In dem neuen rechtsstaatlichen System, in dem die Strafandrohung und die Möglichkeit der Strafe weiter bestehen, bringt das alte Furchtbare Segen und garantiert ein geordnetes Zusammenleben der Menschen in einer Gesellschaft.

Sophokles: *Antigone*

Weniger offensichtlich, als dies bei Aischylos der Fall ist, und dementsprechend in der Forschung heftig umstritten ist der politische Gehalt der sophokleischen Tragödien. Das Paradebeispiel ist die *Antigone*. Viele Interpreten sahen, beeinflußt durch Hegels in der *Ästhetik* gegebene Deutung des Stücks, in der Konfrontation von Kreon und Antigone ein Aufeinanderprallen von zwei konträr entgegengesetzten, aber trotzdem gleichberechtigten Positionen, einen Konflikt zwischen Staatsinteresse und positivem Recht, dem Bestattungsverbot für Landesverräter, das Kreon vertrete, und den von Antigone hochgehaltenen, ungeschriebenen Gesetzen, der Pflicht der Familie, ihre Toten zu bestatten. Eine positive Wertung von Kreons Verhalten scheidet jedoch im Wahrnehmungshorizont eines Zuschauers des 5. Jahrhunderts v. Chr. vollkommen aus.

Kreon verwendet in seinen großen Reden, der »Staatsrede« bei seinem ersten Auftritt, in dem er dem Chor, auserwählten thebanischen Bürgern, seine Regierungsmaximen verkündet (162–210), und seiner »Familienrede«, in der er seinem Sohn Haimon seine Auffassung des Verhältnisses zwischen Vater und Sohn darlegt (638–680), Schlagworte, die eindeutig undemokratisch klingen müssen. In der Staatsrede stehen wiederholt zwei unvereinbare Begriffsfelder einander gegenüber: Polis, Staat, (162, 167, 178, 191) und Nomos, Gesetz, (177, 191) einerseits sind für jeden Zuschauer mit dem demokratischen Athen und mit den von der demokratischen Volksversammlung erlassenen Gesetzen verbunden. Kreon gebärdet sich jedoch andererseits als Tyrann, der nicht das ganze Volk, sondern eine ihm genehme, auserwählte Gruppe einberuft (164), der alle Macht im Staate innehat (173) und Gesetze selbst erläßt (191). Seine Aufforderung, die Mitbürger zu bespitzeln (180 f.), steht in krassem Widerspruch zu demokratischen Verhaltensweisen, wie sie modellhaft der Politiker Perikles im Geschichtswerk des Thukydides formuliert (2, 37). Überall wittert Kreon Verrat aus Habgier; die einzige Rettung sieht er in striktem Gehorsam und Unterordnung (676), da sonst Anarchie drohe (672). Sein persönliches Scheitern am Ende der Tragödie, seine Einsamkeit nach dem Verlust der Frau und des Sohnes sind auch Ausdruck einer fehlgeschlagenen Politik.

Die Krise der Polis im Spiegel der Tragödie (Euripides: *Orestes*; Sophokles: *Philoktet*)

Die letzten zehn Jahre des Peloponnesischen Krieges waren in Athen durch zunehmende innenpolitische Spannungen geprägt. Das im Jahre 415 unter großen Erwartungen und höchster Zustimmung des Volkes unternommene militärische Unternehmen gegen Syrakus (die sogenannte Sizilische Expedition) endete mit einer katastrophalen Niederlage des athenischen Heeres auf Sizilien. Die Flotte, Athens Stolz und Basis seiner Macht und Größe, war zerstört, die Feldherrn getötet; die Truppen waren aufgerieben oder mußten als Kriegsgefangene Sklavendienste leisten. Die Schuld an dem militärischen Debakel gab man der radikalen Demokratie. Um für die Zukunft zu verhindern, daß ähnliche, für die Stadt ruinöse Anträge in der Volksversammlung gestellt werden konnten, führte man das Gremium der Probulen (»Vorberater«) ein, zu denen auch Sophokles gehörte. Ihre Aufgabe bestand darin, Anträge, die in der Volksversammlung eingebracht werden sollten, im voraus zu beraten und sie eventuell zurückzuweisen. Die Einschränkung der radikalen Demokratie bereitete das Terrain für oligarchische Umtriebe, die im Jahre 411 in einem schon länger geplanten Putsch gipfelten. Die 400 oligarchischen Putschisten, die in politischen Clubs, in Hetairien, den Staatsstreich durch Einschüchterung der Bevölkerung systematisch vorbereitet hatten, konnten sich jedoch nur kurze Zeit an der Macht halten; schon bald nach dem Umsturz wurden sie von gemäßigten Kräften abgelöst, der Verfassung der 5000, die sich nicht auf die gesamte Bürgerschaft, sondern nur auf 5000 ausgewählte Athener stützte und die ihrerseits wieder den radikalen Demokraten Platz machen mußte. Die Folge dieser innenpolitischen Krisensituation war eine völlige Verunsicherung der Bürger und ein Verlust der bisher gültigen sozialen Normen und Regeln des Zusammenlebens, da keiner wissen konnte, mit welcher Seite es ein anderer gerade hielt. Gleichzeitig war die politische Krise der geeignete Nährboden für skrupellose Karriere- und Machtpolitiker wie Phrynichos, Theramenes und insbesondere Alkibiades.

Gerade Perikles' Neffe Alkibiades (ca. 450–404) ist der Prototyp der neuen Politikergeneration: Aus altem Adel stammend, bediente er sich der demokratischen Institutionen, um seine eigene Karriere als Politiker voranzutreiben. Nicht das Wohlergehen des Volkes stand im Mittelpunkt seines Denkens, sondern sein Glanz und sein Ansehen. Auf sein Betreiben faßte die athenische Volksversammlung den verhängnisvollen Beschluß, die Flotte nach Sizilien zu schicken. Da Alkibiades aber eine undurchsichtige Rolle im sogenannten Hermokopidenfrevel – in einer Nacht wurden alle dem Gott Hermes heiligen Statuen in Athen verstümmelt – und bei der Profanierung der Mysterien gespielt hatte, wurde er seines Kommandos enthoben und nach Athen zurückbeordert. Er setzte sich jedoch nach Sparta ab, um von dort aus seiner Heimatstadt nach besten Kräften zu schaden. So riet er dazu, die attische Grenzfestung Dekeleia zu besetzen, was den Spartanern die Möglichkeit bot, ganz Attika zu kontrollieren. Als ihm in Sparta der Boden zu heiß wurde, begab er sich an den Hof des persischen Statthalters Tissaphernes nach Sardeis. Von dort nahm er 412/411 Verbindung mit den athenischen Oligarchen auf. Da diese ihm jedoch nicht die Stellung einräumten, die ihm vorschwebte, schloß er sich am Ende wieder den athenischen Demokraten an.

Der Chronist des Peloponnesischen Krieges, der Historiker Thukydides, gibt in seinem Geschichtswerk an mehreren Stellen eine Analyse der Verwilderung der politischen Sitten und der Umwertung der Werte und Normen, wie sie der Bürgerkrieg hervorbrachte. Die zentrale Stelle ist sicherlich die sogenannte Pathologie (3, 82), die Analyse der Folgen der Bürgerkriegswirren für das Zusammenleben der Menschen. Der Krieg zerrüttet, so die pessimistische Sicht des Thukydides, jede religiöse Scheu; er löst die Normen und Regeln des gesellschaftlichen Lebens auf – vor allem, wenn er von weiterem Druck wie der Pest begleitet ist. Unter dem Lack der Zivilisation bricht das Tierische, Ungezügelte in der menschlichen Natur durch. Zentral ist für Thukydides der Bereich des Menschlichen, des *anthrópinon*, und damit die Frage: Wie verhält sich der Mensch in ausweglosen Lagen? Immer wieder gibt Thukydides Fallbeispiele für menschliches Verhalten in Krisensituationen, das dem in der Pathologie entwickelten Modell entspricht.

Die politische Krisensituation wird in zwei Tragödien, die unmittelbar nach dem oligarchischen Putsch entstanden sind, im 408 aufgeführten *Orestes* des Euripides und in dem ein Jahr zuvor inszenierten *Philoktetes* des Sophokles, in unterschiedlicher Weise verarbeitet. Der *Orestes* ist die Fortsetzung der wohl wenige Jahre zuvor entstandenen *Elektra* des Euripides. Das Stück spielt sechs Tage nach der Ermordung des Aigisthos und der Klytaimestra. Orest ist unter der Last des Muttermordes endgültig zusammengebrochen. In Halluzinationen sieht er sich von den Erinnyen verfolgt, die ihn wegen der Bluttat an der Mutter peinigen. An diesem sechsten Tag nach dem Mord sollen die Bürger von Argos darüber abstimmen, was mit den Geschwistern, Orest und Elektra, geschehen soll. Die einzige Hoffnung, die ihnen noch bleibt, ist ihr Onkel Menelaos, dessen Rückkehr gerade erfolgt ist. Orest bestürmt ihn, ihm und seiner Schwester beizustehen (356 ff.). Doch Tyndareos, Klytaimestras und Helenas Vater, unterbricht das Gespräch und verflucht seinen Enkel, den Mörder seiner Tochter (470 ff.). Menelaos hält sich bedeckt. Geschickt vermeidet er es, Orest seine Hilfe zuzusagen. Er sucht Ausflüchte und erklärt schließlich nichtssagend und vage, daß er in der Volksversammlung ein gutes Wort für den Neffen einlegen werde. In dieser höchsten Not eilt Pylades, der Sohn von Orests Ziehvater Strophios, herbei, um seinem Freund beizustehen (729 ff.). Durch die unerwartete Hilfe gestärkt, beschließt Orest, nicht tatenlos die Entscheidung der Volksversammlung abzuwarten, sondern seine Sache selbst vor den Argivern zu vertreten, ohne jedoch einen Freispruch zu erreichen (852 ff.): Die Argiver verhängen über die Geschwister das Todesurteil.

In die Enge getrieben, steigern sich Elektra und Orest in grausame Rachephantasien hinein: Sie wollen nicht sterben, ohne zuvor an Menelaos, von dem sie sich verraten fühlen, Rache genommen zu haben. Unter dem Vorwand, Helena um ihr Leben zu bitten, wollen sie sich Einlaß in den Palast verschaffen und dann die Frau des Menelaos ermorden. Bei der Planung der Intrige sieht Elektra plötzlich eine Möglichkeit, die Rache mit der Rettung ihres Lebens zu verbinden. Hermione, die Tochter des Menelaos und der Helena, soll als Geisel genommen werden. Unverzüglich gehen Orest und Pylades in den Palast, Elektra und die Frauen, die den Chor bilden, sollen draußen Posten stehen. Unvermutet erscheint Hermione (1323). Elektra umgarnt sie mit freundlichen Worten und lockt sie in den Palast, wo sie von Orest und Pylades überwältigt wird. Völlig außer sich berichtet ein Sklave des Menelaos in einer exaltierten Arie (1369 ff.) den wartenden Frauen von den Ereignissen im Palast: Von Orest und Pylades bedroht, sei Helena plötzlich durch göttliche Einwirkung gerettet und entrückt worden. Hermione jedoch befinde sich in der Hand der Erpresser. Von der Geiselnahme in Kenntnis gesetzt, eilt Menelaos herbei, um das Leben seiner Tochter zu retten (1554 ff.). Er ist bereit, in allen Punkten nachzugeben und auf die Forderungen der Geiselnehmer einzugehen. Doch unerbittlich droht Orest, Hermione zu töten, ja er gibt sogar den Befehl, den Palast in Brand zu setzen. In dieser auswegflosen Situation erscheint Apollon als *deus ex machina*, um die verworrenen Verhältnisse zu ordnen: Er habe Helena vor dem sicheren Tod durch Orests Hand gerettet und sie an den Himmel versetzt. Orest solle ein Jahr außer Landes wohnen und sich dann nach Athen begeben, wo er von dem Muttermord entsühnt werde. Danach solle er Hermione, die er gerade noch mit dem Tod bedrohte, zur Frau nehmen, Pylades dagegen Elektra heiraten. So endet die Handlung, die mit Mord und Totschlag, vor allem mit dem Tod einer völlig unschuldigen Geisel zu enden drohte, mit dem schönsten, wohl erklärungsbedürftigen *happy end*.

Die Struktur der Tragödie ist durch zwei Tendenzen gekennzeichnet: Der erste Teil ist geprägt von immer größerer Sympathie, die der Zuschauer mit Elektra und Orest empfindet. Eine Hoffnung nach der anderen wird zunichte gemacht, mit Ausnahme des Pylades bleiben ihnen keine Freunde mehr. Die Sympathie mit den Geschwistern, die Euripides am Anfang des Stückes aufgebaut hat, läßt er im zweiten Teil immer mehr verblassen: Planen sie doch die Ermordung unschuldiger Frauen (Helena, Hermione), und genießt doch Orest seine Überlegenheit gegenüber Menelaos genauso, wie dies Menelaos im ersten Teil ihm gegenüber getan hat. All dies – sowohl die Charakterisierung der handelnden Personen wie auch das überraschende Ende – läßt sich erklären, wenn man das Stück aus der Zeit seiner Aufführung heraus zu interpretieren versucht. Zunächst sticht ins Auge, daß Orest, Elektra und Pylades, als sie sich in höchster Lebensgefahr befinden, ganz wie es im politischen Leben der Jahre nach 415 in Athen üblich war, einen Geheimbund bilden, den sie selbst mit dem aktuellen politischen Schlagwort, wie wir es bei Thukydides und in anderen Texten der Epoche finden, bezeichnen, mit *Hetairía* (804, 1072, 1079). Ganz der Analyse der thukydideischen Pathologie (3, 82) entsprechend schrecken sie bei der Durchsetzung ihrer Pläne vor nichts zurück. Den geplanten Meuchelmord Helenas und die Geiselnahme Hermiones deklarieren sie als heroische Tat. Ihnen ist der machtgierige und verschlagene Menelaos entgegengestellt, der nur seinen eigenen Vorteil im Auge hat. Er erweist sich als gelehriger Schüler der Sophisten, der einen genauen Blick für das Machbare hat. Solange er sich als der

Überlegene fühlt, versagt er Orest und Elektra ohne Rücksicht auf familiäre Bande jegliche Unterstützung. Als dagegen Orest sich mit Hermione als Geisel in der besseren Position befindet, gesteht er sich zähneknirschend ein, daß die Machtverhältnisse sich geändert haben und er im Moment nichts erreichen kann.

Doch warum gibt Orest, obwohl er sein Ziel erreicht und den verhaßten Menelaos in die Knie gezwungen hat, den Befehl, den Palast in Brand zu stecken? Warum gefährdet er trotz seines Erfolges sein Leben und das seiner Geisel Hermione? Die Antwort auf diese Frage findet sich wiederum in der Pathologie des Thukydides: Im Bürgerkrieg auf Kerkyra (Korfu) gewann die Gewalt eine derartige Eigendynamik und entglitt derart jeglicher Kontrolle derer, die sie ausgelöst hatten, daß es am Ende mehr wert war, am anderen Rache zu nehmen und dabei selbst ums Leben zu kommen, als selbst verschont zu bleiben und zu überleben. An diesem Punkt im Stück des Euripides angelangt, würde das menschliche Handeln aufgrund von Haß und Brutalität im Chaos enden. Doch Euripides kann nach den Konventionen des attischen Theaters das Stück nicht so enden lassen; er würde damit den vom Mythos vorgegebenen Ausgang zu sehr mißachten (s. o. S. 117). Also läßt er in der Schlußszene den Gott Apollon als *deus ex machina* erscheinen, der kurzerhand – gleichsam *ex cathedra* – die Handlung in die vom Mythos vorgeschriebene Bahn zurücklenkt und groteskerweise Hermione, die gerade noch von Orest mit dem Tod bedroht wurde, mit ihrem Geiselnehmer verheiratet. Ohne Zweifel wirkt dieser Schluß aufgesetzt, ohne Zweifel ist er einer der Fälle, in denen sich, wie es Aristoteles in seiner *Poetik* (c. 15, 1454 a37 ff.) kritisiert, die Lösung der Handlungsfäden nicht aus dem Stück selbst, nicht aus der logischen Entwicklung der Handlung ergibt, sondern von außen eingebracht wird. Doch gerade die künstlich wirkende Schlußszene des *Orestes* ist als ein deutliches Interpretationssignal zu verstehen. Den Zuschauern wird damit klar gemacht, daß solch ein glücklicher Ausgang, wie sie ihn gerade im Theater erleben, nur im Spiel, nur auf der Bühne möglich ist, nicht aber in der Realität des Alltags, in die kein Gott als Retter eingreift, sondern alles in Brutalität und Gewalt endet.

Dieser pessimistischen Sicht des Euripides soll nun eine andere, positive Deutung der Gegenwart der Jahre nach 411 entgegengestellt werden, wie sie im 409 aufgeführten *Philoktetes* des Sophokles sichtbar wird – positiver insofern, als der Tragiker im Spiegel des Mythos Lösungsmöglichkeiten, Wege aus der durch den oligarchischen Putsch ausgelösten Krise der Polis aufzuzeigen versucht. Der Stoff der Tragödie entstammt dem trojanischen Sagenkreis. Auf der Fahrt des griechischen Heeres nach Troja wird Philoktet auf der Insel Chryse von einer Schlange gebissen. Der Gestank, den die schwärende Wunde verbreitet, belästigt die Griechen derart, daß sie auf Anraten des Odysseus den Kranken auf der menschenleeren Insel Lemnos aussetzen. (In diesem Fall läßt sich sehr schön nachweisen, wie durch eine kleine Änderung am Mythos eine völlig andere inhaltliche Gewichtung zustande kommt. Aus dem Vergleich der Philoktet-Stücke der drei Tragiker Aischylos, Sophokles und Euripides, die der kaiserzeitliche Rhetor Dion Chrysostomos [ca. 40–120 n. Chr.] vornimmt [*Rede* 52], wird deutlich, daß die beiden anderen Tragiker, deren Philoktet-Bearbeitungen nur fragmentarisch erhalten sind, Lemnos nicht zu einer menschenleeren Insel machten, ihren Helden also nicht in völliger Isolation dahinvegetieren ließen.) Vor Troja erhalten die Griechen im zehnten Kriegsjahr von dem trojanischen Seher Helenos die Weissagung, daß nur mit dem Bogen des Herakles und dessen Besitzer Philoktet sowie durch Hilfe des Achilleus-Sohnes Neoptolemos die Stadt eingenommen werden könne. So fassen sie den Entschluß, eine Gesandtschaft unter der Leitung des Odysseus und des Neoptolemos nach Lemnos zu schicken, um Philoktet dazu zu bewegen, mit ihnen nach Troja zu segeln.

Schon die Grundkonstellation des Mythos offenbart die politische Brisanz, die in ihm stecken kann: Die Gesellschaft, in diesem Fall das griechische Heer, benötigt, um zu überleben, dringend die Hilfe einer Person, die von dem Gemeinwesen vor Jahren größtes Unrecht erlitten hat. Unterhändler sollen versuchen, diese Person dazu zu bewegen, in die Gesellschaft zurückzukehren, sich also resozialisieren zu lassen. Zwei Köder sind mit dem Ansinnen verbunden: einerseits die Aussicht auf Ruhm und Ehre, andererseits das Versprechen, von der schweren Krankheit geheilt zu werden. Ständig präsent ist zudem die Möglichkeit, nach den Jahren völliger

Isolierung in die menschliche Gesellschaft zurückzukehren. Verbitterung und Haß sitzen jedoch bei dem einst Ausgestoßenen zu tief, als daß er sich dazu bewegen lassen würde, sich wieder in die Gesellschaft integrieren zu lassen.

Es liegt also die Grundkonstellation »Kollektiv – Individuum«, »Forderungen des Kollektivs an den einzelnen und Verweigerung des einzelnen dem Kollektiv gegenüber« vor. Problematisiert wird diese Grundkonstellation durch die Tatsache, daß einerseits dem Individuum, Philoktet, von der Gesellschaft und ihren Repräsentanten unbestreitbar Unrecht angetan wurde, daß aber andererseits der Anspruch der Gesellschaft auf Philoktets Hilfe nicht unberechtigt erscheint. Müßten doch im Falle einer Verweigerung des Philoktet wegen des lange zurückliegenden Unrechts, das nur wenige begangen haben, nun alle Griechen leiden. Dramatisiert wird die Grundsituation durch das Unterhändlerpaar: durch Odysseus, den Vertreter der alten Generation, die Philoktet Unrecht tat, und Neoptolemos, den Repräsentanten der jungen, am Unrecht unbeteiligten, wohl aber unter Philoktets Weigerung leidenden Generation. Odysseus als der Kopf des Unternehmens entpuppt sich – wie Menelaos im *Orestes* – als reiner Sophist: Gerechtigkeit, anständiges Verhalten, Ehrlichkeit sind für ihn keine Werte, alles ist relativ, dem Zwang der augenblicklichen Lage unterworfen. Odysseus will sich des jungen Neoptolemos als Instrument in einer von ihm entworfenen Intrige bedienen: Als Sohn des Achilleus werde ihm Philoktet sicherlich Vertrauen schenken. So solle Neoptolemos Philoktet vorspiegeln, ihn von Lemnos nach Hause zu bringen; tatsächlich aber wollen sie ihn nach Troja entführen. Neoptolemos weigert sich zunächst, sich auf das Intrigenspiel einzulassen. Doch Werte wie Gerechtigkeit und Ehrlichkeit, auf die sich der Sohn des Achill zu Beginn des Stückes emphatisch beruft, sind nicht gefestigt; sie werden von ihm unreflektiert im Munde geführt. So ist es kein Wunder, daß er sich von Odysseus ohne größere Schwierigkeiten, allein durch die Aussicht auf den künftigen Ruhm, für das Täuschungsmanöver gewinnen läßt. Philoktet schließlich ist der Vertreter der vorsophistischen Generation, der sich in der zehnjährigen Isolierung sein Wertesystem intakt gehalten hat. Der modernen sophistischen Auslegung der Werte und Normen durch Odysseus stellt Philoktet seine traditionelle Deutung entgegen: Für ihn sind Begriffe wie Gerechtigkeit unumstößliche, von den Göttern gegebene Normen, die die Menschen zu respektieren haben. Er kann aufgrund seiner Denkweise gar nicht auf den Gedanken kommen, daß ihn Neoptolemos, der Sohn des großen Achill, hintergehen könnte. Ganz im Gegensatz zu dem jungen Neoptolemos ist er unerschütterlich; er ist immun gegen die Aussicht auf Ruhm und Heilung. Da ihm einst Unrecht getan wurde, bleibt er hart in seinem Haß gegen Odysseus und die Heerführer.

Dem *Philoktes* des Sophokles liegt die dramatische Situation zugrunde, daß zwischen zwei alten, in ihren Meinungen und Urteilen festgelegten Männern, Odysseus und Philoktet, eine jugendliche, schwankende Person steht: Neoptolemos, der noch formbar ist und der sich eben aufgrund seines noch nicht fest gefügten Charakters entscheiden muß, wem er sich anschließen soll (895, 974). Das Wesentliche ist, daß sich in dieser tragischen Entscheidungssituation die noch formbare Persönlichkeit zu ihrer wahren Natur *(phýsis)* und zu den traditionellen Werten bekennt. Das Mitleid mit Philoktet bringt Neoptolemos dazu, die Normen, die er bisher nur unreflektiert als bloße Floskeln im Mund geführt hat, mit Leben zu füllen. So entscheidet sich Neoptolemos, Philoktet gegen den Widerstand des Odysseus in die Heimat zu bringen, also zu seinem Wort zu stehen. Auch im Stück des Sophokles droht also – ganz dem euripideischen *Orestes* vergleichbar – die Handlung die vom Mythos festgelegte Bahn zu verlassen: Will doch Neoptolemos mit Philoktet nicht nach Troja fahren, und würde doch damit die Eroberung Trojas durch die Griechen vereitelt! Und auch hier benutzt der Dichter das Hilfsmittel des *deus ex machina*: Herakles erscheint und befiehlt Philoktet, sich Neoptolemos anzuvertrauen und mit ihm nach Troja zu segeln.

Dieser Schluß läßt zwei Interpretationen zu – eine pessimistische und eine optimistische. Wenn man der pessimistischen Deutung folgen will, würde das Ende des *Philoktetes* enge Berührungspunkte mit dem Schluß des *Orestes* aufweisen: Durch menschlichen Eigensinn und menschliche Hybris, die sich anmaßt, den Lauf des göttlichen Schicksals ändern zu wollen, wird Trojas Fall verhindert. Neoptolemos fährt mit Philoktet nach Hause, die Grie chen müßten weitere Jahre sinnlos vor Troja leiden. Eher der konservativ-religiösen Weltsicht des Sophokles zu entsprechen scheint jedoch eine optimistische Deutung der *deus ex machina*-Szene, nach der die Entscheidung des Neoptolemos, zu seinem Wort zu stehen und sich gegen die sophistische Intrige des Odysseus auszusprechen, in der Schlußszene der Tragödie göttlich sanktioniert wird. Herakles erscheint als *deus ex machina*, um höchstpersönlich Philoktet den Befehl zu geben, mit Neoptolemos nach Troja zu fahren. So schlägt letzten Endes wider Erwarten und ganz entgegen den düsteren Voraussagen des Odysseus die Entscheidung des Neoptolemos zum Wohl der Allgemeinheit aus. Das bedeutet wiederum, daß es nicht darum geht, die traditionellen Normen und Werte wie Ehrlichkeit, Gerechtigkeit und Ehre als politische Schlagworte im Mund zu führen, wie es Neoptolemos noch zu Beginn des Stückes tut und wie es die sophistisch beeinflußten politischen Kreise Athens in der Krisenzeit der Polis zu tun pflegten. Denn dann besteht die Gefahr, daß man diese Worte unter dem Einfluß einer raffinierten Rhetorik, wie sie Odysseus praktiziert, ohne weiteres über Bord wirft. Vielmehr sollen diese Normen, die die Basis für das Zusammenleben in der Polis sind, reflektiert verwendet und wieder mit Leben erfüllt werden.

Die Kraft, die die traditionellen Normen als Basis des gesellschaftlichen Zusammenlebens wieder mit Leben zu füllen vermag und sie zum Nutzen der Allgemeinheit, der Polis, anwenden soll, ist die Jugend, im sophokleischen Stück durch Neoptolemos vertreten. Sie muß lernen, die Werte und Traditionen, die die Grundlagen der demokratischen Polis bilden, neu zu verstehen, zu akzeptieren und im täglichen Leben zu praktizieren. Dieser Lichtblick fehlt im *Orestes* des Euripides. Die Jugend, bei Euripides durch Orest, Elektra und Pylades vertreten, ist genauso wie die Alten, Menelaos und Tyndareos, von denselben brutalen, egoistischen Trieben geleitet. Normen und Werte gelten nur, solange sie Vorteile bringen können, sie sind bloße Schlagworte und Argumentationsstützen, aber keine Lebenshilfe.

In der modernen Adaptation des Philoktet-Stoffes durch Heiner Müller (1968) fehlt der versöhnliche Schluß des sophokleischen Stückes: Neoptolemos stößt Philoktet das Schwert in den Rücken.

Indem Müller das Drama mit Philoktets Tod enden läßt, gewinnen die Positionen und Haltungen, die Odysseus, Neoptolemos und Philoktet vertreten und wie sie auch schon in Sophokles' Tragödie angelegt sind, um so schärfere Konturen: Odysseus als skrupelloser, Menschen mißbrauchender und verlogener Machtpolitiker, Neoptolemos als noch ungeformter Jugendlicher, der sich von anderen in seinen Entscheidungen beeinflussen läßt, und Philoktet als ein Mensch, der sich seiner gesellschaftlichen Verantwortung durch ständigen Hinweis auf seine Verwundung und seine Behinderung entzieht.

Der Krieg im Spiegel des tragischen Mythos

Wie die spannungsreiche innenpolitische Situation in Athen nach 415 den Inhalt der Dramenproduktion wesentlich prägte, hinterließ auch der sich verschärfende Krieg mit Sparta seine Spuren in den Tragödien dieser Jahre, vor allem im Werk des Euripides. Es ist auffallend, daß Euripides in vielen Stücken aus der Zeit des Peloponnesischen Krieges in den Gestalten und der Deutung des Mythos Ängste, Sorgen und Stimmungen der unter dem Krieg immer mehr leidenden Bürger auf die Bühne brachte. Zu nennen sind die noch in der ersten Phase des Krieges entstandene *Hekabe* (zwanziger Jahre) und *Die Troerinnen* (415). In beiden Stücken wird der große Krieg des Mythos, der Trojanische Krieg, zum Spiegel des großen Krieges der Gegenwart, des Peloponnesischen Krieges. Wie Aischylos in den *Persern* des Jahres 472 führt Euripides in beiden Dramen die verheerenden Folgen einer totalen militärischen Niederlage aus der Sicht der Unterlegenen vor. Dies ist um so bemerkenswerter, als die *Troerinnen* im Jahre 415 aufgeführt wurden, in einer Zeit höchster Euphorie und Kriegsbegeisterung in Athen, zu Beginn der unter großen Hoffnungen unternommenen Sizilischen Expedition (s. o. S. 130 f.).

Zunächst einige Worte zur *Hekabe*: Hekabe, die Frau des trojanischen Königs Priamos, die aus der Höhe ihrer königlichen Macht in die Tiefe des Sklavendaseins als Kriegsgefangene gestürzt ist, wird ihrer letzten Hoffnung beraubt. Die sinnlose Grausamkeit der Sieger nimmt ihr die jüngste Tochter Polyxena und den Enkel, Hektors Sohn Astyanax. Die Habgier eines vermeintlichen Freundes, des thrakischen Fürsten Polymestor, entreißt ihr den jüngsten Sohn, Polydoros. Allein, verzweifelt und ohne jede Zuversicht, nur das Leben als Sklavin des verhaßten Griechen Odysseus vor Augen, wird sie selbst zur Bestie und nimmt grausame Rache am Mörder ihres Sohnes Polymestor. Sinnfälliger Ausdruck ihrer Wandlung zur Unmenschlichkeit durch die Grausamkeit der anderen ist ihre Metamorphose in eine Hündin.

Wie in der *Hekabe* wird auch in den *Troerinnen* der Sturz aus den Höhen der Macht exemplarisch in einer Reihe von Szenen an den Frauen des trojanischen Herrscherhauses, der Königin Hekabe, ihren Töchtern, der Seherin Kassandra und Polyxena, an Hektors Frau Andromache und Hektors Sohn Astyanax vorgeführt. Doch auch der Sieger wird sich seines Erfolges nicht erfreuen. Bereits im Prolog der Tragödie, im Gespräch zwischen den Göttern Poseidon und Athena, wird vorausgesagt, daß die Griechen, da sie sich im Siegesrausch zu Freveln haben hinreißen lassen, auf der Heimfahrt von Unwettern heimgesucht werden. Kassandra sieht in einer Vision das Unheil voraus, das sie über den siegreichen Feldherrn Agamemnon bringen wird, der zu Hause im Bade von seiner eigenen Frau und deren Geliebten, von Klytaimestra und Aigisth, erschlagen wird. Der Krieg kennt keine Gewinner, Verlierer wie Sieger werden zugrunde gehen. Und es gibt keine moralischen Argumente, die Krieg, Tod und Leid rechtfertigen könnten.

Dies kommt in den um 410 aufgeführten *Phönizierinnen* deutlich zum Ausdruck, in denen Euripides Aischylos' *Sieben gegen Theben* wiederaufnimmt. Daß es Euripides darauf ankam, seinem Publikum eine Deutung der zeitgenössischen politischen Situation im Spiegel des Mythos zu geben, wird vor allem durch drei einschneidende Änderungen unterstrichen, die er gegenüber dem aischyleischen Stück vornahm. Bei Euripides erhält der angreifende Bruder Polyneikes – entgegen der Bedeutung seines Namens (»Haderreich«) und gegen die literarische Tradition – zunächst eine Aufwertung, die später jedoch wieder relativiert wird. Zwar wird sein Verhalten, die Heimat anzugreifen, nicht gutgeheißen, wohl aber wird unterstrichen, daß er nicht aus reiner Bösartigkeit den Angriff unternimmt, sondern weil er von seinem Bruder um sein Recht betrogen wurde. Die beiden Söhne des Oidipus hatten nämlich vereinbart, nachdem ihr Vater die Macht niedergelegt hatte, Theben im jährlichen Wechsel zu regieren; nach dem ersten Jahr jedoch weigerte sich Eteokles (»der wahrhaft Berühmte«), seinem Bruder Platz zu machen. Allerdings ist auch Polyneikes von einem sein ganzes Denken und Handeln beherrschenden Trieb beseelt: die ihm widerrechtlich vorenthaltene Macht zu erringen. Und um dieses Ziel zu erreichen, ist ihm jedes Mittel recht, selbst wenn es zum Untergang des Vaterlandes führen sollte. Eteokles ist gegenüber dem aischyleischen Stück abgewertet: Von dem edlen Vaterlandsverteidiger bei Aischylos ist er zum zynischen, skrupellosen Machtpolitiker geworden, der sich – auch er ganz Sophistenschüler wie Menelaos im *Orestes* – auf die Kunst der Rede versteht und mit Vehemenz das Recht des Stärkeren vertritt, wie es in der gleichzeitig geführten philosophischen Diskussion Antiphon, Thrasymachos im platonischen *Staat* oder Kallikles im *Gorgias* tun. Beiden Brüdern – Eteokles wie Polyneikes – ist in ihrem Handeln und Planen gemeinsam, daß sie die Politik und – als letztes Mittel dieser Art von Politik – den Krieg allein dafür einsetzen, ihre egoistischen Interessen durchzusetzen. Es geht ihnen beiden allein um ihr Ansehen *(timé)*, ihr Handeln ist getrieben von dem Streben nach Ehre *(philotimía)*, ihr Ziel allein die Machterringung und der Machterhalt, und dies um jeden Preis und unter jedem Opfer an Menschenleben. Ganz der Analyse des Historikers Thukydides entsprechend (3, 82), werden die, die zwischen den Fronten stehen, die Gemäßigten und Vernünftigen, zum Opfer der Auseinandersetzung: in erster Linie Iokaste und Antigone, jedoch auch die Verbündeten und Soldaten auf beiden Seiten, deren Tod in grotesk-grausamen Schilderungen berichtet wird (1090ff.).

Die zweite gravierende Änderung des Euripides gegenüber Aischylos besteht darin, daß in den *Phönizierinnen* Iokaste noch am Leben ist. Sie unternimmt bei Euripides den Versuch, die verfeindeten Brüder zu versöhnen, die jedoch taub für die Stimme der Vernunft und für den Appell an das Verwandtschaftsgefühl sind

(446 ff.). Da im Ringen um die Vernunft zwischen der Mutter und ihren Söhnen deutlich – wie oft bei Euripides – die zeitgenössischen politischen Slogans mitklingen, kann man in dieser Personenkonstellation die Niederlage der vernünftigen Stimmen in der radikalen innenpolitischen Auseinandersetzung widergespiegelt sehen.

Die letzte wichtige Neuerung besteht in dem freiwilligen Opfertod, den der junge Menoikeus, Kreons Sohn, für die Stadt und das Leben der Bürger auf sich nimmt (1067 ff.). Der Seher Teiresias hatte verkündigt, daß allein die Opferung des jungen Menoikeus die Stadt vor dem Schlimmsten bewahren könnte (834 ff.). Menoikeus ist als eindeutiges Gegenbild zu den machtbesessenen Brüdern und auch zu seinem taktierenden Vater Kreon geschaffen – als ein Lichtblick in dem sonst so düsteren Gemälde. Für ihn ist das Vaterland ein Wert, für den es sich zu opfern lohnt, kein Besitztum, als das es seine Vettern Eteokles und Polyneikes ansehen. Gerade im Bericht des Boten, der den Haß der beiden Brüder aufeinander bis zu ihrem grausamen Tod eindrücklich herausstellt (1067 ff.), wird ganz deutlich, daß die Rettung der Stadt nicht durch das heldenhafte Handeln des Eteokles zustande kommt, sondern durch die ohne große Worte vollzogene Selbstaufopferung des jungen Menoikeus. Das Bild, das Euripides im Spiegel des Mythos von der Situation in Athen gegen Ende des Peloponnesischen Krieges zeichnet, ist düster, noch düsterer wird es im wenig später aufgeführten *Orestes* (s. o. S. 132 ff.). Und so ist es vielleicht nicht erstaunlich, daß der Dichter im Jahr des Aufführung des *Orestes* seiner Heimatstadt enttäuscht und verbittert den Rücken kehrte und sich auf Einladung des Makedonenkönigs Archelaos nach Pella begab.

Theorie und Praxis des Chores von der Antike bis in die Moderne

Eine Herausforderung für jede moderne Inszenierung einer griechischen Tragödie stellt für den Regisseur der Chor dar, jene Gruppe von Menschen, die bei Aischylos noch zwölf Mann umfaßte und von Sophokles auf 15 erhöht wurde. Die Herausforderung wird dadurch nicht geringer, daß der Chor und sein Verhältnis zur dramatischen Handlung die Dramentheorie seit Aristoteles und dann besonders wieder in der deutschen Klassik und Romantik bis hin zu Bertolt Brechts Überlegungen zum Verfremdungseffekt und zum epischen Theater bestimmten. Wie häufig in der Auseinandersetzung mit dem klassischen Drama Athens ist ein Diktum des Aristoteles – hier seine Äußerungen zur Verwendung des Chores im 18. Kapitel der *Poetik* – Ausgangspunkt für die späteren Diskussionen, die nicht selten den Blick auf die Praxis der Tragiker und auf die tatsächliche Verwendung des Chores zu verstellen drohen. Aristoteles fordert, daß man den Chor wie einen Schauspieler behandeln und daß er Teil des Handlungsganzen sein müsse – und zwar nicht wie Euripides, sondern wie Sophokles ihn eingesetzt habe. Auf vollkommene Ablehnung stoßen die Dichter, die den Chor Lieder singen lassen, die nichts mehr mit der Handlung des Stückes zu tun haben, sondern genausogut in ein anderes Stück übertragen werden könnten; Aristoteles nennt derartige Chorpartien, als deren Erfinder er Agathon (Ende 5. Jahrhundert) nennt, *embólima*, »Einschübe«.

Es muß festgehalten werden, daß Aristoteles keinerlei Aussagen über den Inhalt der Chorlieder macht, sondern sich lediglich dagegen wendet, den Chor handlungsunabhängige Lieder singen zu lassen, und fordert, daß die Rolle des Chores wie die der Schauspieler zur Konzeption des Stückes passen müsse. Festgehalten werden sollte ebenfalls, daß nach dem aristotelischen Diktum der Chor auch in den Tragödien des Euripides durchaus »Teil des Handlungsganzen« ist, daß der Philosoph jedoch der Art und Weise der sophokleischen Chorbehandlung den Vorzug gibt. Daß Aristoteles Aischylos in diesem Zusammenhang nicht nennt, mag damit zusammenhängen, daß in der aischyleischen Tragödie das lyrische, das heißt gesungene Element eine bedeutend wichtigere Stellung einnimmt als im Werk der beiden jüngeren Tragiker und Aristoteles der Vertonung der Tragödien, der *melopoiía*, keinen eigenen künstlerischen Wert zuspricht. Für ihn bemißt sich der Wert einer Tragödie nicht nach der Aufführung, nach der Choreographie, der Musik, dem Gesang und der Inszenierung, sondern einzig und allein nach der Konzeption des Stückes, nach seinem Inhalt, der sich ohne das störende Beiwerk des Theaters am besten in der Lektüre erschließen lasse (c. 6, 1450 b15–20).

Ein kurzer Blick auf die Art und Weise, wie die drei Tragiker den Chor in ihren Stücken einsetzen, bestätigt die knappe Analyse des Aristoteles: Die Bedeutung, die dem Chor in der Tragödie des Aischylos zukommt, wird vor allem auch dadurch deutlich, daß von den sieben erhaltenen Stücken vier nach dem Chor benannt sind *(Choëphoren / Die Weihgußträgerinnen; Eumeniden / Die wohlwollenden Göttinnen; Hiketiden / Die Bittflehenden; Perser)* und in den *Eumeniden* und den *Hiketiden* der Chor sogar als Protagonist agiert: In den *Eumeniden*, dem abschließenden Stück der *Orestie*, sind es die Rachegeister, die Erinnyen, die Orest wegen des Muttermordes peinigen, in den *Hiketiden* die Töchter des Danaos, die in Argos um Asyl bitten. Eine Hauptaufgabe der aischyleischen Chöre besteht darin, daß sie sich von der Reflexion über das Bühnengeschehen zu allgemeinen, vorwiegend theologischen Aussagen aufschwingen. Dies wird besonders deutlich in der Parodos des *Agamemnon*, der längsten zusammenhängenden Chorpartie der griechischen Tragödie (40–257); erzählende und reflektierende Partien gehen gleitend ineinander über. Die Erzählung der Vorgeschichte des Trojanischen Kriegs, der gegen das Gastrecht verstoßende frevlerische Raub Helenas durch den trojanischen Prinzen Paris und die Sammlung des griechischen Heeres im Hafen von Aulis unter der Führung der Atriden, von Menelaos, Helenas Ehemann, und seinem Bruder Agamemnon, wird jäh unterbrochen. Bevor der Chor die Opferung von Agamemnons Tochter Iphigenie berichtet, mit der der Heerführer die zürnende Göttin Artemis versöhnen will, die durch widrige Winde die Flotte im Hafen von Aulis zurückhält, stimmt er einen Hymnos auf Zeus an, in dem er die Grundzüge der aischyleischen Theologie darlegt, das Wechselspiel von menschlicher Anmaßung und göttlicher Strafe (s. o. S. 68 f.).

Aus diesem Chor der aischyleischen Tragödie, der die Handlung trägt, ja sogar vorantreibt, sie aber auch deutet und in allgemeine, theologische Zusammenhänge stellt, wird bei Sophokles eine Gruppe mit einem festumrissenen Charakter in der Rolle einer Nebenfigur, die nie aktiv die Bühnenhandlung beeinflußt. Im *Aias* sind es die Matrosen von Salamis, der Heimat des Protagonisten, in den *Trachinierinnen* und der *Elektra* Frauen, die Vertrauten von Deianeira und Elektra, in der *Antigone* und *König Oidipus* der thebanische Kronrat bzw. eine Gruppe von thebanischen Bügern, im *Philoktetes* die Odysseus und Neoptolemos begleitenden Matrosen und im *Oidipus auf Kolonos* die Bürger des attischen Demos Kolonos, wo Oidipus Asyl erhalten will. Wie in der aischyleischen Tragödie nehmen auch die Chöre des Sophokles das Bühnenspiel zum Anlaß, weitreichende Reflexionen anzustellen. Berühmtestes und häufig rezipiertes Beispiel ist das erste Stasimon der *Antigone* (332–383). Angeregt durch den Bericht des Wächters, der die gegen Kreons Gebot erfolgte rituelle Bestattung des Polyneikes gemeldet hat, setzt der Chor zu allgemeinen Gedanken über die positiven wie negativen Anlagen und Fähigkeiten des Menschen an. Eine Analyse der verschiedenen Übersetzungen allein der Eingangsverse des sophokleischen Stasimons würde Seiten füllen und eine interessante Fallstudie für die Rezeption der griechischen Tragödie und der Antike überhaupt in der europäischen Kulturgeschichte abgeben. Vor allem Hölderlins Übersetzung wirkte prägend (Bd. 3, S. 873):

»Ungeheuer ist viel. Doch nichts
Ungeheuerer, als der Mensch.«

Da der Chor jedoch gleichzeitig als *dramatis persona* in die Handlung eingebunden ist, also auch nicht über ein größeres Wissen als die übrigen Bühnenpersonen verfügt, kann es häufig zu einer Spannung zwischen den allgemeinen, die Handlung transzendierenden Aussagen des Chores und seinem eigentlichen Charakter kommen.

146

Sophokles läßt beispielsweise im *König Oidipus* den Chor unmittelbar vor der Katastrophe ein Freudenlied über die vermeintlich gute Wendung des Geschehens anstimmen (1086 ff.). Dieser doppelte Charakter sophokleischer Chöre stellt an den Zuschauer die Anforderung, den Inhalt der Chorlieder und Choräußerungen in ständigen Bezug zur Handlung zu setzen und sie in ihrer Aussagekraft und Relevanz für das Bühnengeschehen zu hinterfragen. Die herausragende, reflektierende und zur Reflexion anregende Rolle der Chorlieder wurde für den Zuschauer des 5. Jahrhunderts v. Chr. durch drei Elemente unterstrichen: durch die musikalische Form, durch die erhabene, sich von den gesprochenen Partien unterscheidende Sprache und durch den dorischen Kunstdialekt, in dem die Chorlieder im Unterschied zu den in normalem Attisch gehaltenen Sprechpartien verfaßt sind.

Noch weniger Anteil an der Handlung haben die Chöre der euripideischen Stücke. Die Anteilnahme der Chöre am Geschehen, die Betroffenheit durch das, was sich um sie herum ereignet, teilweise sogar ihretwegen geschieht, schlägt sich kaum in einer unmittelbaren Teilnahme an der Handlung nieder. Euripides führt sogar ganz bewußt Chöre ein, die mit der eigentlichen Bühnenhandlung nichts zu tun haben. In den *Phönizierinnen* kommt eine Gruppe phönizischer Mädchen aus Sidon, die zum Tempeldienst in Delphi bestimmt sind, nach Theben, das von dem Phönizier Kadmos gegründet worden war, und wird Zeuge des blutigen Bruderkampfes zwischen den Söhnen des Oidipus, Eteokles und Polyneikes. Als Außenstehende, die fern zurückliegende verwandtschaftliche Bande mit den Thebanern haben, können sie aus der Distanz der Unbeteiligten die Handlung gleichsam als Zuschauer betrachten. Vergleichbar ist der Chor in der *Iphigenie in Aulis*: Eine Gruppe von Frauen aus Chalkis auf Euböa kommt nach Aulis, wo das griechische Heer sich sammelt, um die berühmten Helden und Heerführer leibhaftig zu sehen, und erlebt nun, wie Agamemnon unter der Vorspiegelung, er wolle Iphigenie mit Achill verheiraten, seine Tochter nach Aulis lockt, um sie auf Geheiß des Sehers Kalchas der erzürnten Göttin Artemis zu opfern. Der Vergleich der Chöre der drei Tragiker zeigt deutlich, daß der Chor, je weniger er an der Handlung teilnimmt, desto mehr Raum für Reflexion und Verallgemeinerung erhält. Gerade das reflektierende Element der Chorpartien scheint ein Erbe der vordramatischen Zeit zu sein: Die Gegenwart – im Chorlied der festliche Anlaß, in der Tragödie das Bühnengeschehen – wird auf einer höheren Ebene bedacht und gedeutet.

Weniger die tatsächliche Verwendung des Chores in der klassischen Tragödie als die Chortheorie des Aristoteles sollte die weitere Entwicklung bestimmen. Die aristotelische Funktionsbestimmung des Chores, angereichert mit späterem, wohl aus dem Peripatos, der Schule des Aristoteles, stammenden Gedankengut, nimmt Horaz in der *Ars poetica (Dichtkunst)* auf (193–201):

»Der Chor soll die Rolle eines Schauspielers übernehmen und ganz seinen Mann stehen; und er soll nichts zwischen den Akten singen, was nicht dem Handlungsganzen dienlich ist und nicht dazu paßt. Er soll den Guten wohlwollend gesonnen sein und ihnen seinen freundlichen Rat geben, er mäßige die Erzürnten und soll die Verzagten gerne beruhigen; er lobe die Speisen eines einfachen Tisches, die Wohltaten der Gerechtigkeit, Gesetz und Frieden, der es überflüssig macht, die Tore zu verriegeln. Was ihm anvertraut wurde, behalte er für sich, er soll zu den Göttern beten und darum bitten, daß das Glück zu den Armen zurückkomme und sich von den Überheblichen zurückziehe.«

Zwar schließt sich Horaz der aristotelischen Weisung an, den Chor wie einen Schauspieler zu behandeln und ihn keine bloßen Intermezzi singen zu lassen. Im Gegensatz zu Aristoteles gibt er jedoch eine Reihe von Hinweisen zum Inhalt der Chorlieder: popularphilosophische Themen wie das Lob der Bescheidenheit, der Gerechtigkeit und des Friedens, dazu kommen Aufforderungen (Paränese), Hymnen und Gebete. Hinter dieser Liste steht unverkennbar das doppelte Wirkungsziel, das Horaz der Dichtung insgesamt zuschreibt: zu nützen oder zu erfreuen oder Angenehmes mit Nützlichem zu verbinden (*Ars poetica* 333 f.). Wie diese Forderung in Dramentexten umgesetzt wird, zeigen Senecas Tragödien. Häufig bietet die Handlung der Stücke nur den Ausgangspunkt für übergreifende, philosophische Reflexionen des Chores, häufig sind es Leitgedanken der stoischen Philosophie, die Seneca seine Chöre singen läßt und die seinen Tragödien einen betont didaktischen

Anstrich verleihen. Der Charakter des Chores bleibt dagegen eher vage, in die Handlung ist er kaum eingebunden, geschweige denn, daß er aktiv an ihr teilnähme. Um nur ein besonders auffallendes Beispiel anzuführen: Im *Thyestes* (336 ff.) reagiert der Chor mit wenigen Versen auf die Bühnenhandlung, die sich vermeintlich anbahnende Versöhnung der beiden verfeindeten Brüder Atreus und Thyest, die sich bisher im Kampf um die Herrschaft von Argos mit ihrem Haß verfolgt haben. Das Stichwort »Herrschaft« *(regnum)* nimmt der Chor zum Anlaß, vom Besonderen, der eigentlichen Bühnenhandlung, zu abstrahieren und sich an alle Machthungrigen zu wenden (342 f.): Wahrer König ist nicht der, der in Reichtum und Prunk lebt, wahrer König ist nur der, der seine Affekte beherrscht, der sich von allen Äußerlichkeiten frei gemacht hat, mit einem Wort allein der Weise, allein der stoische Philosoph (388–390):

»König ist, wer vor nichts Angst haben wird,
König ist, wer keine Bedürfnisse haben wird:
dieses Königtum gibt jeder sich selbst.«

Dieses Ziel der inneren Freiheit kann ein Machthaber, eine Person in einer herausgehobenen Stellung nicht erreichen; so schließt der Chor sein Lied – ganz der *Ars poetica* des Horaz entsprechend – mit einem Lobpreis der Bescheidenheit (391–403).

Auf die europäische Bühne kehrte der Chor durch das Humanistendrama zurück. Gegen Ende des 15. Jahrhunderts entstanden unter dem Einfluß von Senecas Tragödien Stücke, die durch Chorlieder in einzelne Akte unterteilt sind. Während das französische klassische Drama, Racine und Corneille, die Anwesenheit von Chören als unnatürlich empfand und die Chorfunktionen auf die Person des Ratgebers oder Vertrauten übertrug, ist das deutsche Barocktrauerspiel nachhaltig von Seneca geprägt – Martin Opitz übersetzte 1625 die *Troerinnen* des römischen Dichterphilosophen –, die Untergliederung in einzelne Akte geschieht durch Chorlieder (»Reyen«, »Reigen«, »Tanz«). Wie bei Seneca werden die Chöre dazu eingesetzt, das aktuelle Bühnengeschehen auf eine allgemeine Ebene zu heben, bisweilen weiten sie sich sogar zu allegorischen Zwischenaktspielen aus.

Untrennbar mit der Wiederentdeckung des antiken Chores in der Renaissance ist die Entstehung der Oper, des *dramma per musica*, verbunden. Bereits bei der Rückkehr der griechischen Tragödie auf die Bühne Europas im Jahre 1585, bei der Aufführung des sophokleischen *König Oidipus* in Vicenza, verstand man das griechische Schauspiel als Gesamtkunstwerk, als das Zusammenwirken von Wort, Gesang und Kunst (Architektur) (s. o. S. 62 f., 96). Fast zeitgleich (1594) wurde in Florenz in einem Zirkel von Dichtern, Musikern und Gelehrten, in der sogenannten Camerata im Hause des Grafen Bardi, der Versuch unternommen, das antike Drama in der Kombination von rezitierten und gesungenen Partien wiederzubeleben. In Ottavio Rinunccinis *Dafne* (1594) und *Euridice* (1600) mit der Musik von Jacobo Peri kommt den rezitierten Passagen – ganz nach dem Vorbild des griechischen Dramas und in Einklang mit der aristotelischen *Poetik* – eine wichtigere Rolle als der Musik zu. Dieses Verhältnis sollte bald von Claudio Monteverdi zugunsten der Musik verschoben werden (*Orfeo*, 1607), während Christoph Willibald Gluck in der Vorrede zu seiner *Alceste* (1769) die dienende Rolle der Musik betont, die auf keinen Fall die Handlung stören oder gar unterbrechen dürfe. Auch in der Folgezeit, im 19. und 20. Jahrhundert, zeigt die Praxis, daß in allen Wiederbelebungsversuchen des sich an der griechischen Tragödie orientierenden Gesamtkunstwerks doch jeweils eines der Elemente die Oberhand gewinnt. In Richard Wagners Programm, ein Kunstwerk zu schaffen, in dem jede Kunstart in ihrer höchsten Ausformung vertreten sein solle (*Das Kunstwerk der Zukunft*, 1859), dominiert letztendlich doch die Musik, in Max Reinhardts Inszenierungen dagegen das Wort. Die Fehde der einzelnen Künste, insbesondere zwischen Wort und Musik, wie sie schon das Pratinasfragment aus der Mitte des 5. Jahrhunderts v. Chr. widerspiegelt (s. o. S. 53 f.), findet kein Ende!

Die weitere Entwicklung der Theorie und Praxis des Chores hing entscheidend von der Stellung ab, die Theoretiker und Dramatiker zur griechischen Tragödie und der Tragödientheorie einnahmen, wobei sich an der Chordiskussion das Verhältnis der Autoren zum Wirkungsziel des Schauspiels – *prodesse et delectare*, »nützen und erfreuen« – ablesen läßt. Daß der Chor das geeignete Medium ist, um das Theater zu einer »moralischen Anstalt« werden zu lassen, die den Zuschauer zur Reflexion anregt, steht im Zentrum von Friedrich Schillers Dramentheorie, die letztlich ihren Vollender in Bertolt Brecht finden sollte. Der Chor verhindert nach Schillers Verständnis, wie er es in der Vorrede zu *Die Braut von Messina: Über den Gebrauch des Chors in der Tragödie* zum Ausdruck bringt, als ein die Illusion störendes Element einer Aufführung die vollständige Identifikation des Zuschauers mit dem Bühnengeschehen und den Bühnenpersonen, unterbindet also das nach der aristotelischen Tragödientheorie (*Poetik* c. 6, 1449 b24–28) höchste Ziel einer dramatischen Aufführung, Furcht und Mitleid zu erwecken und dadurch eine psychische Reinigung *(kátharsis)* im Zuschauer herbeizuführen. Schiller schreibt (Bd. 2, S. 252):

»So wie der Chor in die Sprache Leben bringt, so bringt er Ruhe in die Handlung – aber die schöne und hohe Ruhe, die der Charakter eines edlen Kunstwerkes sein muß. Denn das Gemüt des Zuschauers soll auch in der heftigsten Passion seine Freiheit behalten, es soll kein Raub der Eindrücke sein, sondern sich immer klar und heiter von den Rührungen scheiden, die es erleidet. Was das gemeine Urteil an dem Chor zu tadeln pflegt, daß er die Täuschung aufhebe, daß er die Gewalt der Affekte breche, das gereicht ihm zu seiner höchsten Empfehlung, denn eben diese blinde Gewalt der Affekte ist es, die der wahre Künstler vermeidet, diese Täuschung ist es, die er zu erregen verschmäht. [...] Dadurch, daß der Chor die Teile auseinanderhält, und zwischen die Passionen mit seinen beruhigenden Betrachtungen tritt, gibt er uns unsre Freiheit zurück, die im Sturm der Affekte verlorengehen würde.«

Der Chor soll demnach dazu eingesetzt werden, um der Reflexion zu ihrem Recht zu verhelfen, um das Vergnügen des Zuschauers an einer Aufführung zwar nicht aufzuheben, es aber doch zu »veredeln«. Die Nähe von Schillers Katalog möglicher Inhalte von Chorliedern zur *Ars poetica* des Horaz läßt sich nicht leugnen (Schiller, *Über den Gebrauch des Chors*, Bd. 2, S. 251):

»Nun aber ist der Mensch so gebildet, daß er immer von dem Besonderen ins Allgemeine gehen will, und die Reflexion muß also

151

auch in der Tragödie ihren Platz erhalten. [...] Und dies leistet nun der Chor in der Tragödie. Der Chor ist selbst kein Individuum, sondern ein allgemeiner Begriff, aber dieser Begriff repräsentiert sich durch eine sinnlich mächtige Masse, welche durch ihre ausfüllende Gegenwart den Sinnen imponiert. Der Chor verläßt den engen Kreis der Handlung, um sich über Vergangenes und Künftiges, über ferne Zeiten und Völker, über das Menschliche überhaupt zu verbreiten, um die großen Resultate des Lebens zu ziehen, und die Lehren der Weisheit auszusprechen. Aber er tut dies mit der vollen Macht der Phantasie, mit einer kühnen lyrischen Freiheit, welche auf den hohen Gipfeln der menschlichen Dinge wie mit Schritten der Götter einhergeht – und er tut es von der ganzen sinnlichen Macht des Rhythmus und der Musik in Tönen und Bewegungen begleitet. Der Chor reinigt also das tragische Gedicht, indem er die Reflexion von der Handlung absondert, und eben durch diese Absonderung sie selbst mit poetischer Kraft ausrüstet.«

Der Chor ist demnach das geeignete Medium, plumpe Naturnachahmung zu umgehen. Da er die Illusion stört, macht er erst eine »poetische Darstellung« möglich, die »mit der Wirklichkeit eben darum, weil sie absolut ist, niemals koinzidieren kann« (Brief an Goethe, 4. April 1797, *Briefe* Bd. 2, S. 129). Diesem Ideal kommt, wie Schiller an Goethe am 29. Dezember 1797 schreibt, die Oper am nächsten (*Briefe* Bd. 2, S. 164):

»Ich hatte immer ein gewisses Vertrauen zur Oper, daß aus ihr wie aus den Chören des alten Bacchusfestes das Trauerspiel in einer edlen Gestalt sich loswickeln sollte. In der Oper erläßt man wirklich jene servile Naturnachahmung, [...] Die Oper stimmt durch die Macht der Musik und durch eine freiere, harmonische Reizung der Sinnlichkeit das Gemüt zu einer schönern Empfängnis; hier ist wirklich auch im Pathos selbst ein freieres Spiel, weil die Musik es begleitet.«

Schiller ist sich durchaus bewußt, daß er dem Chor einen zwiespältigen Charakter zuweist: Einerseits ist er in die Handlung eingebunden, andererseits soll er über ihr stehen (Brief an Christian Gottfried Körner vom 10. März 1803, *Briefe* Bd. 2, S. 320):

»Wegen des Chores bemerke ich noch, daß ich in ihm einen doppelten Charakter darzustellen hatte, einen allgemein menschlichen nämlich, wenn er sich im Zustand ruhiger Reflexion befindet, und einen spezifischen, wenn er in Leidenschaft gerät und zur handelnden Person wird. In der ersten Qualität ist er gleichsam außer dem Stück und bezieht sich also mehr auf den Zuschauer. Er hat als solcher eine Überlegenheit über die handelnden Personen, aber bloß diejenige, die der Ruhige über den Passionierten hat, er steht am sicheren Ufer, wenn das Schiff mit den Wellen kämpft. In der zweiten Qualität, als selbsthandelnde Person, soll er die ganze Blindheit, Beschränktheit, dumpfe Leidenschaftlichkeit der Masse darstellen, und so hilft er die Hauptfiguren herausheben.«

Von Schillers Aussage, der Chor reinige das tragische Gedicht, indem er die Reflexion von der Handlung absondere, ist es kein großer Schritt zu August Wilhelm Schlegels Auffassung vom Chor als idealem Zuschauer *(Vorlesung über dramatische Kunst und Literatur, 5. Vorlesung, 1808)*:

»Ich komme auf eine andere Eigenheit, welche die alte Tragödie von der unsrigen unterscheidet: den Chor. Wir müssen ihn begreifen als den personifizierten Gedanken über die dargestellte Handlung, die verkörperte und mit in die Darstellung aufgenommene Teilnahme des Dichters als des Sprechers der gesamten Menschheit. [...] Der Chor ist mit einem Worte der idealisierte Zuschauer. Er lindert den Eindruck einer tief erschütternden oder tief rührenden Darstellung, indem er dem wirklichen Zuschauer seine eigenen Regungen schon lyrisch, also musikalisch ausgedrückt entgegenbringt und ihn in die Region der Betrachtung hinaufführt.«

Die Entwicklung der Diskussion im 20. Jahrhundert läßt sich aus Schillers Äußerungen zur Aufgabe und Funktion des Chores im Drama ableiten. Während eine Richtung das musikalische, kultisch-rituelle Element herausstreicht, betont eine Gegenströmung den reflektierenden Charakter des Chores und die damit verbundene Durchbrechung der dramatischen Illusion. Nach Richard Strauss' *Elektra* (1909) versuchten Igor Strawinsky im *Oedipus Rex* (1927/28) und Carl Orff in seiner *Antigonae* (1959) und im

Oedipus der Tyrann (1959) die ursprüngliche Dimension der attischen Tragödie, das ursprüngliche Gesamtkunstwerk, die Einheit von Szenerie, Wort, Gesang, Tanz und Musik zurückzugewinnen. Als den Versuch, die Herkunft der Tragödie aus dem Mysterium zu reflektieren, kann man Strawinskys Vorhaben verstehen, das von Jean Cocteau stammende Libretto des *Oedipus Rex* ins Lateinische übertragen zu lassen. Denn eine ältere, dem Publikum unverständliche Sprache habe eine magisch-beschwörende, mystifizierende Wirkung, die sich musikalisch auswerten lasse. Nicht Handlung sollte das Stück bestimmen, sondern archaische, statische Wucht. Aus demselben Geist entstand gleichzeitig – wiederum mit dem Text von Jean Cocteau – die Tragédie musicale *Antigone* Arthur Honeggers (1927). In jüngster Zeit wird diese Idee der Autonomie der Musik – ohne handlungs-dramaturgische Entwicklung – im Rückgriff auf die antike Tragödie von Wolfgang Rihm aufgenommen (*Oedipus*, 1987, nach Hölderlin, Sophokles, Nietzsche und Heiner Müller).

Interessant ist – und damit können wir auf die Auseinandersetzung zwischen Wort und Musik zurückblicken, wie sie seit dem Pratinasfragment (s. o. S. 53f.) die Diskussion beherrschte –, daß Orff unter dem Einfluß von Thrasybulos Georgiades' Buch *Der griechische Rhythmus* (1949) in der Sprache zunächst bloßes Klangmaterial sah, das wie ein Musikinstrument eingesetzt werden kann. Wie Strawinsky im *Oedipus Rex* Latein als sprachlichen Hintergrund wählte, kehrt Orff 1968 in seinem *Prometheus* zum griechischen Original zurück. Die dadurch entstehende Fremdartigkeit soll die Zeitlosigkeit des Dargestellten unterstreichen. Einen Vorgänger hatte Orff in Max Reinhardt, der 1910 in seiner Inszenierung des *König Oidipus* (mit dem Text von Hugo von Hofmannsthal) in den Massenszenen zu Beginn und im Finale Sprache als Instrument zur Erzeugung von Klangeffekten verwendete.

Der rituelle Ursprung und Hintergrund der Tragödie, der sich insbesondere im »Chorischen« ausdrückt, wird auch in der etwa zeitgleichen philologischen Forschung von Wolfgang Schadewaldt (*Antike Tragödie auf der modernen Bühne*, 1955, S. 563) vertreten. Schadewaldt bezeichnet in einem von Walter Kraus stammenden Bild die Chorpartien als

»den tragenden Goldgrund, auf dem sich – wie in byzantinischen und frühmittelalterlichen Gemälden – das Geschehen der heiligen Geschichte plastisch darstellt. Und dieser geheimnisvolle Goldgrund des Chorischen ist es, vor dem erst das dramatische Geschehen, als Nachvollzug der heiligen Geschichte, das lediglich menschlich Zufällige, Alltägliche verliert und von dem aus jenes andere: die religiöse Bezogenheit und Gültigkeit gewinnt.«

Mit Nachdruck lehnt Schadewaldt deshalb den Versuch ab, die Chorpartien zu kürzen oder zu dramatisieren, etwa durch eine Aufspaltung des Chores in Einzelsprecher, wie dies von Adolf Willbrandts und Hugo von Hofmannsthals *Oidipus* (1886/1906) bis hin zu Peter Steins *Orestie* (1980) unternommen wurde: Die Auflösung des Chores in »Einzelstimmen« sollte eine »chorische Diskussion« ermöglichen und damit die von Schadewaldt abgelehnte Integration des Chores in das dramatische Geschehen unterstützen (so Peter Stein in seinen Vorbemerkungen zu *Die Orestie des Aischylos*, 1997, S. 7 f.). In eine ähnliche Richtung geht Siegfried Schoenbohms Inszenierung der *Bakchen* des Euripides mit der Musik von Arghyris Kounadis (Athen 1996). Schoenbohm legt zwar besonderes Gewicht auf die Chorpartien; es geht ihm jedoch nicht darum, sie komplett auf die Bühne zu bringen, sondern sich auf das Wesentliche zu konzentrieren, auf das, was die Stimmung der jeweiligen Szene ausmacht. Insbesondere die Motivierung der einzelnen Chorpartien aus der dramatischen Handlung soll dem Zuschauer verständlich gemacht werden; Tanz, Pantomime und Gesang sind als Einheit konzipiert. Es dürfte wohl nicht ohne Einfluß auf die Inszenierung gewesen sein, daß Schoenbohm als Wagnerregisseur tätig war.

Der didaktische Wert, der dem Chor in Schillers und Schlegels Theorie zufällt, steht im Zentrum von Brechts Überlegungen zum griechischen Chor. In seinen *Anmerkungen zur Antigone des Sophokles* (1948) schreibt er (Bd. 17, S. 1213):

»Die hellenische Dramaturgie versucht durch gewisse Verfremdungen, besonders durch die Einschnitte für die Chöre, etwas von der Freiheit der Kalkulation zu retten, die Schiller nicht weiß, wie sicherzustellen.«

Die große Beachtung, die der Chor und chorische Elemente in Brechts dramatischem Schaffen und seinen theoretischen Schriften findet, liegt zunächst darin begründet, daß der Chor als *dramatis persona* die Volksmasse und das Kollektiv repräsentiert, vor allem jedoch darin, daß Chöre durch die ihnen eigene distanzierende Wirkung in Brechts Konzeption des epischen Theaters das geeignete Medium darstellen, um den Verfremdungseffekt hervorzurufen.

Wie eng Schillers und Brechts Chorverständnis verwandt sind, betont Friedrich Dürrenmatt in dem Fragment *Aspekte dramaturgischen Denkens* (*Theater-Schriften*, Bd. 2, S. 215):

»Was Schiller dem Chor zudachte, die Trennung von Reflexion und Handlung, erreicht er [Brecht, d. Verf.] mit dem Song, mit einer ungleich populäreren Kunstgattung also, auch mit knappen Zwischentexten oder gar wirklich mit dem Chor.«

Den verfremdenden, zur Reflexion anregenden Charakter des Chores machen sich moderne Dramatiker wie Frisch und Dürrenmatt zunutze. Max Frisch baut sein 1958 uraufgeführtes Stück *Biedermann und die Brandstifter* in der Art einer antiken Tragödie; deutliches Signal ist der Chor, »bestehend aus Mannen der Feuerwehr«. Durch die sprachliche Form und die antikisierende Metrik setzen sich die Chorpartien von der dramatischen Handlung ab, das antike Vorbild wird immer wieder, teilweise sogar durch wörtliche Zitate aus Sophokles' *Antigone* evoziert, so gleich zu Beginn, wenn der Chor mit seinem »Feuergefährlich ist viel, / aber nicht alles, was feuert, ist Schicksal, / Unabwendbares« das berühmte erste Stasimon (s. o. S. 146) oder am Ende der ersten Szene in »Strahl der Sonne, / Wimper, o göttlichen Auges« das Einzugslied des Chores in der sophokleischen Tragödie anklingen läßt. Funktion des Chores ist der Kommentar, mit dem er die Handlungen des Protagonisten begleitet, ohne in sie einzugreifen (Szene 3):

Chor: Nimmer geziemt es dem Chor,
Richter zu sein über Bürger, die handeln.
Chorführer: Der nämlich zusieht von außen, der Chor,
Leichter begreift er, was droht.
Chor: Fragend nur, höflich

Noch in Gefahr, die uns schreckt,
Warnend nur, ach kalten Schweißes gefaßt
Naht sich bekanntlich der Chor,
Ohnmächtig-wachsam, mitbürgerlich,
Bis es zum Löschen zu spät ist,
Feuerwehrgleich.

Eine wichtige Stellung nimmt der Chor auch in Friedrich Dürrenmatts Überlegungen zum Theater ein. In *Theaterprobleme* (1954/55) definiert er die Funktion des Chores (*Theater-Schriften*, Bd. 1, S. 109 f.):

»Die Handlung wird durch die Chöre unterbrochen und damit die Zeit durch die Chöre eingeteilt. Der Chor unterbricht die Handlung und ist, im Hinblick auf die Zeit und ganz untiefsinnig, nach Schneiderart gesprochen, das, was heute der Vorhang ist. Durch den Vorhang wird die Zeit einer Handlung zerlegt. Nichts gegen dieses ehrwürdige Mittel. Der Vorhang hat das Gute, daß er einen Akt deutlich schließt, reinen Tisch macht. Auch ist er, psychologisch, oft nur allzu nötig, den erschöpften und erschrockenen Zuschauer ausruhen zu lassen.«

Schillers und Brechts Dramentheorien bilden, wie in den fragmentarischen *Aspekten des dramaturgischen Denkens* deutlich wird, den Hintergrund für Dürrenmatts Überlegungen; der moralische Zeigefinger, das *fabula docet*, das Schiller und Brecht dem Chor zuweisen, fehlt jedoch (Anmerkungen zu *Der Besuch der alten Dame, Komödien*, Bd. 1, S. 347):

»Ich beschreibe Menschen, nicht Marionetten, eine Handlung, nicht eine Allegorie, stelle eine Welt auf, keine Moral, wie man mir bisweilen andichtet, ja, ich suche nicht einmal mein Stück mit der Welt zu konfrontieren, weil sich dies natürlicherweise von selbst einstellt, solange zum Theater das Publikum gehört.«

Das *fabula docet* brauche – so Dürrenmatt – weder inszeniert noch in den Anmerkungen ausgebreitet werden. Die Praxis zeigt jedoch, daß die Einführung eines Chores den Ablauf eines Stückes auf eine andere Ebene hebt und den Zuschauer tatsächlich – ganz im Sinne

Schillers – zur Reflexion, Deutung und Verallgemeinerung auffordert. In der Schlußszene von *Der Besuch der alten Dame* stellt Dürrenmatt durch die einleitenden Bemerkungen bewußt den Bezug zur griechischen Tragödie her. Durch kleine Signale wird der doppelgesichtige Charakter des Dramas, einer »Komödie, die tragisch endet«, betont: Die festliche Stimmung, das *happy end*, verweisen auf die Komödie, die zwei Bürgerchöre auf die Tragödie (*Komödien*, Bd. 1, S. 344):

»Die einst graue Welt hat sich in etwas technisch Blitzblankes, in Reichtum verwandelt, mündet in ein Welt-Happy-end ein. Fahnen, Girlanden, Plakate, Neonlichter umgeben den renovierten Bahnhof, dazu die Güllener, Frauen und Männer in Abendkleidern und Fräcken, zwei Chöre bildend, denen der griechischen Tragödie angenähert, nicht zufällig, sondern als Standortsbestimmung, als gäbe ein havariertes Schiff, weit abgetrieben, die letzten Signale.«

Der Schlußchor taucht das gesamte Stück in ein tragisches Kolorit. Die einleitenden Worte »Ungeheuer ist viel« verweisen unüberhörbar auf das erste Stasimon der *Antigone* des Sophokles (332 ff.) in der Übersetzung Hölderlins, die auch Brecht seiner *Antigone* zugrunde legt. Die thebanischen Greise der sophokleischen Tragödie besingen die ungeheueren Fähigkeiten, den Erfindungsreichtum, aber auch die dunkeln Seiten der Menschen (365–371):

»Mit Klugheit und Geschicklichkeit begabt,
kommt er heute auf Schlimmes,
auf Edles aber morgen.
Wer seines Landes Gesetze
und das beschworene göttliche Recht achtet,
ist hoch angesehen in der Stadt;
heimatlos jedoch ist, wer sich an das Unrecht hält,
um Frevelhaftes auszuführen.«

Durch das Sophokles-Zitat erhält das Geschehen in dem Provinznest Güllen einen allgemeingültigen Charakter und wird letztendlich zu einer Tragödie über Schuld und Verantwortung. Im Epilog stellt Dürrenmatt noch einmal in aller Deutlichkeit den Bezug zur griechischen Tragödie her (S. 348): Claire Zachanassian »sei nur das, was sie ist, die reichste Frau der Welt, durch ihr Vermögen in der Lage, wie eine Heldin der griechischen Tragödie zu handeln, absolut, grausam, wie Medea etwa.« Auch der Antagonist, der »verschmierte Krämer« Ill wird durch Dürrenmatts Schlußbemerkungen in den Bereich der griechischen Tragödie versetzt, er wird zu einem Oidipus, der allmählich seine Schuld erkennt und im Scheitern, im Tod menschliche Größe erlangt (S. 348 f.):

»Sein Tod ist sinnvoll und sinnlos zugleich. Sinnvoll allein wäre er im mythischen Reich einer antiken Polis, nun spielt sich die Geschichte in Güllen ab. In der Gegenwart.«

Der Schluß von *Der Besuch der alten Dame* zeigt noch einmal in aller Deutlichkeit die Möglichkeiten und Funktionen eines Chores im Drama: Obwohl der Doppelchor der Schlußszene als Bürger von Güllen einen festumrissenen Charakter besitzt, hebt er sich durch seine feierliche Kleidung und seine erhabene Sprache von seiner Umgebung ab. Durch das Zitat aus Sophokles' *Antigone* regt er, wie dies Max Frisch in *Biedermann und die Brandstifter* tut, den Zuschauer an, das Stück, das er soeben gesehen hat, mit dem zitierten griechischen Drama zu vergleichen und Bezüge zur attischen Tragödie, zwischen Theben und Güllen herzustellen.

Ähnlich verfährt Woody Allen in seinem Film *Migthy Aphrodite* (*Geliebte Aphrodite*, 1995). Die Handlung, die an Sophokles' *König Oidipus* erinnern soll, wird durchgängig von einem aus 15 Mitgliedern bestehenden Chor begleitet, der zunächst rein kommentierend, warnend und klagend agiert, also ganz nach dem horazischen Chorverständnis verfährt, sich im Verlauf der Geschichte aber immer mehr zum Schauspieler, zum aktiven Part der Handlung wandelt, den Protagonisten unterstützt und schließlich gar zum augenzwinkernden Kumpel wird. Symbolisch wird der Wandel vom klassischen zum modernen Chor dadurch ausgedrückt, daß Chorführer und Choreuten sich die Masken abnehmen und nach Melodien amerikanischer Musicals der dreißiger und vierziger Jahre tanzen. Der Verfremdungseffekt wird aufgehoben, die Handlung endgültig in der Gegenwart angesiedelt, wobei natürlich gleichzeitig die Modellhaftigkeit der griechischen Tragödie für die Gegenwart verdeutlicht wird.

Eine vergleichbare Spannung, wie sie der Chor in Woody Allens Film ausstrahlt, wohnt auch dem Chor in der attischen Tragödie inne: Ausgestattet mit Prunkgewändern und in einer fremden Kunstsprache, dem dorischen Dialekt, singend, tritt er von allein, obwohl er häufig als Bürgergruppe oder Vertraute der Protagonisten im Stück verankert ist, aus der Handlung heraus, setzt tatsächlich Ruhepunkte im Handlungsablauf und regt durch Anspielungen auf frühere Bearbeitungen desselben mythischen Sujets den Zuschauer zum Nachdenken, zum Vergleich an. Reflexion und dramatischer Charakter schließen sich keineswegs aus, sondern gehören zum Wesensmerkmal des Chores – im antiken wie im modernen Drama. Entscheidend ist, welche Verbindung die beiden Elemente eingehen, in welchem Verhältnis sie zueinander stehen – und diese Mischung, das Gleichgewicht der Bestandteile trennt letztlich bühnenwirksame Stücke von Lesedramen, die für das Theater ungeeignet sind.

Tragödie und Tragödientheorie

Im Gegensatz zum heutigen, modernen Theaterbetrieb, der kaum einen repräsentativen Querschnitt der Gesellschaft anspricht, geschweige denn die gesamte Bevölkerung einer Stadt einbezieht, »sondern ein exklusiver Ort (ist) für solche, die sich für eine exklusive Kunst interessieren« (Friedrich Dürrenmatt, *Über Kulturpolitik, Theater-Schriften*, Bd. 2, S. 25), war das griechische Theater des 5. Jahrhunderts v. Chr. reines Volkstheater. Man muß annehmen, daß große Teile der männlichen Bevölkerung an den Aufführungen teilnahmen. Wie die Zuschauerzahlen genau aussahen, läßt sich für das 5. Jahrhundert nicht mit Sicherheit sagen. Auf alle Fälle waren Theateraufführungen an den Großen Dionysien selbst für moderne Verhältnisse Massenveranstaltungen. Das von dem Politiker Lykurgos (ca. 390–324 v. Chr.) umgebaute Dionysostheater faßte 14000–17000 Zuschauer; die Zahlen für das 5. Jahrhundert dürften wohl nicht viel geringer gewesen sein. Auch über die Zusammensetzung des Publikums lassen sich für die Zeit des klassischen Dramas des 5. Jahrhunderts keine sicheren Aussagen machen. Neben männlichen attischen Bürgern waren auch Abgesandte der Bundesstädte im Theater anwesend. Daß Frauen und Kinder an den Aufführungen teilnehmen durften, ist zwar wahrscheinlich; durch Texte belegbar ist dies allerdings erst für das 4. Jahrhundert. Doch nicht nur als Zuschauer, sondern auch aktiv – als Sänger in einem Chor – hatten die attischen Bürger an Dramen- und Choraufführungen Anteil. Allein für die chorischen und dramatischen Aufführungen an den Großen Dionysien wurde eine unglaublich große Zahl an Choreuten, Mitgliedern der Bürgerchöre, benötigt: für den Dithyrambenwettkampf am ersten Tag für zehn Männer- und zehn Knabenchöre 1000 Sänger, für die fünf Komödien, deren Chöre je 24 Mitglieder umfaßten, 120 Choreuten, für die drei tragischen Tetralogien schließlich 60 Personen, falls der Chor der drei Tragödien und des abschließenden Satyrspiels identisch war. Dazu kamen noch die Lenäen mit weiteren Dramenaufführungen und zahlreiche andere Götterfeste, die mit Chordarbietungen ausgestattet waren.

Entsprechend groß ist die Beachtung, die die Tragödie als angesehenste Gattung der Großen Dionysien in der Literatur des 5. und 4. Jahrhunderts v. Chr. findet. Insbesondere ihre Wirkung auf das Publikum wurde diskutiert, zumal seit der Mitte des 5. Jahrhunderts, als unter dem Einfluß der Sophisten ein gesteigertes Interesse an den psychagogischen Möglichkeiten der Rede erwachsen war. Aus der Feder des Sophisten Gorgias aus dem sizilischen Leontinoi (heute Lentini), der sich seit 427 in Athen aufhielt, stammt eine Übungsrede mit dem Titel *Lob der Helena*. Gorgias macht sich anheischig zu beweisen, daß Helena zu Unrecht wegen Ehebruches in schlechten Ruf geraten sei. Den Mittelpunkt des Enkomions der schönen Helena nehmen seine Erörterungen über die betörende Kraft der Rede ein, die Helena dazu gebracht haben könnte, ihren Mann Menelaos zu verlassen und dem trojanischen Prinzen Paris zu folgen (8–14). Gorgias' Ausführungen nehmen in vielen Punkten die aristotelische *Poetik* vorweg (82 B 11 Diels / Kranz, Bd. 2, S. 290 f.):

»Wenn sie durch eine Rede überredet und getäuscht wurde, ist es auch nicht schwierig, dagegen eine Verteidigung vorzubringen und die Beschuldigung folgendermaßen zu entkräften: Das Wort ist ein großer Herrscher; mit dem geringsten und unscheinbarsten Körper versehen, vollbringt es die göttlichsten Werke. Denn es kann Furcht beenden, Trauer beseitigen, Freude hervorrufen und Mitleid erwecken. [...] Wer sich Dichtung anhört, den überkommt Schauder voller Furcht, Mitleid voller Tränen und tränenreiche Sehnsucht, und aufgrund des Glücks und Unglücks fremder Angelegenheiten und Personen erfährt die Seele [des Rezipienten, d. Verf.] ein ganz privates Leid durch die Kraft der Worte.«

Gorgias stützt seine Erklärung der Wirkungsmechanismen von Rede und Dichtung, die für ihn metrisch gebundene Rede ist, durch den Hinweis auf magische Besprechungen, die die Seele der Rezipienten positiv wie negativ beeinflussen können. Voraussetzung dafür, daß die Rede ihre Kraft und Wirkung entfalten kann, ist ein Defizit auf seiten der Zuhörer: Da niemand alles mit Sicherheit wissen könne, müsse man sich über viele Dinge eine Meinung (*dóxa*) bilden, und genau dies sei der Punkt, an dem die Rhetorik anzusetzen habe. Gorgias vergleicht die Überzeugungskunst geradezu mit Gewaltanwendung, der Zuhörer wird zum Opfer des Redners. Schließlich bestehe dasselbe Verhältnis zwischen der Disposition der menschlichen Seele und der Kraft des Wortes wie zwischen dem menschlichen Körper und bestimmten Medikamenten. Wie Medikamente gewisse Stoffe aus dem Körper herausziehen würden, so könnten Worte teils betrüben, teils erfreuen, andere seien in der Lage, den Zuhörer in Furcht zu versetzen, wieder andere ihm Zuversicht einzuflößen oder ihn zu betäuben und zu bezaubern.

Die Wirkung, die Dichtung, insbesondere dramatische Dichtung, auf das Publikum ausübt, beschäftigt auch die Komödie. Die Tragiker werden als Lehrer des athenischen Volkes angesehen, ihre Werke – so Aristophanes in den *Fröschen* (1053 ff.) – beeinflussen unmittelbar das Verhalten des Publikums. Während Aischylos in seinen Stücken den Bürgern Athens heroische Vorbilder gezeigt und sie damit zur Selbstaufopferung für die Stadt angestachelt habe (1041 f.), habe Euripides, der Prototyp des durch die Sophistik verdorbenen Poeten, Ehebruchsgeschichten wie die zwischen Phaidra und Hippolytos (1043 f.) auf die Bühne gebracht und die Athener sophistische Geschwätzigkeit gelehrt (954 ff.). Ähnlich schroffe Töne findet der Historiker Thukydides, die er dem Demagogen Kleon in den Mund legt (3, 38): Die Athener seien theaterbesessene Narren, denen vor lauter Freude am Bonmot und an geschliffenen Formulierungen der Sinn für die Realität, zum Schaden des Gemeinwesens, abhanden gekommen sei.

Die Rhetorik- und Literaturkritik wird von Platon, theoretisch fundiert, weitergeführt. In seinem im *Staat (Politeia)* entwickelten Staatsmodell fällt der Erziehung eine herausragende Rolle zu. Damit geraten – wie bei Aristophanes – unter didaktischem Aspekt die literarischen Gattungen der Stadt Athen, insbesondere das Epos und die Tragödie, in die Kritik. Nach Platons Seelenmodell übt das Drama einen unmittelbaren, schädlichen Einfluß auf die Psyche der Zuschauer aus, da es sie zwinge, sich in der Illusion der

Vorführung mit den handelnden Personen zu identifizieren. Die dabei ausgelösten Emotionen können bleibende Schäden in der Psyche der Rezipienten hinterlassen und damit letztendlich auch den Zustand der gesamten Gesellschaft negativ beeinflussen. Die didaktisch-psychologische Kritik der Dichtung wird im zehnten Buch im Zusammenhang mit der Entwicklung der Ideenlehre metaphysisch begründet: Jede Art von Dichtung bildet als eine mimetische Kunst lediglich die bereits eine Stufe von der Idee entfernten Erscheinungen der Welt ab. Dichterische Werke weisen demnach sogar eine mindere Qualität als die Phänomene auf und bieten keinen Zugang zu den hinter den Erscheinungen liegenden Ideen.

Auf die moralisierende Bewertung von Dichtung, auf die Abwertung aller mimetischen Künste – nicht nur der Dichtung, sondern auch der Musik und Malerei – als bloßes Spiel ohne jeglichen Ernst reagiert Platons Schüler Aristoteles in seiner *Poetik*. Die Schrift ist in ihrem Aufbau nach den Hauptgattungen der Poesie ausgerichtet. Das erste Buch behandelt die Tragödie (6–22) und das Epos (23–26), das zweite, verlorene Buch war der Komödie gewidmet. In den einleitenden drei Kapiteln wird die Poesie den wirklichkeitsabbildenden, »mimetischen« Künsten zugeordnet. Von den bildenden Künsten unterscheidet sie sich durch ihre Darstellungsmittel (Sprache, Rhythmus, Melodie). Die Gattungen der Dichtkunst ahmen menschliches Handeln nach, das entweder schlecht oder gut sein kann. Diese Unterscheidung liefert das Kriterium, unter den dramatischen Gattungen die Komödie von der Tragödie zu trennen. Nach der Art der Darstellung kann man den Bericht oder die Erzählung, das heißt das Epos, von der unmittelbaren Veranschaulichung der dramatischen Gattungen unterscheiden. Die anthropologische Basis der Dichtkunst sind der den Menschen angeborene Nachahmungstrieb und die Freude an der Nachahmung, die dem Erkenntnistrieb entspringt, sowie das Vergnügen, das künstlerische Perfektion vermittelt. In der Analyse der Gattungen verbindet Aristoteles Beschreibungen von Dichtung mit einem poetischen Regelwerk. Nach dem auch in der *Poetik* vorhandenen Entelechiegedankens können auch die poetischen Gattungen einen bestmöglichen Zustand *(télos)* erreichen. Die Tragödie hat ihr Telos mit Sophokles, das Epos bereits am Beginn seiner Geschichte mit Homer erlangt.

Wie bereits im Enkomion des Sophisten Gorgias nimmt auch in der *Poetik* des Aristoteles die Frage nach der Wirkung von Dichtung auf das Publikum eine zentrale Stellung ein. Wirkungsziel der Tragödie ist nach Aristoteles eine »Reinigung« *(kátharsis)* im medizinisch-psychologischen Sinn (c. 6, 1449 b24–28), wobei der Ursprung des Begriffs und der Vorstellung im Dionysoskult zu suchen ist (s. o. S. 15). Das Publikum wird von den Affekten Furcht und Mitleid, die es beim Betrachten dramatischer Handlungen durchlebt, »gereinigt« und davon befreit. Um dieses Ziel zu erreichen, muß bei der Konzeption der Charaktere darauf geachtet werden, daß weder tadellose Männer einen Umschlag (Peripetie) ihres Schicksals vom Glück ins Unglück erleiden noch umgekehrt Schurken plötzlich ein glückliches Los zufällt; auch sollte vermieden werden, daß große Lumpen, auch wenn sie es verdient hätten, ins Unglück geraten. So bleibt nur der zwischen den Extremen stehende Mensch als idealer tragischer Held übrig, der wegen eines Fehlers, eines Fehlverhaltens, wie dies in idealer Weise auf Oidipus zutrifft, ins Unglück stürzt. Das unverdiente Leid, das dem tragischen Helden zufällt, erweckt somit einerseits Mitleid mit ihm, andererseits ermöglicht es sein »gemischter« Charakter dem Zuschauer, sich mit ihm zu identifizieren (c. 13, 1452 b30 ff.). Aristoteles rehabilitiert in der *Poetik* als Reaktion auf Platons Verurteilung die Dichtkunst, indem er den Mimesisbegriff und die insbesondere durch dramatische Dichtung verursachten Affekte neu bewertet. Dichterische Mimesis ist in der Philosophie des Aristoteles nicht minderwertig, da sie nicht wie bei Platon bloß Abbilder der Ideen reproduziert, sondern die Wirklichkeit wiedergibt. Zudem hat die Erregung von Affekten beim Kunstgenuß psychohygienische Wirkung, da die Reinigung von diesen Affekten das Ideal der aristotelischen Metriopathie, der seelischen Ausgeglichenheit, herbeiführt und somit letzten Endes auch das harmonische Zusammenleben der Menschen fördert.

Der wichtigste Vermittler zwischen der griechischen Tragödientheorie und der weiteren Entwicklung des Theaters ist Horaz (65–8 v. Chr.). Bereits seit seinem Frühwerk, den *Satiren*, befaßte sich der Römer mit literaturtheoretischen Fragen. Als dezidierter Anhänger der hellenistischen, alexandrinischen Dichtungstheorie vertritt Horaz den Primat des Stils und der Form. Zentraler Gedanke seiner Poetik ist das Angemessene *(decorum)*. Ausführlich mit der Tragödie befaßt Horaz sich in der *Dichtkunst (Ars poetica)*, nach den Adressaten auch *Pisonen-Brief* genannt, einer Verbindung des Lehrgedichtes mit der plaudernden Form der Versepistel. Von Horaz bewußt an den Anfang gestellte Leitbegriffe sind in der Dichtkunst wie in der Malerei Einheit und innere Stimmigkeit der Fiktion. Wie Aristoteles in der *Poetik* geht auch Horaz von der Einheit und demnach Vergleichbarkeit der mimetischen Künste aus und prägte mit seinem Diktum *ut pictura poesis* – »wie ein Gemälde ist eine Dichtung« (361) – die Diskussion bis hin zu Lessings *Laokoon*. Ein guter Künstler zeichne sich dadurch aus, daß er die Grundprinzipien, vollendete formale Gestaltung und Angemessenheit, mit der künstlerischen Freiheit *(audacia)* und dem Streben nach Abwechslung *(variatio)* in ein ausgeglichenes Verhältnis bringe. Wie bereits in *Satiren* 1, 4, 39 ff. sieht Horaz eine doppelte Quelle des Dichtens in der Begabung *(ingenium)* und der handwerklichen Kunst *(ars)*, die vor allem durch Klarheit in der Gestaltung und im Ausdruck bestimmt sein muß. Dem doppelten Ursprung der Dichtkunst entspricht ihre zweifache Wirkung (333 f.):

»Entweder wollen Dichter nützen oder erfreuen oder zugleich Angenehmes mit dem für das Leben Nützlichen vorbringen.«

Die Vorschriften, die Horaz dem Tragiker auf den Weg gibt (179 ff.), sind durch das Prinzip des Angemessenen und Geziemenden geprägt. Zwar sei es publikumswirksamer, ein Ereignis direkt auf die Bühne zu bringen, als es in einem Botenbericht (s. o. S. 49 f.) lediglich erzählen zu lassen. Dinge jedoch, die nicht der Kategorie des Angemessenen entsprächen, sollten auf keinen Fall auf offener Bühne dargestellt werden. Weder solle Medea ihre Kinder *coram publico* umbringen noch Atreus das Fleisch der Kinder seines Bruders in aller Öffentlichkeit kochen, noch solle sich Prokne in einen Vogel oder Kadmos in eine Schlange verwandeln. Denn was man dem Zuschauer so handgreiflich zeige, errege Unglauben oder gar

Widerwillen. Es folgt eine Reihe von technischen Anweisungen (189 ff.). Der richtige Umfang eines Dramas wird auf fünf Akte bemessen, der Einsatz des *deus ex machina* (s. o. S. 42) wird ebenso verworfen wie der eines vierten, sich am Gespräch beteiligenden Schauspielers (Drei-Schauspieler-Regel). Den Chor müsse man – ganz der aristotelischen Doktrin entsprechend – wie eine *dramatis persona* behandeln (s. o. S. 144), und schließlich sollten die altertümlichen, gewichtigen römischen Jamben (Senare) durch den eleganten, leichtfüßigen, griechischen jambischen Trimeter ersetzt werden (s. o. S. 56).

Auch bei der Charakterisierung der *dramatis personae* ist das Angemessene und Passende *(decorum, aptum)* das entscheidende Kriterium (99 f.). Sorgsam müsse beachtet werden, ob ein Sklave oder ein tragischer Held, ob ein alter Mann oder ein ungestümer Jüngling, ob eine ehrgebietende Matrone oder ein Kindermädchen, ob ein weitgereister Handelsherr oder ein einfacher Bauer spreche. Auch die Herkunft müsse berücksichtigt werden, da es einen Unterschied mache, ob jemand aus Assyrien, Kolchis, Argos oder Theben stamme. Vor allem müsse darauf geachtet werden, daß die Charakterisierung der Personen mit der literarischen Tradition und Mythologie in Einklang stehe. So solle Achill stets rastlos, jähzornig, unerbittlich und leidenschaftlich sein, er solle sich nicht an das allgemein gültige Recht gebunden fühlen, sondern mit Waffengewalt seine Ansprüche durchsetzen. Medea sei wild und unbeugsam, Ino wehleidig, unstet Io, Orest schwermütig. Wenn man dagegen Gestalten frei erfinde, sei es wichtig, im Verlauf des Stückes keine Brüche in der Charakterisierung auftreten zu lassen.

Die *Poetik* des Aristoteles und die *Ars poetica* des Horaz bestimmten Theorie und Bühnenpraxis des europäischen Theaters seit der Renaissance. Insbesondere die Wirkung der Tragödie und die Konzeption der tragischen Charaktere stehen im Zentrum der verschiedenen Poetiken der Renaissance; die aristotelische Forderung nach der Einheit der Handlung wird von Castelvetro ergänzt durch die Einheit des Ortes und der Zeit, die alle drei zusammen in der Folgezeit – vor allem in der französischen Tragödie seit François Hédelin D'Aubignacs *Pratique du théâtre* (1657) – zum Grundgesetz der Tragödie werden. Weniger strikt in der Anwendung der drei Einheiten zeigt sich Pierre Corneille in seinen *Abhandlungen zur Tragödie* (1600). Corneille läßt sich mehr von den Erfordernissen des Theaterbetriebes als von der Theorie leiten. Das Vergnügen des Publikums ist ihm wichtiger als die Befolgung des poetologischen Regelwerks; so nimmt er in einer subtilen Auseinandersetzung mit der aristotelischen *Poetik* und in Widerspruch zu Horaz bewußt auch Unwahrscheinliches in Kauf, wenn es denn die dramatische Wirkung verlangt. Im bewußten Gegensatz zu Horaz lehnt Corneille den »gemischten Charakter« ab und trennt das bei Aristoteles als Wirkungsziel der Tragödie definierte Affektpaar Furcht und Mitleid, die auch wechselweise eintreten könnten. Dies führt in der Praxis letztlich dazu, daß eine Tragödie auch allein durch »Schrecken« – so die Übersetzung des griechischen *phóbos* durch André Dacier – wirken könne.

Entschiedenen Widerspruch findet Corneilles Aristoteles-Verständnis bei Gotthold Ephraim Lessing in der *Hamburgischen Dramaturgie* (1767–1769). Lessing lehnt die Drei-Einheiten-Regel dezitiert als unaristotelisch ab und betont die untrennbare Zusammengehörigkeit der Affekte Furcht und Mitleid. In Anlehnung an Moses Mendelssohns *Briefe über die Empfindungen* (1755) definiert Lessing Mitleid als »vermischte Empfindung [...], die aus Liebe zu einem Gegenstande, und aus Unlust über dessen Unglück« sich zusammensetzt, Furcht als das »auf uns selbst bezogene Mitleid«. Um eine Katharsis im aristotelische Sinne zu erreichen, müsse der tragische Held »mit uns von gleichem Schrot und Korne« sein. Im 78. Stück gibt Lessing der aristotelischen Katharsis eine ethisch-moralische Wendung:

»Da nämlich, es kurz zu sagen, diese Reinigung in nichts anders beruht, als in der Verwandlung der Leidenschaften in tugendhafte Fertigkeiten.«

Lessings Aristoteles-Interpretation sollte in vielerlei Hinsicht das Gesicht des deutschen Theaters im 18. Jahrhundert prägen. Seine Forderung, der tragische Held müsse dem Zuschauer ähnlich sein, läßt sich als Programm des bürgerlichen Dramas verstehen, das Lessing in Deutschland mit *Miß Sara Sampson* und *Emilia Galotti* heimisch machte; seine moralische Auslegung des aristotelischen

Wirkungszieles der Tragödie, der Katharsis, bereitet Friedrich Schillers Auffassung vom Theater als einer »moralischen Anstalt« den Weg und schlägt seine Wellen bis in die Gegenwart, bis hin zu Bertolt Brechts Theater.

Die Tragödie und das Tragische

Insbesondere die deutsche Geistesgeschichte ist seit dem 18. Jahrhundert stark geprägt von einer Konzeption der Tragödie und des »Tragischen«, die nicht auf die Antike selbst zurückgeht. Zwar existiert das Adjektiv tragisch, *tragikós*, schon im klassischen Griechisch. Es bezeichnet, wie es die Regel bei den auf *-ikós* gebildeten Adjektiven ist, nichts anderes als die Zugehörigkeit zur Tragödie, oder es drückt aus, daß eine Sache nach Art der Tragödie ist. So ist in der *Poetik* des Aristoteles (c. 13, 1453 a30) Euripides der »tragischste« Dichter, da er Tragödien schreibt, die den Vorstellungen des Philosophen, vor allem im Hinblick auf das Endziel der Tragödie, Furcht und Mitleid zu erregen, am meisten entsprechen. Im Gegensatz zum deutschen Sprachgebrauch ist das griechische Adjektiv *tragikós* nicht Träger einer über die Gattung Tragödie hinausreichenden Vorstellung oder Theorie oder gar einer allgemeinmenschlichen, anthropologischen Grundkonstante, wie es etwa Emil Staiger in *Grundbegriffe der Poetik* (S. 132) postuliert:

»Überhaupt ist ›Tragik‹, so verstanden, zunächst kein Begriff der Dramaturgie, sondern gehört in die Metaphysik.«

Gerade an dem Begriffspaar »tragisch« und »Tragik« läßt sich exemplarisch aufzeigen, wie die Interpretation der griechischen Tragiker in Deutschland durch das Verständnis der deutschen Klassik, beginnend vor allem mit Schiller und Schelling, geprägt ist. Eine Diskussion über »Die Tragik, das Tragische in der griechischen Tragödie«, wenn sie zwischen Teilnehmern aus verschiedenen Ländern geführt wird, kann nur dann sinnvoll und methodisch einwandfrei vonstatten gehen, wenn die hermeneutischen Voraussetzungen, von denen die Beteiligten bei ihren Interpretationen ausgehen, bewußt gemacht werden. Außerdem sollte strikt unterschieden werden, ob wir über ein Tragikverständnis sprechen, das auf modernen Positionen basiert, oder ob wir versuchen, die Tragikkonzeption eines Dichters des 5. Jahrhunderts v. Chr. oder die Erwartungen, mit denen das zeitgenössische Publikum sich eine Tragödienaufführung ansah, zu rekonstruieren.

Peter Szondi hat in seinem vielbeachteten und häufig zitierten *Versuch über das Tragische* als Grundkomponente des Tragischen die Dialektik, das Dialektische im Sinne Hegels herausgearbeitet. Dies bedeutet nichts anderes, als daß Tragik bestimmt sei durch die Einheit der Gegensätze, durch den Umschlag einer Sache in ihr völliges Gegenteil – eine Denkfigur, wie sie vor allem Kleists Dramen und Novellen, aber auch sein Aufsatz über das Marionettentheater widerspiegeln. Szondi macht diese Konzeption an Schellings Interpretation des sophokleischen *König Oidipus* deutlich:

»Indem der tragische Held in Schellings Interpretation nicht bloß der Übermacht des Objektiven unterliegt, sondern selbst für sein Unterliegen bestraft wird, dafür, daß er den Kampf überhaupt aufgenommen hat, wendet sich der positive Wert seiner Haltung: der Wille zur Freiheit, die das Wesen seines Ichs ist, gegen ihn selbst. Der Prozeß darf mit Hegel dialektisch genannt werden.« (Peter Szondi, *Schriften,* Bd. 1, S. 159)

Diese die deutsche Geistesgeschichte bestimmende Definition von »tragisch« wurde allerdings nicht von Schelling, sondern bereits von Schiller begründet, der sich zeit seines Lebens mit ästhetischen Fragen und insbesondere mit dem Problem des Tragischen auseinandersetzte. Zu nennen sind vor allem seine Schriften *Über den Grund des Vergnügens an tragischen Gegenständen, Über die tragische Kunst, Vom Erhabenen* und *Über naive und sentimentalische Dichtung.* Die theoretischen Schriften lassen sich durch eine Vielzahl von Äußerungen in Schillers Briefen ergänzen. Die Schrift *Über die tragische Kunst* erschien im Jahr 1792 als Fortsetzung von *Über den Grund des Vergnügens an tragischen Gegenständen* in der von Schiller herausgegebenen Zeitschrift *Neue Thalia.* In engem Anschluß an Kants 1790 erschienene *Kritik der Urteilskraft* entwickelt Schiller seine Theorie des Tragischen. Neben Kant sind es vor allem die *Poetik* des Aristoteles, Lessings *Hamburger Dramaturgie* (1767–1769) und Mendelssohns *Briefe über Empfindun-*

gen (1755), auf die sich Schiller stützt, insbesondere dann, wenn er auf die Wirkung einer Tragödie auf die Zuschauer zu sprechen kommt. Es muß jedoch betont werden, daß Schillers Konzeption des Tragischen, auch wenn sie sich auf den ersten Blick an die *Poetik* des Aristoteles anzuschließen scheint, in entscheidenden Punkten grundsätzlich von der aristotelischen Tragödientheorie abweicht. In *Über die tragische Kunst* definiert Schiller in enger Anlehnung an Aristoteles (*Poetik*, c. 6, 1450 b24–28) die Tragödie folgendermaßen (Bd. 5, S. 159):

»Die Tragödie wäre demnach dichterische Nachahmung einer zusammenhängenden Reihe von Begebenheiten (einer vollständigen Handlung), welche uns Menschen in einem Zustand des Leidens zeigt, und zur Absicht hat, unser Mitleid zu erregen.«

Über den Affekt des Mitleids *(éleos)* als ein Ziel der tragischen Dichtung läßt sich Schiller zuvor ausführlich aus – und zwar unter ästhetischen Gesichtspunkten, indem er die Frage aufwirft, worin die Quelle des Vergnügens an tragischen Gegenständen bestehe (Bd. 5, S. 149):

»Diejenige Kunst aber, welche sich das Vergnügen des Mitleids insbesondre zum Zweck setzt, heißt tragische Kunst im allgemeinsten Verstande.«

Denn das Vergnügen als Hauptzweck der Kunst müsse im Zentrum jeder Überlegung zur Dichtkunst stehen. Die Anlehnung an Kant – und damit verbunden – die bewußte Ablehnung der Tragödientheorie des Aristoteles sind vor allem darin zu sehen, daß Schiller das Vergnügen des Mitleids als den höchsten Zweck der tragischen Kunst definiert und dies moralisch, nicht ästhetisch fundiert. Durch die auf der Bühne dargestellten Leiden werde die »sympathetische Lust« der »Rührung« erweckt, die unser Gemüt (»Sinnlichkeit«) anrege. Doch letztlich sollen sich unsere »moralische Freiheit« und »die Selbsttätigkeit der Vernunft« gegen die Rührung durchsetzen. Nur diese Tätigkeit der Vernunft ist nach Schiller wie nach Kant Tätigkeit und Handeln im eigentlichen Sinne, da

»sich das Gemüt nur in seinem sittlichen Handeln vollkommen unabhängig und frei fühlt. [...] Nur im Zustand seiner vollkommenen Freiheit, nur im Bewußtsein seiner vernünftigen Natur äußert das Gemüt seine höchste Tätigkeit, weil es da allein eine Kraft anwendet, die jedem Widerstand überlegen ist.« (Bd. 5, S. 148 f.)

Auch das zweite Wirkungsziel des aristotelischen Tragödienverständnisses, nämlich Furcht *(phóbos)* zu erregen, fehlt bei Schiller nicht. Er spricht nicht von Furcht, sondern von »Rührung«: Rührung zu erzeugen ist der poetische Zweck der Tragödie, und sie erzeugt Rührung, um dadurch ästhetisches Vergnügen zu vermitteln. Die höchste Rührung wird hervorgebracht, wenn die Ursache eines Unglücks gerade in der »Moralität« der Handelnden liegt, wie dies in Corneilles *Cid* der Fall ist.

Die Überlegungen, wie sich das Moralisch-Gute und die tragische Kunst verbinden lassen, führt Schiller in seiner kleinen Schrift *Über den Grund des Vergnügens an tragischen Gegenständen* in enger Anbindung an Kants Philosophie aus. Schiller geht aus von dem angeblichen Widerspruch zwischen dem Vergnügen, das Kunst bereiten kann, und ihren höheren Zwecken, die Moral – Schiller spricht von »Sittlichkeit« – der Menschen zu fördern. Es müßte demnach eine Theorie des Vergnügens und eine Philosophie der Kunst geschaffen werden. Letztlich könne die Kunst ihren Zweck, Vergnügen zu bereiten, nur »durch moralische Mittel« erreichen, so daß »also die Kunst, um das Vergnügen als ihren wahren Zweck vollkommen zu erreichen, durch die Moralität ihren Weg nehmen müsse«. (Bd. 5, S. 131). Wenig später definiert Schiller das für seine Konzeption wichtige Wort »frei« und »freies Vergnügen« (Bd. 5, S. 131):

»Frei aber nenne ich dasjenige Vergnügen, wobei die geistigen Kräfte, Vernunft und Einbildungskraft tätig sind und wo die Empfindung durch eine Vorstellung erzeugt wird; im Gegensatz von dem physischen oder sinnlichen Vergnügen, wobei die Seele einer blinden Naturnotwendigkeit unterworfen wird, und die Empfindung unmittelbar auf ihre physische Ursache erfolgt.«

Die Dichtungsart, die die moralische Lust in vorzüglicher Weise bereiten kann, ist die Tragödie,

»und ihr Gebiet umfaßt alle möglichen Fälle, in denen irgendeine Naturzweckmäßigkeit einer moralischen, oder auch eine moralische Zweckmäßigkeit der anderen, die höher ist, aufgeopfert wird. Es wäre vielleicht nicht unmöglich, nach dem Verhältnis, in welchem die moralische Zweckmäßigkeit im Widerspruch mit der anderen erkannt wird, eine Stufenleiter des Vergnügens von der untersten bis zur höchsten hinaufzuführen«. (Bd. 5, S. 136)

Im folgenden führt Schiller einige Beispiele an, die diesen Widerspruch zwischen Freiheit und Notwendigkeit, zwischen Pflicht und Neigung, zwischen moralischer Zweckmäßigkeit und Naturzweckmäßigkeit enthalten: Wielands *Oberon*, Shakespeares *Coriolan* und Corneilles *Cid*. Schiller betont – auch dies in der Nachfolge Kants –, daß es diesen Widerspruch, diesen Konflikt nur für freie, selbstbestimmte Wesen geben könne. Die Freiheit des Handelns wird durch nichts Äußeres, sondern nur durch die menschliche Vernunft bestimmt. Und nur dieses vernunftbestimmte Handeln ist im eigentlichen Sinne für Schiller wie für Kant wahres Handeln. In diesen Fällen von idealen Tragödien wird von der Bühne aus nicht nur Mitleid und Rührung erweckt; vielmehr wird die Bühne ganz und gar unaristotelisch zur moralischen Anstalt. In seiner Antrittsvorlesung in der Kurfürstlichen Deutschen Gesellschaft in Mannheim (*Die Schaubühne als moralische Anstalt betrachtet*, 1784) betont Schiller, daß der letzte Sinn des Theaters darin bestehe vorzuführen, wie der Mensch, über allen Interessen und Sympathien stehend, sich dafür entscheidet, seiner Vernunft zu gehorchen und das Rechte zu tun, auch wenn er dabei zu scheitern droht.

Seine Theorie des Tragischen versucht Schiller in der *Braut von Messina* (1803) in die Praxis umzusetzen. Nicht nur dadurch, daß er einen Chor beziehungsweise zwei Halbchöre in sein Stück integriert (s. o. S. 151 ff.), sondern auch inhaltlich sucht er die Auseinandersetzung mit der griechischen Tragödie. In einem Brief an Christian Gottfried Körner vom 9. September 1802 (*Briefe*, Bd. 2, S. 307) – aus der Zeit der ersten Konzeption des Stückes – schreibt er, daß er sich nach langem Zögern zu diesem Stoff durchgerungen habe, da er sich in einer neuen Form betätigen wollte, »die ein Schritt näher zur antiken Tragödie wäre, welches hier wirklich der Fall ist, denn das Stück läßt sich wirklich zu einer äschyleischen Tragödie an«. Schillers Bemühen um die antike Tragödie wird ganz deutlich in einem Brief an Wilhelm von Humboldt (17. Februar 1803, *Briefe*, Bd. 2, S. 317):

»Mein erster Versuch einer Tragödie in strenger Form wird Ihnen Vergnügen machen, Sie werden daraus urteilen, ob ich als Zeitgenosse des Sophokles auch einmal einen Preis davongetragen haben möchte.«

In die gleiche Richtung geht sein Brief an August Wilhelm Iffland vom 22. April 1803 (*Briefe*, Bd. 2, S. 324 f.):

»Bei der *Braut von Messina* habe ich, ich will es Ihnen aufrichtig gestehen, einen kleinen Wettstreit mit den alten Tragikern versucht, wobei ich mehr an mich selbst als an ein Publikum außer mir dachte, wiewohl ich innerlich überzeugt bin, daß bloß ein Dutzend lyrischer Stücke nötig sein würden, um auch diese Gattung, die uns jetzt fremd ist, bei den Deutschen in Aufnahme zu bringen, und ich würde dieses allerdings für einen großen Schritt zum Vollkommenen halten.«

Daß er zum ersten Mal in seinem Leben erfaßt habe, was eine wahre Tragödie sei, sei einzig und allein dem Chor zu verdanken, so Schiller in einem neun Tage nach der Premiere der *Braut von Messina* verfaßten Brief an Christian Gottfried Körner vom 28. März 1803 (*Briefe,* Bd. 2, S. 322 f.).

Wie in seinem Jugendwerk, *Die Räuber*, stellt Schiller auch in *Die Braut von Messina oder die feindlichen Brüder*, so der vollständige Titel, ein ungleiches Brüderpaar in den Mittelpunkt. Es sind dies Don Manuel und Don Cesar, die nach dem Tod ihres Vaters im Kampf um die Herrschaft über Messina das Land zu zerstören drohen. Ohne Zweifel ist Schiller durch seine Beschäftigung mit den *Phönizierinnen* des Euripides im Jahre 1788 auf den Stoff gestoßen. Daß Euripides für *Die Braut von Messina* Pate gestanden hat, wird schon durch die bloße Skizze der Handlung deutlich: Isabella, der Mutter der verfeindeten Brüder, gelingt es, Don Manuel und Don

Cesar zu versöhnen. Deren Schwester Beatrice will sie ihnen nach dem Tod des Vaters zuführen. Diese hätte nach ihrer Geburt auf Befehl des Fürsten getötet werden sollen (Oidipus-Motiv). Ein Magier hatte dem Vater geweissagt, die Tochter werde ihm beide Söhne umbringen und sein Geschlecht ausrotten. Doch wie der thebanische Hirte den kleinen Oidipus nicht im Kithairongebirge aussetzte, rettete auch Isabella das Leben der Tochter: sie ließ sie in einem Kloster unterbringen. Am Tag der Versöhnung der Brüder soll sie wieder heimkehren. Es stellt sich heraus, daß Beatrice die Frau ist, die Don Manuel seiner Mutter als Schwiegertochter vorstellen wollte, und daß Don Cesar sich beim Begräbnis seines Vaters, an dem Beatrice unerkannt teilnahm, in niemand anderen als die Braut seines Bruders verliebt hatte. Das Verhängnis nimmt seinen Lauf: Don Cesar trifft seinen Bruder in den Armen Beatrices an und ersticht ihn. Isabella verhöhnt wie Iokaste in Sophokles' *König Oidipus* (711 ff.) angesichts des toten Sohnes, in der Meinung, er sei durch Räuber umgekommen (Laios – Oidipus-Motiv), die Orakel, die doch vorausgesagt hätten, die Tochter werde ihre Söhne in heißer Liebe vereinen (IV 4). Die »Wiedererkennungen« (s. o. S. 48 f.) rollen unaufhaltsam ab: Nachdem Beatrice als erste das inzestuöse Verhältnis und den Brudermord erkannt hat (Ende IV 3), ist es an Don Cesar, seiner verhängnisvollen Tat gewahr zu werden (IV 5). Er nimmt sein Schicksal an (IV 8):

»Den alten Fluch des Hauses lös ich sterbend auf,
Der freie Tod nur bricht die Kette des Geschicks.«

Sein Entschluß, trotz der Bitten des Chors und der Mutter seine Tat durch den Selbstmord zu sühnen, ist seine erste freie Handlung im Verlauf des Stückes!

Tragische Hauptperson im Sinne von Schillers Tragödienverständnis ist allerdings Donna Isabella. Sie fühlt sich unter dem Druck der Notwendigkeit stehend (Eröffnungsvers: »Der Not gehorchend, nicht dem eignen Trieb«), zwischen Staat und Familie gestellt (I 1):

»Des Staates Bande sahet ihr zerreißen,
Doch mir zerriß im Innersten das Herz –

Ihr fühltet nur das öffentliche Leiden,
Und fragtet wenig nach der Mutter Schmerz.«

Nur sie allein kann tragisch scheitern (IV 5):

»Was kümmert's mich noch, ob die Götter sich
Als Lügner zeigen, oder sich als wahr
Bestätigen? Mir haben sie das Ärgste
Getan – Trotz biet ich ihnen, mich noch härter
Zu treffen als sie trafen – Wer für nichts mehr
Zu zittern hat, der fürchtet sich nicht mehr.
[…]
– Komm meine Tochter! Hier ist unsers Bleibens
Nicht mehr – den Rachegeistern überlaß ich
Dies Haus – Ein Frevel führte mich herein,
Ein Frevel treibt mich aus – Mit Widerwillen
Hab ich's betreten, und mit Furcht bewohnt,
Und in Verzweiflung räum ich's – Alles dies
Erleid ich schuldlos, doch bei Ehren bleiben
Die Orakel und gerettet sind die Götter.«

Noch deutlicher wird Isabellas tragisches Los am Ende (IV 9):

»O hab ich euch nur darum nach Messina
Gerufen, um euch beide zu begraben!
Und ein verderblich Schicksal kehret all
Mein Hoffen in sein Gegenteil mir um!«

Ganz im Sinne der dialektischen Tragikkonzeption scheitert Isabella. Wenn man diese Verse liest, wird deutlich, daß Schiller in seinen Briefen mit Recht seine Tragödie in die Tradition des Aischylos
stellt: Isabella ist es, die durch ihr Leid zur Erkenntnis der Gültigkeit der Orakel und der göttlichen Ordnung kommt *(páthei máthos)* (s. o. S. 68ff.). So kommt auch eine besondere Bedeutung der
Tatsache zu, daß Isabella – anders als Iokaste im sophokleischen
König Oidipus – sich nicht umbringt, sondern nach ihrem tragischen Scheitern ihr Schicksal akzeptiert und mit ihrer Tochter weiterzuleben beschließt.

Die zitierten Verse Isabellas aus dem Schlußteil der Tragödie enthalten wörtliche Anklänge an viele moderne, besonders deutschsprachige philologische Sophokles-Interpretationen, die äußerst kontrovers die Frage diskutieren, ob Oidipus tatsächlich der schuldlos Schuldige ist oder ob er doch eine Schuld – wenn es auch eine intellektuelle oder religiöse sein mag – auf sich geladen hat. Ein kurzer Blick auf die Geschichte des Begriff »tragisch« in der deutschen Geistesgeschichte belegt, daß diese Fragestellung – eine typisch deutsche Fragestellung? – ihre Wurzeln in Schillers Konzeption des Tragischen und der exemplarischen Ausarbeitung seiner Theorie in der *Braut von Messina* hat. Nicht nur die modernen Ausgestaltungen der griechischen tragischen Mythen können für den heutigen Leser und Theaterbesucher je nach seiner intellektuellen Heimat andere Inhalte und Bezüge erhalten (s. o. S. 118) – die gesamte Gattung Tragödie kann je nach der geistesgeschichtlichen Herkunft des Rezipienten in ein anderes Licht rücken und andere Fragen an ihn richten.

Dithyrambisch und dionysisch oder ein Rezeptionsirrtum mit weitreichenden Folgen

Als ein Paradox der deutschen Literatur- und Geistesgeschichte kann man es wohl mit Fug und Recht ansehen, daß ein zentraler, der griechischen Literatur entstammender Begriff, der vor allem die Werke des Sturm und Drang entscheidend prägte und in Abwandlungen bis ins 20. Jahrhundert hinein weiterwirkte, von den Dichtern und Theoretikern des 18. Jahrhunderts verwendet wurde, ohne daß ihnen eine tatsächliche Materialbasis in Form von erhaltenen Texten zur Verfügung stand. Ja, man kann sogar so weit gehen zu behaupten, daß Begriffe wie »Dithyrambos« und vor allem das Adjektiv »dithyrambisch« sowie, als eine Weiterentwicklung des 19. Jahrhunderts, das eng damit verbundene Adjektiv »dionysisch«, das seit Nietzsche besonders im Zusammenhang mit der Interpretation der griechischen Tragödie erscheint, gerade aufgrund der fehlenden Texte seine ungeheuere Wirkung entfalten konnten.

Der Grundstein für die große Anziehungskraft, die das Begriffspaar »dithyrambisch« und »dionysisch« insbesondere in der deutschen Literatur- und Geistesgeschichte haben sollte, wurde bereits im 4. Jahrhundert v. Chr. von Platon gelegt. Platon tadelt die Dithyrambiker seiner Zeit mit Schärfe, da sie aus dem Konkurrenzdruck heraus, dem sie die angesehenen dramatischen Gattungen aussetzten, die narrative, chorlyrische Form dramatisierten und durch eine Art Programmusik anreicherten. Dadurch – so Platon in den *Gesetzen* (700 a 7 ff.) – verliere die Gattung ihren traditionellen kultischen wie politischen »Sitz im Leben«. Früher habe jede Gattung streng umrissene Funktionen im Leben der Gemeinde innegehabt und dementsprechend feststehende Formen, Inhalte und Rhythmen aufgewiesen. Jetzt aber habe sich eine amusische Gesetzlosigkeit und Willkür in der Dichtung breitgemacht. Von Natur an und für sich durchaus begabte Dichter wüßten nicht mehr Bescheid, was in der Musenkunst recht und billig sei; von dionysischem Taumel gepackt und hingerissen von poetischer Begeisterung und dichterischem Schwung, würden sie die Tonarten und die einzelnen Gattungen mischen und damit jede Ordnung durcheinanderbringen. Die Dichter hätten einzig und allein ihr Vergnügen und das des Publikums im Auge, so daß letztlich die Aristokratie des guten Geschmacks der wenigen Gebildeten von der Theatrokratie, der Theaterherrschaft, durch das Buhlen um die Gunst des breiten, ungebildeten Publikums verdrängt worden sei. In seiner kritischen Haltung benutzt Platon »Dithyrambos« und »dithyrambisch« auch im übertragenen Sinne zur Bezeichnung von Schwulst, von gewagten und hochfliegenden, aber leeren Wortschöpfungen. Platons schroffe Verurteilung des Dithyrambos seiner Zeit enthält einige Punkte, die in der Folgezeit umgedeutet werden und schließlich zum Bild des dionysisch begeisterten Dithyrambikers führen sollten. Horaz ist es, der die positive Umdeutung der Dithyrambenkritik abschließt, sie an die europäische Literatur und Literaturtheorie weitergibt und seine Vorstellung an dem griechischen Chorlyriker Pindar (522–446 v. Chr.) festmacht (*Oden* 4, 2):

»Wer sich bemüht, mit Pindar wettzueifern,
Iullus, der verläßt sich auf wächserne, durch Dädalus' Kunst verfertigte Fittiche,
um wie Ikarus dem grünen Meer
den Namen zu geben.

Wie ein reißender Bergstrom,
den Regen über die gewohnten Ufer hinausströmen ließ,
braust und stürzt ungeheuer aus der Tiefe
Pindar dahin,

er, der es verdient, mit Apolls Lorbeer ausgezeichnet zu werden, ob er nun neue Worte
in seinen kühnen Dithyramben hinabwälzt
und in freien Rhythmen dahinstürzt.«

Pindars Urgewalt kennt keine Regel, sie ist nicht zu bändigen und erlebt ihren reinsten Ausdruck in den Dithyramben des Böotiers, die Horaz durch Wortschöpfungen und eine metrisch ungebun-

180

dene Form geprägt sieht – letzteres ein Irrtum, da Horaz die an-
spruchsvolle pindarische Metrik nicht mehr in ihrer regelmäßigen
Struktur durchschaute. Die positive Wendung der platonischen
Kritik ist jedoch unüberhörbar und sollte das, was man sich im 18.
und 19. Jahrhundert unter »Dithyrambos« und vor allem »dithyrambisch« vorstellte, entscheidend prägen: Das wohl interessante-
ste Zeugnis für die Dithyrambenrezeption des 18. Jahrhunderts
findet sich in Johann Gottfried Herders Abhandlung *Von der griechischen Literatur in Deutschland* im Abschnitt *Pindar und der
Dithyrambensänger.* Herder entwirft eine Gattungsgeschichte des
Dithyrambos in drei Stufen: Die Wurzeln der Gattung sieht er in
der Trunkenheit, die einen ungezählmten Tanz, eine rohe Musik
und einen rohen Gesang hervorgebracht habe, der zu Ehren eines
der ältesten Götter vorgetragen worden sei. In einem ersten Schritt
sei dieser Ur-Dithyrambos durch die Religion gezähmt worden.

»Entsprungen unter berauschten Tänzen des Volks führte man ihn
in die Tempel, um ihn zu zähmen. Sein Inhalt, seine Sprache, Silbenmaß, Bearbeitung, Musik, Deklamation, alles zeugt von der
Zeit, die ihn hervorgebracht hat.« (S. 327)

In einer zweiten Phase der Entwicklung habe sich die Sprache von
den dithyrambischen Freiheiten entfernt. Diese mittlere, klassische
Epoche des Dithyrambos, wohl die Zeit des Pindar und Simonides,
sei abgelöst worden von der Endphase, der Zeit des Neuen Dithyrambos.
»Nachher aber trieben die folgenden die Kühnheit immer höher,
um ihre Vorgänger übertreffen zu können.« (S. 329)

Hier klingt eindeutig die platonische Kritik an den Extravaganzen
der Dithyrambiker seiner Zeit an.
    Neben dieser Gattungsgeschichte bietet Herders Schrift auch
eine Erklärung des Dithyrambischen, die auf Platons und Horazens
Verständnis beruht. Das Dithyrambische drücke sich in allen drei
Komponenten der Dichtung aus: in der dithyrambischen Sprache,

»die in Worten neu, kühn und unförmlich, in Konstruktion ver-
flochten und unregelmäßig war: eine Sprache, wie sie vor ihrer
Ausbildung ist. [...]

So auch das Silbenmaß: Gesetzlos, wie ihr Tanz und die Töne ihrer Sprache; aber notwendig desto polymetrischer, tönender und abwechselnder. So auch die Musik: Die phrygische Musik, die rasend machte.« (S. 328 f.)

Im Anschluß an seine historischen Auslegungen stellt sich Herder – mit Blick auf die zu seiner Zeit grassierende Dithyrambenmanie, wie sie von Autoren wie Uz, Leßing, Weiße, Gerstenberg und Willamow repräsentiert wird – die Frage, ob man heutzutage überhaupt noch Dithyramben sinnvollerweise schreiben könne und dürfe. Er kommt zu einer eindeutig negativen Antwort: Fehlen den Heutigen doch nicht nur die bakchische Religion und die dionysischen Inhalte, die Götter- und Heroensagen; viel stärker falle ins Gewicht, daß die Moderne nicht mehr über die Bilder und Vorstellungen der griechischen Dichter verfüge und daß ihr die Welt voller Leidenschaft abhanden gekommen sei, die das junge Griechenland noch um sich sah. Ausgeschlossen seien deutsche Dithyramben, da es keine dithyrambische Sprache mehr gebe. Das Deutsche sei zu »philosophisch altklug, zu eingeschränkt unter Gesetze, und zu abgemessen«, als daß Dichter in ihm derart kühne Dithyramben wie die Griechen schaffen könnten (S. 331). Ebenso sei das Deutsche durch seinen Sprachrhythmus völlig ungeeignet, sich die Metrenvielfalt, die freien, ungebundenen Rhythmen der griechischen Dithyrambiker zu eigen zu machen. Das wahre Dithyrambische wird für Herder durch Pindar repräsentiert, an dem er die dichterische Begeisterung, die Kraft seiner Bilder, die Unordnung und Sprünge in der Komposition, den *saltus dithyrambicus*, bewundert. Der Flug des pindarischen Adlers könne heute nicht mehr erreicht werden; die Urgewalt seiner Dichtungen, die sich »brausend vom Felsen« herab zu Tale wälzen, sei für die Heutigen unwiderruflich verloren.

Wie Herder wurden von Horazens Pindarverständnis auch andere Autoren und Theoretiker der Sturm-und-Drang-Zeit stark beeinflußt. So spricht Friedrich Gottlieb Klopstock in den Oden *Auf meine Freunde* (*Ausgewählte Werke*, S. 12) sein Lied an, das sich weigere, sich einer Form und Regel zu beugen. Es enttaumle »ununterwürfig, Pindars Gesängen gleich, gleich Zeus erhabenem trunkenen Sohn, frey aus der schaffenden Seel.« Gottbegeistert läßt der Dichter die Gesänge seinem Innern entströmen, so wie Dionysos durch den Blitzstrahl des Zeus aus dem Leib seiner Mutter geschleudert wurde. Hier klingt die Vorstellung an, die bereits bei der ersten literarischen Erwähnung, in den zwei Versen des Archilochos, mit der dithyrambischen Dichtung verbunden war (s. o. S. 19). Pindar wird, wie dies in dem Schlüsseltext, der Ode des Horaz, bereits vorgegeben ist, zum Urbild des dichterischen Originalgenies. Der Dithyrambos wird zu der literarischen Form, die es dem genialen, gottbegeisterten Dichter erlaubt, seinem künstlerischen Drang freien Lauf zu lassen.

Herders Dithyrambenverständnis prägte in besonderem Maße den jungen Goethe, wie sein an Herder gerichteter Brief vom 10. Juli 1772 belegt, in dem er seiner Pindarbegeisterung, seiner poetischen Erleuchtung, die ihm durch seine Lektüre Pindars zuteil wurde, einen enthusiastischen Ausdruck verleiht. Goethes Gedichte der Sturm-und-Drang-Zeit – *Prometheus, Ganymed, Wandrers Sturmlied, Mahomets Gesang* und *Harzreise im Winter* – sind pindarisierend, sie sind dithyrambisch in dem Sinne, wie man sich im 18. Jahrhundert den Dithyrambos vorstellte. Freie Rhythmen, kühne Neologismen, eine die normale deutsche Satzstruktur sprengende Syntax, in *Wandrers Sturmlied* gar eine triadische Struktur, die für Pindars Siegeslieder (Epinikien) typische Bauweise von sich metrisch entsprechender Ode und Antode, auf die eine davon verschiedene Epode folgt. Pindar wird zur Chiffre, zum Prototyp des poetischen Naturgenies, das mit Urgewalt – ganz im Sinne des horazischen Pindarverständnisses – alles mit sich reißt und wie ein dahinstürzender, unbändiger Strom keine Begrenzungen kennt. Die poetische Kraft und Besessenheit kann jedoch nicht durchgehalten werden, sie verglüht und zerbricht, wie die Syntax der letzten Verse auseinanderbricht (*Wandrers Sturmlied* 101–116):

»Wenn die Räder rasselten
Rad an Rad, rasch ums Ziel weg
Hoch flog
Siegdurchglühter
Jünglinge Peitschenknall,

Und sich Staub wälzt'
Wie vom Gebürg herab
Kieselwetter ins Tal,
Glühte deine Seel' Gefahren, Pindar,
Mut. – Glühte –
Armes Herz –
Dort auf dem Hügel,
Himmlische Macht,
Nur so viel Glut,
Dort meine Hütte,
Dort hin zu waten.«

Im ausgehenden 19. Jahrhundert gewann die Idee des Dithyrambischen an neuer Zugkraft durch Friedrich Nietzsches *Geburt der Tragödie* (1872) und seine *Dionysos-Dithyramben* (1888). In der *Geburt der Tragödie* bringt Nietzsche mit Nachdruck wieder die Ursprungsfrage in die Diskussion – allerdings nicht im Sinne einer historischen, sondern eher einer anthropologischen Fragestellung. Er sieht die Tragödie als das Endziel der beiden Grundkonstanten künstlerischen Schaffens an, des Dionysischen und des Apollinischen, die, »in immer neuen aufeinanderfolgenden Geburten, und sich gegenseitig steigernd, das hellenische Wesen beherrscht haben« und schließlich »das erhabene und hochgepriesene Kunstwerk der attischen Tragödie und des dramatischen Dithyrambus, als das gemeinsame Ziel beider Triebe« hervorgebracht haben (Kapitel 4, S. 127). Die Genese der Gattung Tragödie aus anthropologischen Grundkonstanten stellt Nietzsches Schrift in die Tradition von Herders Dithyrambosverständnis. An die Stelle des Dithyrambischen, das Herder verwendet, um die poetische Kreativität in Taumel und Rausch zu bezeichnen, setzt Nietzsche das Prinzip des Dionysischen, der das Dithyrambische als ästhetisch-poetische Chiffre verdrängt. Archaische Riten kehren zurück, die Mysterien zu Ehren des Dionysos, die Nietzsche als Geburtsstätte der Tragödie ansieht. Bereits 1869/70 betont Nietzsche (*Kritische Studienausgabe*, Bd. 7, 30 f.):

»Wichtig ist der Anstoß, den die Mysterien gegeben haben müssen. Die heilige Aktion mit Theatereffekten im geschlossenen Raume, bei Licht, mit Beleuchtungseffekten. Wahrscheinlich entstand das Drama als ›öffentliches Mysterium.‹«

Das Mysterium, die Wiedergeburt der griechischen Tragödie, findet Nietzsche in der Musik. Richard Wagners Musik ist für ihn ein Synonym für das Dionysische, wie er enthusiastisch an seinen Studienfreund Erwin Rohde nach einem Konzert schreibt, das er in Mannheim unter Wagners Leitung gehört hat (Dezember 1871, Zitat bei Cancik, *Philolog und Kultfigur*, S. 47). Wagner selbst beschreibt sein »Erweckungserlebnis«, das ihm 1847 durch die Lektüre von Aischylos' Tragödien in Droysens Übersetzung zuteil wurde, in seiner Autobiographie *Mein Leben* in vergleichbaren Formulierungen. Er spricht von dem »berauschenden Bild der athenischen Tragödienaufführungen«, von der »eindringlichen Gewalt«, die die *Orestie* auf ihn ausübte.

»Nichts glich der erhabenen Erschütterung, welche der *Agamemnon* auf mich hervorbrachte; bis zum Schluß der *Eumeniden* verweilte ich in dem Zustand der Entrücktheit.« (S. 356)

Nietzsches Gedanken werden von seinem Studienfreund Erwin Rohde weiterentwickelt. In *Psyche. Seelencult und Unsterblichkeitsglaube der Griechen* (^{2}1898) schildert er in poetisch eindrucksvoller Weise die Nachtfeier des thrakischen Dionysoskultes (Bd. 2, S. 9 f.):

»Die Feier ging auf Berghöhen vor sich, in dunkler Nacht, beim unsteten Licht der Fackelbrände. Lärmende Musik erscholl, der schmetternde Schall eherner Becken, der dumpfe Donner großer Handpauken und dazwischen hinein der ›zum Wahnsinn lockende Einklang‹ tieftönender Flöten, deren Seele erst phrygische Auleten erweckt hatten. Von dieser wilden Musik erregt, tanzt mit gellendem Jauchzen die Schar der Feiernden. [...] im wüthenden, wirbelnden, stürzenden Rundtanz eilt die Schaar der Begeisterten über die Berghalden dahin. Meist waren es Weiber, die bis zur Erschöpfung in diesen Wirbeltänzen sich umschwangen; seltsam verkleidet [...] sie schwingen Dolche, oder Thyrsosstäbe, die unter dem Efeu die Lanzenspitze verbergen. So toben sie bis zur äussersten Aufregung aller Gefühle, und im ›heiligen Wahnsinn‹ stürzen sie sich auf die zum Opfer erkorenen Thiere, packen und zerreissen die eingeholte Beute, und reissen mit den Zähnen das blutige Fleisch ab, das sie roh verschlingen.«

Den Zweck und Sinn dieser »auffallenden Begehungen« sieht Rohde darin, daß sich die Teilnehmer in »eine Art von Manie, eine ungeheure Ueberspannung ihres Wesens« versetzten und zu einer »Ueberreizung der Empfindung bis zu visionären Zuständen« gelangten. Von dieser Deutung ist es nur ein kleiner Schritt zur Psychologisierung des Dionysischen, wie sie Hermann Bahr in seinem *Dialog vom Tragischen* (1903) unter dem Einfluß von Sigmund Freuds Hysteriestudien vornahm, und zu Hugo von Hofmannsthals *Elektra* (1903), die in bakchantisch-hysterischem Taumel, »den Kopf zurückgeworfen wie eine Mänade«, die Erfüllung ihres Wunsches, Klytaimestras und Aigisths Ermordung, in einem »angespannten Triumph« feiert. Der Einbruch des Archaisch-Dionysischen in die apollinische Welt Gustav Aschenbachs in Thomas Manns *Tod in Venedig* (1912) kann seine Herkunft von Rohdes thrakischen Dionysosmysterien nicht leugnen. Die homerische, apollinische Klarheit zu Beginn des vierten Kapitels – »Nun lenkte Tag für Tag der Gott mit den hitzigen Wangen nackend sein gluthauchendes Viergespann durch die Räume des Himmels« (S. 386) – erhält ihr archaisches, dunkles, dionysisches Gegenstück in Aschenbachs nächtlichen Fieberphantasien (S. 410):

»Angst war der Anfang, Angst und Lust und eine entsetzliche Neugier nach dem, was kommen wollte. Nacht herrschte, und seine Sinne lauschten; denn von weither näherte sich Getümmel, Getöse, ein Gemisch von Lärm: Rasseln, Schmettern und dumpfes Donnern, schrilles Jauchzen dazu und ein bestimmtes Geheul im gezogenen u-Laut, – alles durchsetzt und grauenhaft süß übertönt von tief girrendem ruchlos beharrlichem Flötenspiel, welches auf schamlos zudringende Art die Eingeweide bezauberte. Aber er wußte ein Wort, dunkel, doch das benennend, was kam: ›Der fremde Gott!‹ Qualmige Glut quoll auf: da erkannte er Bergland, ähnlich dem um sein Sommerhaus. Und in zerrissenem Licht von bewaldeter Höhe, zwischen Stämmen und moosigen Felstrümmern wälzte es sich und stürzte wirbelnd herab: Menschen, Tiere, ein Schwarm, eine tobende Rotte [...] Weiber [...] schüttelten Schellentrommeln über ihren stöhnend zurückgeworfenen Häuptern, schwangen stiebende Fackelbrände und nackte Dolche.«

Der dionysische Kontrapunkt bestimmt auch weiterhin die Auseinandersetzung mit der griechischen Tragödie. Wie Euripides in seinen *Bakchen* am Endpunkt der Entwicklung der Gattung Tragödie an ihre kultisch-blutigen Ursprünge erinnert, kehrt Hermann Nitsch mit seinem »Orgien Mysterien Theater« in den sechziger Jahren mit direktem Bezug auf die griechischen Tragiker und die aristotelische Tragödientheorie, insbesondere auf die Katharsislehre, die Entladung unterdrückter Affekte, zum kultischen Spiel, zum Dionysosfest zurück. Es ist wohl kein Zufall, daß Dionysos und das Dionysisch-Archaische auch in der Oper wiederkehrt: Hans Werner Henzes *Bassariden* (1966) enden mit dem Triumph des Gottes und der Himmelfahrt seiner Mutter Semele, während das Volk von Theben zwei riesige Fruchtbarkeitsbildnisse an Semeles Grab verehrt. Das Dionysische in der Tragödie wird nicht nur in modernen Inszenierungen griechischer Tragödien bisweilen kraß betont, sondern beherrscht in den letzten Jahren auch immer mehr die philologische, religionswissenschaftliche und anthropologische Diskussion. Unter dem Firnis des Kunstwerks schlummert, gebändigt durch Form und Sprache, die wilde Urkraft des Gottes und seiner Mysterien, unter dem Lack der Zivilisation droht ständig seine ungebändigte, mitreißende Gewalt hervorzubrechen (*Bakchen* 151–161):

»Mit dem Euoigeschrei mischt der Gott seinen Ruf:
›Auf, ihr Bakchen, auf ihr Bakchen!
In des Tmolos güldenem Schmuck
Singet dem Gott die Weise
Unter dröhnendem Paukenschall.‹
Euoi, euoi! tön' es in phrygischen Lauten dem Gotte!
Flöten stimmt frommen Klang, froh und fromm,
Der zu dem rasenden Lauf ins Gebirge, ins Gebirge sich füge.«

(Übersetzung Hans von Arnim)

Anhang

Literaturhinweise

Die folgenden Literaturhinweise erheben keinen Anspruch auf Vollständigkeit; sie sollen in erster Linie als Anregung dienen, sich mit den in den einzelnen Kapiteln behandelten Themen und Problemen näher auseinanderzusetzen. Insbesondere kann bei den Porträts der drei Tragiker nur ein minimaler Auszug aus der enormen Masse an Sekundärliteratur geboten werden. Die angeführten Titel verfügen jedoch in der Regel über ausführliche Bibliographien, so daß man ohne größere Schwierigkeiten zur Spezialliteratur vordringen kann. Die wissenschaftlichen Kommentare sind in meinen Artikeln zu Aischylos, Euripides und Sophokles in *Der Neue Pauly* aufgelistet.

Bibliographische Abkürzungen:
Page: Denys L. Page, Poetae Melici Graeci, Oxford 1962.
PCG: Rudolf Kassel / Colin Austin (Hrsg.), Poetae Comici Graeci, Berlin/New York 1983 ff.
West: Martin L. West, Iambi et elegi Graeci ante Alexandrum cantati, Oxford [2] 1971.

Primärtexte

Zweisprachige Ausgaben der griechischen Tragiker
Aischylos, Tragödien, übersetzt v. Oskar Werner, hrsg. von Bernhard Zimmermann, Zürich/Düsseldorf [5] 1996.
Sophokles, Dramen, übersetzt u. hrsg. v. Wilhelm Willige, überarbeitet v. Karl Bayer, mit Anm. u. einem Nachwort v. Bernhard Zimmermann, Zürich [3] 1995.
Euripides, übersetzt v. Ernst Buschor, hrsg. v. Gustav A. Seeck, 6 Bde., München 1972–1981.
Euripides, Ausgewählte Tragödien, übersetzt v. Ernst Buschor, hrsg. v. Bernhard Zimmermann, 2 Bde., Zürich/Düsseldorf 1996.

Fragmente
Die Fragmente der griechischen Tragiker sind in den auf 5 Bände angelegten *Tragicorum Graecorum Fragmenta* (Göttingen) zugänglich. Bisher erschienen sind Bd. 1: Didascaliae etc., Tragici minores (hrsg. v. Bruno Snell/Richard Kannicht [2] 1986); Bd. 2: Fragmenta adespota (hrsg. v. Bruno Snell/Richard Kannicht, 1981); Bd. 3: Aeschylus (hrsg. v. Stefan Radt, 1985); Bd. 4: Sophocles (hrsg. v. Stefan Radt, 1977).

Musa tragica. Die griechische Tragödie von Thespis bis Ezechiel. Ausgewählte Zeugnisse und Fragmente, griechisch u. deutsch, hrsg. v. Bardo Gauly u. a., Göttingen 1991.

Das griechische Satyrspiel, hrsg. v. Ralf Krumeich, Nikolaus Pechstein u. Bernd Seidensticker, Darmstadt 1999.

Die Fragmente der griechischen Komödie werden zitiert nach Rudolf Kassel/Colin Austin (Hrsg.), Poetae Comici Graeci, Berlin/New York 1983 ff. (PCG), die der griechischen Lyriker nach Denys L. Page, Poetae Melici Graeci, Oxford 1962 (PMG).

Auswahl aus deutschen Übersetzungen der drei Tragiker

Aischylos, Tragödien, übersetzt v. Oskar Werner, mit einer Einführung u. Erläuterungen v. Bernhard Zimmermann, München 1990.

Aischylos, Die sieben Tragödien, übersetzt v. Johann Gustav Droysen, Leipzig 1971.

Die Orestie des Aischylos, übersetzt v. Peter Stein, hrsg. v. Bernd Seidensticker, München 1997.

Sophokles, Tragödien, übersetzt v. Wilhelm Willige, mit einer Einführung u. Erläuterungen v. Bernhard Zimmermann, München 1990.

Sophokles, Die Tragödien, übersetzt v. Karl Wilhelm Ferdinand Solger (1808), mit einem Nachwort v. Wolfgang Schadewaldt u. Anm. v. Klaus Ries, München 1977.

(Die Sophokles-Übersetzungen Wolfgang Schadewaldts sind als Insel-Taschenbücher veröffentlicht.)

Euripides, Tragödien, übersetzt v. Hans von Arnim, mit einer Einführung u. Erläuterungen v. Bernhard Zimmermann, München 1990.

Euripides, Sämtliche Tragödien in 2 Bänden, nach der Übersetzung v. J. J. Donner überarbeitet v. Richard Kannicht, Stuttgart 1958.

Übersetzungen anderer antiker Autoren

Aristophanes, übersetzt v. Ludwig Seeger, hrsg. v. Hans-Joachim Newiger u. Peter Rau, München 1968 (Taschenbuch 1990).

Aristoteles, Poetik, griechisch/deutsch, übersetzt u. hrsg. v. Manfred Fuhrmann, Stuttgart 1982.

Herodot, Historien, griechisch/deutsch, hrsg. v. Josef Feix, 2 Bde., München/Zürich [5] 1995.

Horaz, Werke, lateinisch/deutsch, hrsg. v. Hans Färber, bearb. v. Wilhelm Schöne, München [11] 1993.

Platon, Sämtliche Werke, eingeleitet v. Olof Gigon, übertragen v. Rudolf Rufener, 8 Bde., Zürich 1974.

Thukydides. Geschichte des Peloponnesischen Krieges, hrsg. u. übertragen v. Georg Peter Landmann, Zürich 1960 (zweisprachige Ausgabe: München/Zürich 1993).

Werke moderner Autoren

Brecht, Bertolt, Gesammelte Werke in 20 Bänden, Frankfurt am Main 1967.

Dürrenmatt, Friedrich, Komödien I, Zürich 1957.

Ders., Theater-Schriften und Reden, Zürich 1966.

Ders., Dramaturgisches und Kritisches. Theater-Schriften und Reden II, Zürich 1972.

Frisch, Max, Gesammelte Stücke, Zürich o. J. (Sonderausgabe).

Goethe, Johann Wolfgang von, Werke (Hamburger Ausgabe in 14 Bänden), hrsg. v. Erich Trunz, München [16] 1996 (Sonderausgabe 1998).

Hofmannsthal, Hugo von, Gesammelte Werke in 15 Bänden, Frankfurt am Main 1979.

Herder, Johann Gottfried, Werke in 10 Bänden. Bd. 1: Frühe Schriften, hrsg. v. Ulrich Gaier, Frankfurt am Main 1985.

Hölderlin, Friedrich, Sämtliche Werke und Briefe in 3 Bänden, hrsg. v. Jochen Schmidt, Frankfurt am Main 1994.

Lessing, Gotthold Ephraim, Werke Bd. 2: Kritische Schriften, Philosophische Schriften, München 1969.

Mann, Thomas, Sämtliche Erzählungen, Frankfurt am Main 1963.

Nietzsche, Friedrich, Die Geburt der Tragödie. Schriften zur Literatur und Philosophie der Griechen, hrsg. u. erläutert v. Manfred Landfester, Frankfurt am Main 1994.

Ders., Sämtliche Werke. Studienausgabe in 15 Bänden. Hrsg. v. Giorgio Colli u. Mazzino Montinari, München 1980.

O'Neill, Eugene, Trauer muß Elektra tragen, Frankfurt am Main 1990.

Schiller, Friedrich, Sämtliche Werke in 5 Bänden, München 1968.

Ders., Briefe in 2 Bänden, Berlin/Weimar [2] 1982.

Schlegel, August Wilhelm von, Kritische Schriften und Briefe, Bd. 5/6, hrsg. v. Edgar Lohner, Stuttgart 1966.

Schlegel, Friedrich, Studien des klassischen Altertums, eingeleitet u. hrsg. v. Ernst Behler, Paderborn/München/Wien 1979.

Werfel, Franz, Die Troerinnen des Euripides, Leipzig 1915.

Wolf, Christa, Kassandra, Darmstadt/Neuwied [2] 1983.

Einführende Literatur zur griechischen Tragödie

Bierl, Anton/Möllendorff, Peter von (Hrsg.), Orchestra. Drama, Mythos, Bühne (Festschrift für Hellmut Flashar), Stuttgart/Leipzig 1994.

Easterling, Patricia E. (Hrsg.), The Cambridge Companion to Greek Tragedy, Cambridge 1997.

Latacz, Joachim, Einführung in die griechische Tragödie, Göttingen 1993.

Lesky, Albin, Die tragische Dichtung der Hellenen, Göttingen [3] 1972.

Seeck, Gustav A. (Hrsg.), Das griechische Drama, Darmstadt 1979.

Ders., Die griechische Tragödie, in: Ernst Vogt (Hrsg.), Griechische Literatur, Darmstadt 1979, S. 155–203.

Segal, Erich (Hrsg.), Oxford Readings in Greek Tragedy, Oxford 1983.

Zimmermann, Bernhard, Die griechische Tragödie, München/Zürich [2] 1992.

Zum römischen Drama:

Lefèvre, Eckard (Hrsg.), Das römische Drama, Darmstadt 1978.

Literatur zu den anderen dionysischen Gattungen (Komödie, Satyrspiel, Dithyrambos)

Seidensticker, Bernd (Hrsg.), Satyrspiel, Darmstadt 1989.

Krumeich, Ralf/Pechstein, Nikolaus/Seidensticker, Bernd, Das griechische Satyrspiel, Darmstadt 1999.

Zimmermann, Bernhard, Dithyrambos. Geschichte einer Gattung, Göttingen 1992.

Ders., Die griechische Komödie, Düsseldorf/Zürich 1998.

Weiterführende Literatur zu den einzelnen Kapiteln

Einleitung

Bahr, Hermann, Glossen. Zum Wiener Theater (1903–1906), Berlin 1907.

Bierl, Anton, Dionysos und die griechische Tragödie, Tübingen 1991.

Segal, Charles, Dionysiac Poetry and Euripides' Bacchae, Princeton [2] 1997.

Zimmermann, Bernhard, Die griechische Komödie, Düsseldorf/Zürich 1998, S. 156–172.

Wilde Ursprünge

Burkert, Walter, Homo necans. Interpretationen zu altgriechischen Opferriten und Mythen, Berlin/New York 1972.

Ders., Griechische Religion der archaischen und klassischen Epoche, Stuttgart/Berlin/Köln/Mainz 1977.

Ders., Griechische Tragödie und Opferritual, in: ders., Wilder Ursprung. Opferritual und Mythos bei den Griechen, Berlin 1990, S. 13–39.

Ders., Antike Mysterien, München 1990.

Else, Gerald F., The Origin and Early Form of Greek Tragedy, Cambridge/Mass. 1965.

Kloft, Hans, Mysterienkulte der Antike. Götter, Menschen, Rituale, München 1999.

Leonhardt, Jürgen, Phalloslied und Dithyrambos. Aristoteles über den Ursprung des griechischen Dramas, Heidelberg 1991.

Patzer, Harald, Die Anfänge der griechischen Tragödie, Wiesbaden 1962.

Schreckenberg, Heinz, Drama. Vom Werden der griechischen Tragödie aus dem Tanz, Würzburg 1960.
Winnington-Ingram, Reginald P., The Origins of Tragedy, in: Patricia E. Easterling/Bernard M. W. Knox, The Cambridge History of Classical Literature I: Greek Literature, Cambridge 1985, S. 258–263.

Der gezähmte Dionysos oder die attische Tragödie
Der Tyrann Peisistratos und die Anfänge der griechischen Tragödie
Lloyd-Jones, Hugh, Problems of Early Greek Tragedy, in: Greek Epic, Lyric, and Tragedy. The Academic Papers of Sir Hugh Lloyd-Jones, Oxford 1990, S. 225–237.
Stahl, Michael, Aristokraten und Tyrannen im archaischen Athen, Stuttgart 1987.

Die attische Demokratie und die dionysischen Gattungen
Blume, Horst-Dieter, Einführung in das antike Theaterwesen, Darmstadt ³1991.
Burkert, Walter, Die antike Stadt als Festgemeinschaft, in: P. Hugger (Hrsg.), Stadt und Fest, Unterägeri/Stuttgart 1987, S. 25–44.
Connor, Walter R., City Dionysia and Athenian Democracy, in: Classica et Mediaevalia 40, 1989, S. 7–32.
Gehrke, Hans-Joachim, Stasis, München 1985.
Haug, Walter/Warning, Rainer, (Hrsg.), Das Fest, München 1989 (darin die Arbeiten von Richard Kannicht, Thalia – Über den Zusammenhang zwischen Fest und Poesie bei den Griechen, S. 29–52; Christian Meier, Zur Funktion der Feste in Athen im 5. Jahrhundert v. Chr., S. 569–591).
Herington, Cecil J., Poetry into Drama, Berkeley/Los Angeles 1985.
Parke, Herbert W., Festivals of the Athenians, London 1977 (deutsch: Mainz 1987).
Pickard-Cambridge, Arthur W., The Dramatic Festivals of Athens, Oxford ²1968 (1988).
Simon, Erika, Festivals of Attica. An Archeological Commentary, Wisconsin 1983.
Welwei, Karl-Wilhelm, Das klassische Athen. Demokratie und Machtpolitik im 5. und 4. Jahrhundert, Darmstadt 1999.
Winkler, John J./Zeitlin, Froma I. (Hrsg.), Nothing to Do with Dionysus? Athenian Drama and Its Social Context, Princeton 1990.
Zimmermann, Bernhard, Stadt und Fest. Zur Funktion athenischer Feste im 5. Jahrhundert, in: Aleida Assmann/Dietrich Harth (Hrsg.), Kultur als Lebenswelt und Monument, Frankfurt am Main 1991, S. 153–161.

Inszenierungsfragen
Arnott, Peter D., Greek Scenic Conventions in the 5th Century B. C., Oxford 1962.

Hourmouziades, Nicolas C., Production and Imagination in Euripides, Athen 1965.

Melchinger, Siegfried, Das Theater der Tragödie. Aischylos, Sophokles, Euripides auf der Bühne ihrer Zeit, München 1974.

Newiger, Hans-Joachim, Drama und Theater. Ausgewählte Schriften zum griechischen Drama, Stuttgart 1996.

Seale, David, Vision and Stagecraft in Sophocles, London/Canberra 1982.

Taplin, Oliver, The Stagecraft of Aeschylus. The Dramatic Use of Exits and Entrances in Greek Tragedy, Oxford 1977.

Ders., Greek Tragedy in Action, London ² 1985.

Struktur und Form der griechischen Tragödie

Erbse, Hartmut, Studien zum Prolog der Euripideischen Tragödie, Berlin/New York 1984.

Jens, Walter (Hrsg.), Die Bauformen der griechischen Tragödie, München 1971.

Nestle, Walter, Die Struktur des Eingangs in der attischen Tragödie, Stuttgart 1930 (Nachdruck 1967).

Musik und Tanz in der griechischen Tragödie

Gentili, Bruno/Pretagostini, Roberto, La musica in Grecia, Roma/Bari 1988.

Pintacuda, Mario, La musica nella tragedia greca, Cefalù 1978.

Scott, William C., Musical Design in Aeschylean Theatre, Hannover (N. H.) 1984.

West, Martin L., Ancient Greek Music, Oxford 1992.

Zimmermann, Bernhard, Dichtung und Musik. Überlegungen zur Bühnenmusik im 5. und 4. Jahrhundert v. Chr., in: Lexis 11, 1993, S. 23–35.

Wege der Überlieferung der griechischen Tragödie

Erbse, Hartmut, Überlieferungsgeschichte der griechischen klassischen und hellenistischen Literatur, in: Herbert Hunger/Otto Stegmüller (Hrsg.), Die Textüberlieferung der antiken Literatur und der Bibel, München 1975, S. 207–284.

Pöhlmann, Egert, Einführung in die Überlieferungsgeschichte und in die Textkritik der antiken Literatur, Bd. 1, Darmstadt 1994.

Reynolds, Leighton D./Wilson, Nigel G., Scribes and Scholars. A Guide to the Transmission of Greek and Latin Literature, Oxford ³ 1991.

Die drei Tragiker
Aischylos

Goldhill, Simon D., Aeschylus: The Oresteia, Cambridge 1992.

Hommel, Hildebrecht (Hrsg.), Aischylos, 2 Bde., Darmstadt 1974.

Lossau, Manfred J., Aischylos, Hildesheim/Zürich/New York 1998.

Reinhardt, Karl, Aischylos als Regisseur und Theologe, Bern 1949.

Snell, Bruno, Aischylos und das Handeln im Drama, Leipzig 1928.

Sommerstein, Alan H., Aeschylean Tragedy, Bari 1996 (mit ausführlicher Diskussion der Sekundärliteratur, S. 447 ff.).
Winnington-Ingram, Reginald P., Studies in Aeschylus, Cambridge 1983.

Sophokles
Burkert, Walter, Oedipus, Oracles, and Meaning. From Sophocles to Umberto Eco, Toronto 1991.
Curi, Umberto / Treu, Martina (Hrsg.), L'enigma di Edipo, Padova 1997.
Diller, Hans (Hrsg.), Sophokles, Darmstadt 1967.
Gentili, Bruno / Pretagostini, Roberto (Hrsg.), Edipo. Il teatro greco e la cultura europea, Roma 1986.
Knox, Bernard M. W., The Heroic Temper. Studies in Sophoclean Tragedy, Berkeley / Los Angeles 1964.
Müller, Carl Werner, Zur Datierung des sophokleischen König Ödipus, Mainz 1984.
Reinhardt, Karl, Sophokles, Frankfurt am Main [4] 1976.
Romilly, Jacqueline de (Hrsg.), Sophocle, Vandoeuvres / Genève 1983.
Segal, Charles, Sophocles' Tragic World. Divinity, Nature, Society, Cambridge (Mass.) 1998.
Webster, Thomas B. L., An Introduction to Sophocles, London [2] 1969.
Winnington-Ingram, Reginald P., Sophocles. An Interpretation, Cambridge 1980.

Euripides
Burnett, Anne Pippin, Catastrophe Survived. Euripides' Plays of Mixed Reversal, Oxford 1971.
Cropp, Martin / Fick, Gordon, Resolutions and Chronology in Euripides, London 1985.
Friedrich, Wolf-Hartmut, Euripides und Diphilos, München 1953.
Harder, Ruth E., Die Frauenrollen bei Euripides, Stuttgart 1993.
Murray, Gilbert, Euripides und seine Zeit, Darmstadt 1957.
Petersen, Uwe, Goethe und Euripides. Untersuchungen zur Euripides-Rezeption in der Goethezeit, Heidelberg 1974.
Reinhardt, Karl, Die Sinneskrise bei Euripides, in: ders., Tradition und Geist, Göttingen 1960, S. 227–256 (= Ernst-Richard Schwinge [Hrsg.], Euripides, Darmstadt 1968, S. 507–542 = Karl Reinhardt, Die Krise des Helden, München 1962, S. 19–52).
Segal, Charles, Euripides and the Poetics of Sorrow, Durham / London 1993.
Schwinge, Ernst Richard (Hrsg.), Euripides, Darmstadt 1968.
Seidensticker, Bernd, Palintonos Harmonia. Studien zu komischen Elementen in der griechischen Tragödie, Göttingen 1982.
Webster, Thomas B. L., The Tragedies of Euripides, London 1967.

Zu modernen Inszenierungen der drei Tragiker

Bierl, Anton, Die Orestie des Aischylos auf der modernen Bühne. Theoretische Konzeptionen und ihre szenische Realisierung, Stuttgart/Weimar 1997.

Dunn, Francis M. (Hrsg.), Sophocles' Electra in Performance, Stuttgart 1996.

Flashar, Hellmut, Inszenierung der Antike. Das griechische Drama auf der Bühne der Neuzeit, München 1991.

Fusillo, Massimo, La Grecia secondo Pasolini. Mito e cinema, Firenze 1996.

Istituto Nazionale Del Dramma Antico (INDA), Ombre della parola. Ottanta anni di teatro antico nella Siracusa del Novecento 1914–1994, Palermo 1994.

McDonald, Marianne, Ancient Sun, Modern Light. Greek Drama on the Modern Stage, New York 1992.

Forschungsberichte zu den griechischen Tragikern finden sich fortlaufend im *Anzeiger für die Altertumswissenschaft* und in *Lustrum*.

Mythos und Tragödie

Aélion, Rachel, Euripide, héritier d'Eschyle, 2 Bde., Paris 1983.

Dies., Quelques grandes mythes héroiques dans l'oeuvre d'Euripide, Paris 1986.

Burkert, Walter, Structure and History in Greek Mythology and Ritual, Berkeley/Los Angeles/London 1982.

Fuhrmann, Manfred, Mythos als Wiederholung in der griechischen Tragödie und im Drama des 20. Jahrhunderts, in: ders. (Hrsg.), Terror und Spiel. Probleme der Mythenrezeption, München 1971, S. 121–143 (= ders., Brechungen. Wirkungsgeschichtliche Studien zur antik-europäischen Bildungstradition, Stuttgart 1982, S. 171–198).

Graf, Fritz, Griechische Mythologie, Düsseldorf/Zürich [4]1997.

Halter, Thomas, König Oedipus. Von Sophokles zu Cocteau, Stuttgart 1998.

Heinemann, Karl, Die tragischen Gestalten der Griechen in der Weltliteratur, 2 Bde., Leipzig 1920 (Darmstadt [2]1968).

Lehmann, Hans-Thies, Theater und Mythos. Die Konstitution des Subjekts im Diskurs der antiken Tragödie, Stuttgart 1991.

Stephanopoulos, Theodoros, Umgestaltung des Mythos durch Euripides, Athen 1980.

Steiner, George, Die Antigonen, München 1990.

Ugolini, Gherardo, Untersuchungen zur Figur des Sehers Teiresias, Tübingen 1995.

Zimmermann, Christiane, Der Antigone-Mythos in der antiken Literatur und Kunst, Tübingen 1992.

Politik und Tragödie

Braun, Maximilian, Die »Eumeniden« des Aischylos und der Areopag, Tübingen 1998.

Burkert, Walter, Die Absurdität der Gewalt und das Ende der Tragödie. Euripides Orestes, in: Antike und Abendland 20, 1974, S. 19–52.

Hose, Martin, Drama und Gesellschaft. Studien zur dramatischen Produktion in Athen am Ende des 5. Jahrhunderts, Stuttgart 1995.

Meier, Christian, Die politische Kunst der griechischen Tragödie, München 1988.

Müller, Carl Werner, Philoktet. Beiträge zur Wiedergewinnung einer Tragödie des Euripides, Stuttgart/Leipzig 1997.

Podlecki, Anthony J., The Political Background of Aeschylean Tragedy, Ann Arbor 1966.

Rösler, Wolfgang, Polis und Tragödie. Funktionsgeschichtliche Betrachtungen zu einer antiken Literaturgattung, Konstanz 1980.

Sommerstein, Alan H./Halliwell, Stephen/Henderson, Jeffrey/Zimmermann, Bernhard (Hrsg.), Tragedy, Comedy, and the Polis, Bari 1993.

Zuntz, Günther, The Political Plays of Euripides, Manchester 1955.

Theorie und Praxis des Chores

Burton, Reginald W. B., The Sophoclean Chorus. A Study of Character and Function, Iowa City 1987.

Hose, Martin, Studien zum Chor bei Euripides, 2 Bde., Stuttgart 1990/91.

Paulsen, Thomas, Die Rolle des Chors in den späten Sophokles-Tragödien, Bari 1990.

Riemer, Peter/Zimmermann, Bernhard (Hrsg.), Der Chor im antiken und modernen Drama, Stuttgart/Weimar 1998.

Schadewaldt, Wolfgang, Hellas und Hesperien, Zürich/Stuttgart 1960.

Wagner, Richard, Mein Leben, hrsg. von Martin Gregor-Dellin, München 1963.

Tragödie und Tragödientheorie

Diels, Hermann/Kranz, Walter (Hrsg.), Die Fragmente der Vorsokratiker, 2. Bd., Berlin [6] 1952 (darin Gorgias, *Helena*, S. 288–294).

Flashar, Hellmut, Die Poetik des Aristoteles und die griechische Tragödie, in: Poetica 16, 1984, S. 1–23.

Fuhrmann, Manfred, Die Dichtungstheorie der Antike. Aristoteles, Horaz, Longin, Darmstadt [2] 1992 (in der 1. Auflage 1973 wird auch die Aristoteles-Rezeption in der Neuzeit behandelt).

Halliwell, Stephen, Aristotle's Poetics, London 1986.

Ders., The Poetics of Aristotle. Translation and Commentary, London 1987.

Söffing, Werner, Deskriptive und normative Bestimmungen in der Poetik des Aristoteles, Amsterdam 1981.

Zierl, Andreas, Affekte in der Tragödie. Orestie, Oidipus Tyrannos und die Poetik des Aristoteles, Berlin 1994.

Zimmermann, Bernhard (Hrsg.), Antike Dramentheorien und ihre Rezeption, Stuttgart 1992.

Die Tragödie und das Tragische
Eifler, Günther/Saame, Otto, Die Frage nach der Schuld, Mainzer Universitätsgespräche 1987/1988.
Flashar, Hellmut (Hrsg.), Tragödie. Idee und Transformation, Stuttgart/Leipzig 1997.
Gelfert, Hans-Dieter, Die Tragödie. Theorie und Praxis, Göttingen 1995.
Silk, Michael (Hrsg.), Tragedy and the Tragic. Greek Theatre and Beyond, Oxford 1996.
Söring, Jürgen, Tragödie. Notwendigkeit und Zufall im Spannungsfeld tragischer Prozesse, Stuttgart 1982.
Staiger, Emil, Grundbegriffe der Poetik, München 1971.
Szondi, Peter, Schriften, Bd. 1, Frankfurt am Main 1978.
In Lexis 15, 1997, S. 1–99 sind die Beiträge eines europäischen Kolloquiums zum Tragik-Verständnis abgedruckt, das besonders deutlich den unterschiedlichen Zugang zum Thema je nach Herkunft der einzelnen Autoren beleuchtet.

Dithyrambisch und dionysisch
Bahr, Hermann, Dialog vom Tragischen, Berlin 1904.
Cancik, Hubert, Nietzsches Antike, Stuttgart/Weimar 1995.
Ders./Cancik-Lindemaier, Hildegard, Philolog und Kultfigur. Friedrich Nietzsche und seine Antike in Deutschland, Stuttgart/Weimar 1999.
Leonhardt, Jürgen, Wagner, Orff und die griechische Tragödie. Annäherungen an ein unbekanntes Ideal, in: Gymnasium 106, 1999, S. 501–520.
Reibnitz, Barbara von, Ein Kommentar zu Friedrich Nietzsche »Die Geburt der Tragödie aus dem Geiste der Musik« (Kapitel 1–12), Stuttgart/Weimar 1992.
Rohde, Erwin, Psyche. Seelencult und Unsterblichkeitsglaube der Griechen, 2 Bde., Freiburg/Leipzig/Tübingen [2] 1898.
Schlesier, Renate, Dionysos, in: Der Neue Pauly 3, Stuttgart/Weimar 1997, Sp. 651–662.
Segal, Charles, Dionysiac Poetry and Euripides' Bacchae, Princeton [2] 1997 (vor allem S. 349 ff. mit ausführlicher Bibliographie).
Schmidt, Jochen, Die Geschichte des Genie-Gedankens in der deutschen Literatur, Philosophie und Politik 1750–1945, 2 Bde., Darmstadt 1985.
Silk, Michael S./Stern, Joseph P., Nietzsche on Tragedy, Cambridge 1981.
Stärk, Ekkehard, Hermann Nitschs »Orgien Mysterien Theater« und die »Hysterie der Griechen«. Quellen und Traditionen im Wiener Antikebild seit 1900, München 1987.
Zimmermann, Bernhard, Dithyrambos. Geschichte einer Gattung, Göttingen 1992, S. 9–18.

Glossar

Agón: wörtlich Wettkampf; Organisationsform dramatischer Aufführungen in Athen.

Aischrologie: wörtlich Aussprechen von Schändlichkeiten, Lizenz der Dionysosfeste, die ihren Niederschlag in den Komödien des 5. Jh. v. Chr. findet.

Amoibaíon: Wechselgesang.

Anagnórisis: Wiedererkennung, typisches Handlungselement der euripideischen Tragödie.

Anceps: metrischer Fachbegriff, bezeichnet die Stelle in einem Vers, an der Kürze, Länge oder Doppelkürze möglich ist.

Anthestherien: »Blütenfest« zu Ehren des Dionysos.

Antilabé: Sprecherwechsel innerhalb eines Verses als Steigerung der Stichomythie.

Antode: Gegenstück zu einer Ode, mit der sie metrisch korrespondiert.

Archon epónymos: höchster Beamter Athens, der dem Jahr den Namen gibt.

Areopag: Adelsrat in Athen.

Aretalogie: Teil eines Hymnos, Aufzählung der Aufgabenbereiche und Fähigkeiten eines Gottes.

Ätiologie: Ursprungs-, Ursachenerklärung.

Aulét: Aulosspieler.

Aulós: klangmäßig einer Oboe vergleichbares, zum Dionysoskult gehörendes Blasinstrument, im Deutschen häufig irreführend mit »Flöte« übersetzt, als Begleitinstrument bei Dramen- und Dithyrambenaufführungen eingesetzt.

Bakchantin: siehe Mänade.

Choreut: Mitglied eines Chores.

Chorlyrik: von einem Chor vorgetragene Gesänge, besonders Götterhymnen oder Siegeslieder (Epinikien).

Chorodidáskalos: »Chormeister«, im 5. Jh. v. Chr. Bezeichnung für die Tragiker.

Choregie: wörtlich »Leitung eines Chores«; ein Umlageverfahren *(Liturgie)* in Athen, das zur Finanzierung der Tragödien-, Komödien- sowie Dithyrambenaufführungen bestimmt war.

chthonisch: etwas, was mit der Unterwelt zu tun hat, vor allem die chthonischen Gottheiten Demeter und Persephone sowie die Erinnyen.

Daimon: göttliches Wesen.

Daktylus: Versmaß des Epos.

Decorum: Begriff der antiken Dichtungstheorie: das Angemessene; griechisch *prépon*.

Dementheater: Theateranlagen in den attischen Dörfern (Demen).

Demos: das Volk, kleinste Verwaltungseinheit Attikas (Gemeinde, Dorf).

Dionysien: Große (oder Städtische) Dionysien; Hauptfest der Stadt Athen zu Ehren des Dionysos im März/April.

Dionysostechniten: fahrende Schauspielgruppen.

Dioskuren: Kastor und Polydeukes, die Söhne des Zeus und der Leda, Brüder der Helena und Klytaimestra.

Diptychon: aus zwei Teilen bestehendes Altarbild; metaphorisch auf die Struktur der frühen Tragödien des Sophokles übertragen.

Díthýrambos: altes Kultlied zu Ehren des Dionysos.

Dóchmius: typisches Versmaß der Tragödie mit großen Variationsmöglichkeiten, wird in Szenen von höchstem Pathos eingesetzt.

Drómena: heilige Handlungen.

Ekkýklema: Bühnenmaschine, herausrollbarer Wagen; dient der Darstellung von Innenszenen.

Embólimon: Einschub, Intermezzo, Chorlied ohne Bezug zur Handlung.

Enkómion: Lobrede.

Entelechíe: Begriff der aristotelischen Philosophie: etwas, das sein Ziel (Telos) in sich hat.

Epeisódion: zwischen zwei Chorliedern stehender Teil eines Dramas (Episode).

Ephébe: Jugendlicher an der Schwelle zum Erwachsenen.

Epitáph: Leichenrede.

Epóde: wörtlich »Draufgesang«, auf Ode und Antode folgende, metrisch von den vorangehenden Teilen unterschiedene Partie.

Erínnyen: Rachegottheiten.

Éxodos: wörtlich Auszug; auf das letzte Chorlied folgender, ein Drama beschließender Teil.

Hellenotamías: Schatzmeister des attisch-delischen Seebundes.

Heros: in der Mythologie Halbgott mit übermenschlichen Kräften oder Fähigkeiten, der zumeist einen göttlichen Elternteil hat; der herausragende Heros ist Herakles, der Sohn des Zeus und der Alkmene.

Hetairie: politischer Club, meist oligarchischer Provenienz.

Hymnos: Lied zu Ehren eines Gottes.

Hypóthesis: kurze, von den Gelehrten der hellenistischen Zeit erstellte Inhaltsangabe.

Jambus: Vers der Form Anceps, Länge, Kürze, Länge; als Trimeter Sprechvers im Drama.

Joniker: Vers der Form Kürze, Kürze, Länge, Länge. Er wird eingesetzt, um ein orientalisches oder dionysisches Ambiente zu charakterisieren.

Kastalische Quelle: Quelle in Delphi, Ort der poetischen Inspiration durch die Musen.

Kátharsis: Reinigung, in der *Poetik* des Aristoteles zentraler Begriff (»Reinigung von den Affekten Furcht und Mitleid«), ursprünglich dem kultisch-medizinischen Bereich entstammend.

Kómos: Festumzug.

Kommós: Wechselgesang in klagendem Ton.

Kran: Theatermaschine, siehe Mechane.

Kürze: metrischer Fachbegriff *(breve)*, bezeichnet eine kurze Silbe.

Länge: metrischer Fachbegriff *(longum)*, bezeichnet eine lange Silbe.

Legómena: heilige Geschichten.

Lenäen: Fest zu Ehren des Dionysos zum Frühjahrsbeginn (Februar) mit Dramenaufführungen.

Mänade: Verehrerin des Dionysos, auch Bakchantin genannt.

Majuskel: Großbuchstaben

Mechané: Bühnenmaschine, Kran für den *deus ex machina*, auch Géranos, »Kranich«, genannt.

Metöke: »Mitwohner«, freier Einwohner Athens ohne attisches Bürgerrecht.

Metrik: Verslehre.

Mímesis: Nachahmung, zenraler Begriff der aristotelischen *Poetik*.

Minuskel: Kleinbuchstaben

Monodíe: Sologesang, Arie.

Myste: Person, die in Mysterien eingeweiht ist und über die Kultpraktiken Stillschweigen bewahren muß.

Mysterien: Geheimkulte, die ihren Eingeweihten (Mysten) ein glückseliges Leben nach dem Tod versprechen; die wichtigsten Mysterien waren die Eleusinischen Mysterien und die Dionysosmysterien.

Najáden: Quellennymphen.

Ode: gesungene Partie.

Orchéstra: Tanzplatz des Chores im griechischen Theater.

Paideía: Erziehung.

Panathenäen: großes attisches Fest zu Ehren der Stadtgöttin Pallas Athena.

Parachorégema: Zusatzleistung eines Choregen für eine Aufführung (zum Beispiel ein zweiter Chor).

Párodos: Einzug bzw. Einzugslied des Chores.

Párthenon: Tempel der Stadtgöttin Athena auf der Akropolis in Athen.

Péplos: der heilige Mantel Athenas, der ihr an den Panathenäen dargebracht wird.

Peripetíe: Handlungsumschlag im Drama.

Phýle: wörtlich Stamm, Hauptverwaltungseinheit der attischen Demokratie; Attika untergliedert sich in zehn Phylen.

Pólis: Stadt.

Prépon: siehe Decorum.

Proágon: »Vorwettkampf«, Vorstellung der Dichter und Chöre vor Eröffnung der Dionysien.

Prolog: Eröffnungsteil eines Dramas vor dem Einzug des Chores.

Proöm(ium): Einleitung, Vorwort.

Pseudepígraphon: fälschliche Zuschreibung eines anonymen Werkes an einen bekannten Autor.

Rhésis: Rede.

Satyr: in der Mythologie im Wald lebende Begleiter des Dionysos in Menschengestalt, aber mit Hufen, Hörnern, spitzen Ohren und Pferdeschwanz.

Schólion: von antiken Philologen stammende Erklärungen, die sich in den Handschriften finden.

Silén: Anführer und Vater der Satyrn.

Skené: Bühne, Bühnenhintergrund.

Stásimon: »Standlied« des Chores, das heißt alle Chorlieder, die dargeboten werden, nachdem der Chor nach der Parodos seinen Standplatz in der Orchestra bezogen hat.

Stichomythíe: Strukturelement der Tragödie, Sprecherwechsel nach jedem Vers.

Sýllaba ánceps: siehe Anceps.

Sympósion: nach bestimmten Regeln ablaufendes Gelage.

Témenos: heiliger, abgetrennter Bezirk.

Tetralogíe: drei Tragödien und ein Satyrspiel.

Tetrámeter: aus vier Metren bestehender Vers.

Theodizee: Begriff der Theologie und Philosophie, Rechtfertigung Gottes gegen den Vorwurf, das Übel in der Welt zu wollen.

Thrénos: Klagelied.

Thriambosdithýrambos: Kultname des Dionysos.

Trilogíe: drei Tragödien.

Trímeter: aus drei Metren bestehender Vers.

Trochäus: Vers der Form Länge, Kürze, Länge, Anceps.

Zeittafel

680–630	Archilochos von Paros
630–580	Periandros, Tyrann von Korinth
um 600	Arion von Methymna: Dithyrambenaufführung in Korinth
600–565	Kleisthenes, Tyrann von Sikyon; »tragische Chöre« in Sikyon
6. Jh.	Epigenes von Sikyon; dramatische Aufführungen
566/565	Reorganisation der Panathenäen in Athen
561/560	Erste Tyrannis des Peisistratos in Athen
546–527	Zweite Tyrannis des Peisistratos in Athen
535/531	Einführung der Großen Dionysien in Athen; Thespis: erste Tragödie
525–456/455	Aischylos
508	Einführung der Demokratie in Athen durch Kleisthenes; erster Dithyrambenagon
499	Debüt des Aischylos
497–406/405	Sophokles
492	Phrynichos, *Einnahme Milets*
490	Schlacht von Marathon
486	Erster Komödienagon bei den Großen Dionysien
484	Erster Sieg des Aischylos
480	Schlacht bei Salamis
480–406	Euripides
476	Phrynichos, *Phönizierinnen*
472	Aischylos, *Perser*
470	Debüt des Sophokles
467	Aischylos, Thebanische Trilogie (*Sieben gegen Theben*)
462	Einführung der radikalen Demokratie in Athen durch Ephialtes
458	Aischylos, *Orestie*
455	Debüt des Euripides
442 (?)	Sophokles, *Antigone*
438	Euripides, *Alkestis*
431	Euripides, *Medea*
431–404	Peloponnesischer Krieg
vor 431	Sophokles, *König Oidipus*
427–347	Platon
428	Euripides, *Hippolytos*

nach 420	Gorgias, *Lob der Helena*
415	Euripides, *Troerinnen*
415/414	Sizilische Expedition
412	Euripides, *Helena*
411	Oligarchischer Putsch in Athen
409	Sophokles, *Philoktetes*
408	Euripides, *Orest*; Auswanderung des Euripides nach Makedonien
405	Aristophanes, *Frösche*
nach 405	Euripides, *Bakchen*, *Iphigenie in Aulis*
399	Tod des Sokrates
386	Wiederaufführung alter Stücke erlaubt
384–322	Aristoteles
um 330	Staatsexemplar der Tragiker durch Lykurg
3./2. Jh.	Alexandrinische Philologen; Tragikerausgaben
240	Erste Tragödienaufführung in Rom durch Livius Andronicus
239–169	Ennius
220–130	Pacuvius
170–80	Accius
65–8	Horaz
ca. 1 v. Chr.–65	Seneca
372	Dekret des Kaisers Valens: Umschrift von Papyrusrollen in Codices
726–842	Bildersturm in Byzanz
9. Jh.	Umschrift von Majuskeln in Minuskeln
810–893	Photios
1204	Eroberung von Konstantinopel durch die Kreuzritter
13./14. Jh.	Byzantinische Renaissance
1453	Eroberung von Konstantinopel durch die Türken
3. 3. 1585	Aufführung des sophokleischen *König Oidipus* in Vicenza
1767–1769	Gotthold Ephraim Lessing, *Hamburgische Dramaturgie*
1779/1786	Johann Wolfgang von Goethe, *Iphigenie auf Tauris*
1803	Friedrich Schiller, *Braut von Messina*
1808	Heinrich von Kleist, *Der zerbrochene Krug*
1872	Friedrich Nietzsche, *Die Geburt der Tragödie*
1898	Erwin Rohde, *Psyche* (2. Auflage)
1903	Hugo von Hofmannsthal, *Elektra*
1909	Richard Strauss, *Elektra* (Oper)
1910	Max Reinhardt: Inszenierung des sophokleischen *König Oidipus*
1912	Thomas Mann, *Der Tod in Venedig*
1914	Ettore Romagnoli: Inszenierung des aischyleischen *Agamemnon* in Siracusa, Sizilien

1917	Walter Hasenclever, *Antigone*
1927	Arthur Honegger, *Antigone* (Oper)
1927/1928	Igor Strawinsky, *Oedipus Rex*
1931	Eugene O'Neill, *Mourning Becomes Electra*
1932	Jean Cocteau, *La machine infernale*
1937	Jean Giraudoux, *Electre*
1942	Jean Anouilh, *Antigone*
1943	Jean-Paul Sartre, *Les mouches*
1943–1948	Gerhart Hauptmann, *Atridentetralogie*
1948	Bertolt Brecht, *Antigone* (in Chur)
1956	Friedrich Dürrenmatt, *Der Besuch der alten Dame*
1958	Max Frisch, *Biedermann und die Brandstifter*
1959	Carl Orff, *Antigonae; Oedipus der Tyrann*
1966	Hans Werner Henze, *Die Bassariden* (Oper)
1967	Pier Paolo Pasolini, *Edipo Re* (Film)
1980	Peter Stein: Inszenierung der aischyleischen *Orestie* (Berlin)
1983	Christa Wolf, *Kassandra*
1987	Wolfgang Rihm, *Oedipus* (Oper)
1990–1992	Ariane Mnouchkine, *Les Atrides*
1995	Woody Allen, *Mighty Aphrodite*
1995	Rolf Liebermann, *Freispruch für Medea* (Oper)
1996	Siegfried Schoenbohm/Argyrhis Kounadis: Inszenierung der euripideischen *Bakchen* in Athen
1996	Christa Wolf, *Medea Stimmen*
1999	Georges Ladavaunt, Inszenierung der *Orestie* (Paris)
2000	Hansgünther Heyme, Imera – Der Tag – Euripides, *Medea, Alkestis, Ion* (Ruhrfestspiele Recklinghausen)
	Istituto Nazionale Del Dramma Antico: Inszenierung einer thebanischen Trilogie (Sophokles, *König Oidipus, Antigone, Oidipus auf Kolonos*) in Rom (Kolosseum)

STAMMBÄUME

(Frauennamen *kursiv*)

1. ATRIDEN (Aischylos, *Orestie*; Sophokles, *Elektra*; Euripides, *Elektra, Orestes, Iphigenie bei den Taurern, Iphigenie in Aulis, Helena*):

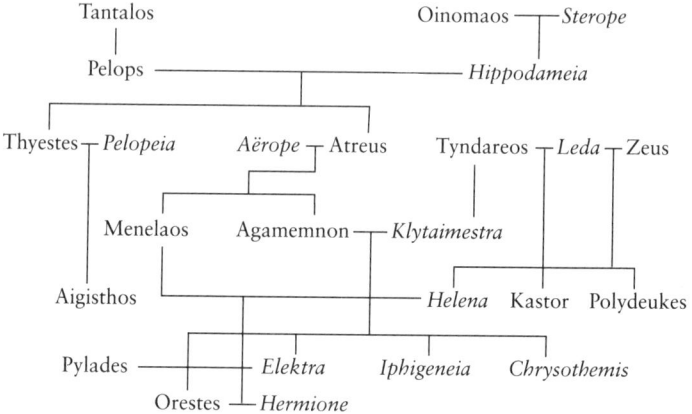

2. LABDAKIDEN (Aischylos, *Sieben*; Sophokles, *Antigone, König Oidipus, Oidipus auf Kolonos*; Euripides, *Phönizierinnen*):

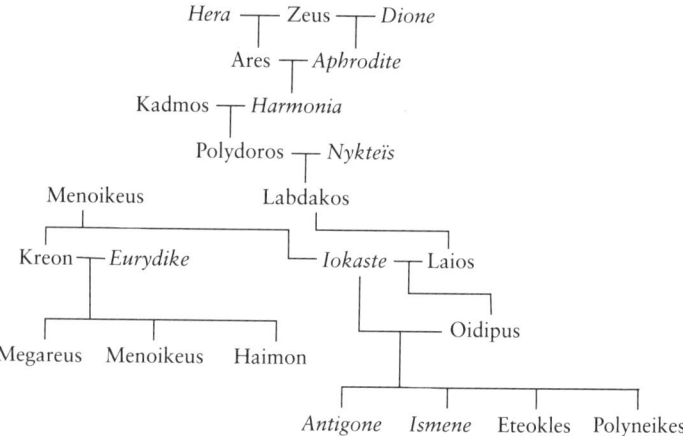

3. HERAKLES (Sophokles, *Trachinierinnen*; Euripides, *Herakliden, Rasender Herakles*):

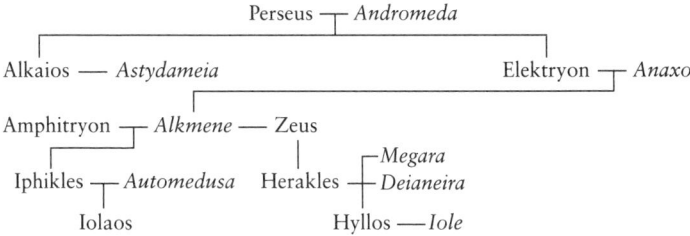

4. AIAKIDEN (Sophokles, *Aias, Philoktetes*; Euripides, *Andromache*):

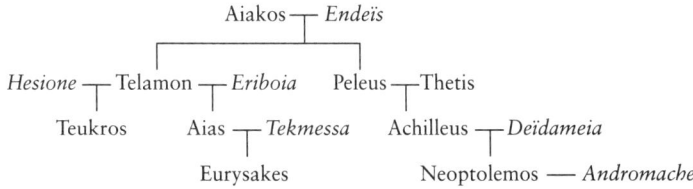

5. DAS TROJANISCHE HERRSCHERHAUS (Aischylos, *Agamemnon*; Euripides, *Andromache, Troerinnen, Hekabe*):

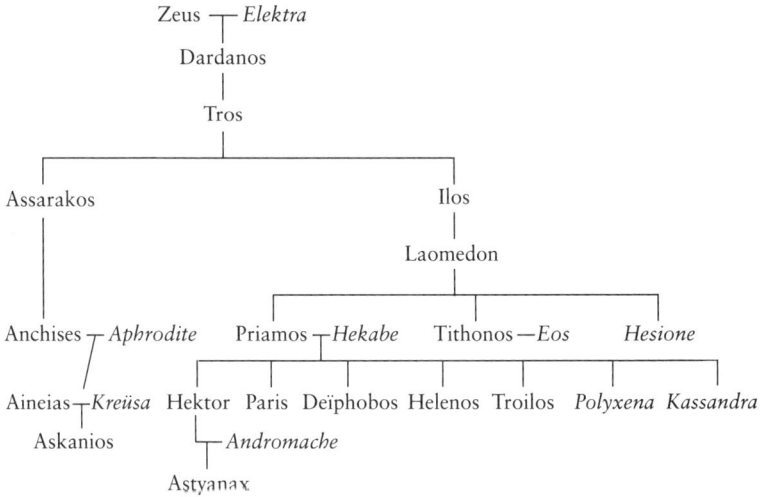

209

Personen- und Stellenregister

Sachregister

216

217

Ortsregister

Europäische Geschichte

Herausgegeben von Wolfgang Benz

Gerold Ambrosius
**Wirtschaftsraum
Europa**
Vom Ende der
Nationalökonomien
Band 60148

Jerzy W. Borejsza
Schulen des Hasses
Faschistische
Systeme in Europa
Band 60160

Claude Carozzi
**Weltuntergang
und Seelenheil**
Apokalyptische
Visionen im
Mittelalter
Band 60113

Christophe Charle
**Vordenker
der Moderne**
Die Intellektuellen
im 19. Jahrhundert
Band 60151

Werner Dahlheim
**An der Wiege
Europas**
Städtische Freiheit
im antiken Rom
Band 60105

Richard van
Dülmen
**Die Entdeckung
des Individuums**
1500-1800
Band 60122

Lucian Hölscher
**Die Entdeckung
der Zukunft**
Band 60137

Jerzy Holzer
**Der Kommunis-
mus in Europa**
Politische
Bewegung und
Herrschaftssystem
Band 60161

Victor Karady
**Gewalterfahrung
und Utopie**
Juden in der euro-
päischen Moderne
Band 60159

Ulrich Linse
**Geisterseher und
Wunderwirker**
Heilsuche im
Industriezeitalter
Band 60164

Fischer Taschenbuch Verlag

fi 1701 / 8 b

Europäische Geschichte

Herausgegeben von Wolfgang Benz

Fischer Taschenbuch Verlag

Europäische Geschichte

Herausgegeben von Wolfgang Benz

Saskia Sassen
Migranten, Siedler, Flüchtlinge
Von der Massenauswanderung zur Festung Europa
Band 60138

Claudia Schnurmann
Europa trifft Amerika
Atlantische Wirtschaft in der Frühen Neuzeit
1492-1783
Band 60127

Rolf E. Reichardt
Das Blut der Freiheit
Französische Revolution und demokratische Kultur
Band 60135

Fred E. Schrader
Die Formierung der bürgerlichen Gesellschaft
1550-1850
Band 60133

Helga Schultz
Handwerker, Kaufleute, Bankiers
Wirtschafts-geschichte Europas
1500-1800
Band 60128

Peter G. Stein
Römisches Recht und Europa
Die Geschichte einer Rechtskultur
Band 60102

Ulla Wikander
Von der Magd bis zur Angestellten
Macht, Geschlech und Arbeitsteilung
1789-1950
Band 60153

B. Zimmermann
Europa und die griechische Tragödie
Vom kultischen Spiel zum Theater der Gegenwart
Band 60163

C. Zimmermann
Die Zeit der Metropolen
Urbanisierung und Großstadt-entwicklung
Band 60144

Fischer Taschenbuch Verlag